室町幕府将軍列伝

新装版

榎原雅治 *ebara masaharu*
清水克行 *shimizu katsuyuki* 編

『足利義輝画像』（国立歴史民俗博物館蔵）

戎光祥出版

にされた成果や学説の相違点が、少数の専門家の間を越えては共有されにくくなるという傾向は否定できない。

本書では、一新された室町時代研究の成果の一端を、歴代の将軍の人物史という形をとることによって紹介したいと思う。もとより、多岐にわたる近年の研究成果を漏れなくすくい取ることはできないが、歴代の将軍たちの身の回りで起きたことをとおして、室町時代の社会や人間模様をご覧いただきたい。各将軍についてどのような取り上げ方をするかは、各執筆者の判断にゆだねた。将軍の生涯を見渡す場合もあれば、個別のエピソードを中心とした場合もある。アプローチはさまざまであるが、著名な将軍たちの教科書的な説明ではわからない横顔や、名前以外にはほとんど知られていなかった将軍たちが、幕府のあるじとしての確固たる意志をもった人間であったことを知っていただければ幸いである。順序にとらわれず、どこからでも読み始めていただきたい。

なお、室町幕府の政治過程の中では、将軍になりそこねた人物や、将軍の影のような存在に徹した人物もいた。あまり多くは知られていない彼らの人生についても、コラムとして紹介することとした。不本意な人生を送ったともいえる彼らの生きざまもまた、室町という時代の一面を表現している。あわせてお読みいただきたい。

二〇一七年八月

榎原雅治

凡例

一、本書は、二〇一七年十月に刊行した『室町幕府将軍列伝』を、内容の修正や一部改訂をしたうえで、『室町幕府将軍列伝 新装版』として刊行するものである。

一、本書では、初代足利尊氏から第十五代義昭までの足利将軍十五人を取り上げるとともに、将軍の兄弟のうち、将軍に就任する可能性のあった者、または将軍（室町幕府）を補佐する立場にあった者をコラムとして取り上げた。

一、歴代の将軍のうち、何度か改名をしている者がいるが、煩雑さを避けるため、基本的には最も名の知られている名前で統一した。

一、人名や歴史用語には適宜ルビを振った。読み方については、各種辞典類を参照したが、歴史上の用語、とりわけ人名の読み方は定まっていない場合も多く、ルビで示した読み方が確定的なものというわけではない。また、執筆者ごとに読み方が違う場合もあり、各項目のルビについては、各執筆者の見解を尊重したことをお断りしておく。

一、掲載写真のうち、クレジットを示していないものについては、戎光祥出版編集部撮影のものである。

足利将軍家・日野（裏松）家略系図（数字は将軍の代数）

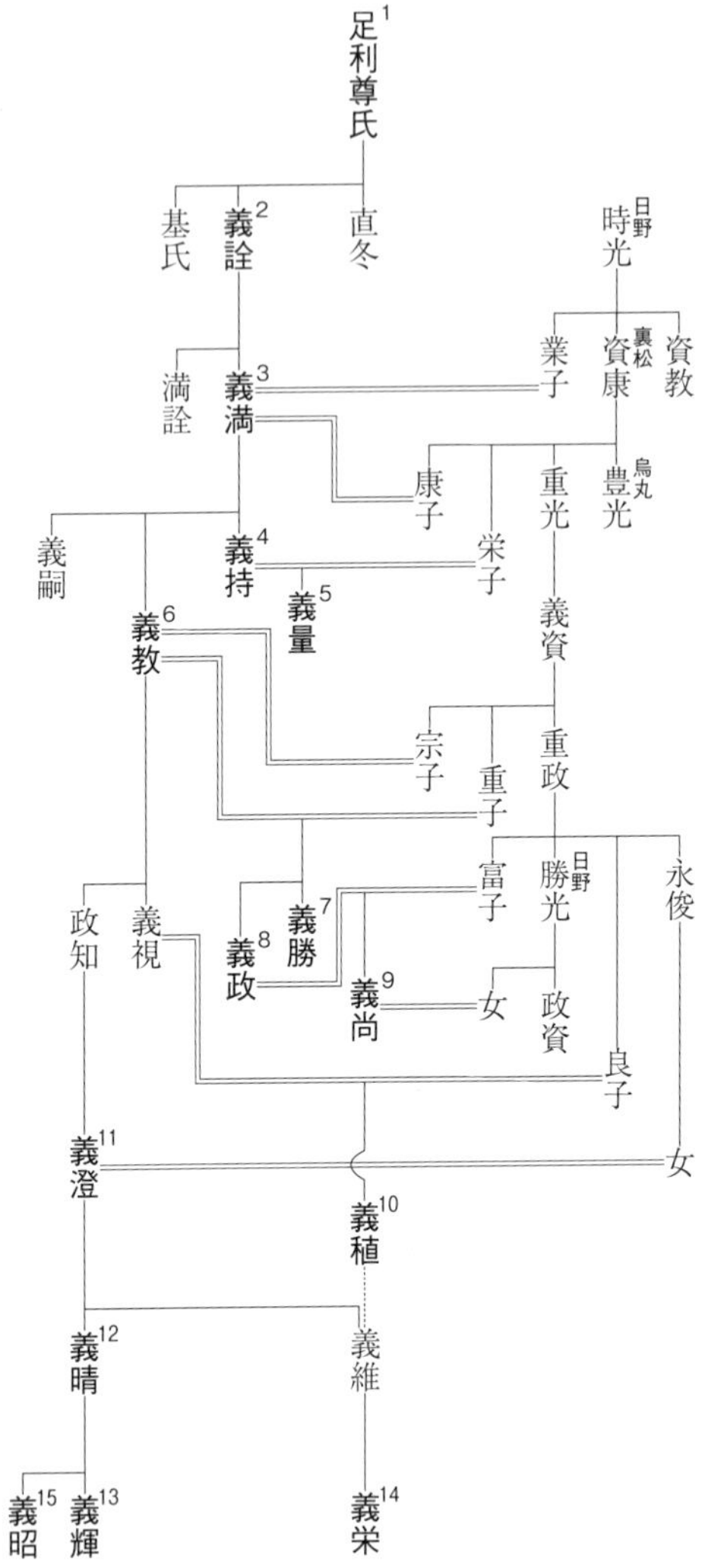

初代　足利尊氏

――初代将軍の神話と伝説

生年　嘉元三年（一三〇五）
没年　延文三年（一三五八）四月三十日
院号　等持院

父　足利貞氏
母　上杉清子

官位の変遷
元応元年（一三一九）十月十日に従五位下・治部大輔／元弘二年（一三三二）に従五位上／同三年六月五日に鎮守府将軍／同十二日に従四位下・左兵衛督／同年八月五日に従三位・武蔵守兼任／建武元年（一三三四）正月五日に正三位・参議／同二年八月九日に征東将軍／同月三十日に従二位／同年十一月二十六日に謀反の科により征東将軍を止む／同三年十一月二十六日に権大納言（北朝方）／暦応元年（一三三八）八月十一日に正二位・征夷大将軍／延文三年（一三五八）六月三日に死去にともない贈従一位左大臣／永徳元年（一三八一）に贈太政大臣

不当にマイナーだった存在

源《みなもとの》頼朝《よりとも》や徳川家康《とくがわいえやす》といったほかの武家政権の創業者とくらべると、室町幕府初代将軍、足利尊《たか》氏《うじ》には、神話や伝説がきわめて少ない。その意味では、歴史的な影響力の大きさに比して、足利尊氏は長らく不当にマイナーな存在だったといえるだろう。

もちろん、そこには、近世の水戸学《みとがく》や近代の皇国史観《こうこくしかん》によって、後世、彼が「逆賊」として糾弾対象とされたことも、少なからず影響しているだろう。また、彼の生涯においては、その悲願であった南北朝合一が果たせず、乱世の総仕上げは次々代の義満《よしみつ》に持ち越されたという事実も、彼の歴史的役割を希薄にさせてしまったといえる。肝心の室町時代においてすら、彼の子孫の将軍たちが拠るべき先例として参照されたのは、多くは三代義満の事績であり、尊氏の事績は、忌避こそされないものの、その後の規範とされることは意外に少なかったのである。こうした事情が、尊氏をめぐる神話や伝説が現代にあまり残されていない直接的な原因と考えられる。

しかし、仔細に調べてみると、それでも尊氏の死の直後から、尊氏の神話化・伝説化は始まっていたようだ。そこで本章では、「足利尊氏」がどのように語られてきたかという視点から、彼の人生をたどってみることにしたいと思う。

そもそも、従来の歴史学では、「神話」や「伝説」は史実に迫るための雑音や不純物と考えられ、それ自体を研究対象としようという姿勢はなかなか成熟しなかった。しかし、近年では文学研究などとの協働により、「神話」や「伝説」のもつ歴史性に注目が集まっており、それ自体を分析対象としようという気運も高まっている。本章では、そうした成果に学びながら、まずは『太平記《たいへいき》』を例にして尊氏の事績がどのように神話化されたのかを考え、ついで諸家に伝わる尊氏伝説に注目して、伝説を材料にして史実の尊氏像に迫ってみたい（尊氏の生涯の詳細については、別途、拙著『足利尊氏と関東（人をあるくシリーズ）』〔吉川弘文館、二〇一三年〕を参照されたい）。

一、太平記の虚像と実像

「室町幕府創世記」としての太平記

足利尊氏を語るとき、それを抜きにして語ることのできないのが、軍記『太平記』である。とはいえ、『太平記』には文学作品特有の史実の誤りや誇張・歪曲が多く含まれることから、近代歴史学の勃興期には「太平記ハ史学ニ益ナシ」（久米邦武）とまでいわれ、歴史資料としての利用は長く慎重になされてきた。実際、以下に述べるように、尊氏一人の記述を見ても、そこに明らかな誤りを見つけるのは比較的容易である。しかし、近年、『太平記』は、その成立に室町幕府が大きく関与していたことが指摘され、いわば室町幕府の準正史、「室町幕府創世記」としての性格をもつことが明らかにされている。

だとすれば、『太平記』のなかの誤謬《ごびゅう》や誇張・歪曲も、単なる作者の不注意から来るものではなく、政治的な意図から発したものである可能性が出てくるだろう。私たちは『太平記』のなかの誤りや誇張に注目することで、逆に室町幕府の公的な立場や見解を読み取ることができるのではないだろうか。そこで、まずは史実との相違に注意して、『太平記』のなかでの尊氏の描かれ方を見ていくことにしよう（以下、断らない限り『太平記』は、よく古態を残しているとされる西源院本《せいげんいんぼん》を利用する）。

（1）西国への出陣要請と父貞氏の死

元弘三年（一三三三）三月、西国で後醍醐《ごだいご》天皇による討幕活動が拡大するなか、御家人であった尊氏は鎌倉幕府から西国討伐の命令を受ける（巻九）。『太平記』で尊氏が本格的に登場するのは、この場面からである。このとき尊氏は、自身が病気療養中であったことに加えて、父貞氏《さだうじ》の喪中であった。わずか三か月前、父を失ったばかりの自分に無慈悲に出兵を命じる幕府に対して、尊氏は心中密かに裏切りの決意を固める。

その後の展開を考えると、この尊氏登場シーンはきわめて重要な意味をもつものであるが、実はここに一つの誤りがある。尊氏の父貞氏の死去は、正しくは二年前、元弘元年九月の出来事なのである（『尊卑分脈《そんぴぶんみゃく》』『常楽記《じょうらくき》』）。尊氏は元弘元年九月にも西国出陣を命じられているから、たしかにこの一回目の出陣のときは貞氏の喪中であったことになる。そこで、通説では『太平記』の該当記述は、一回目の出陣と二回目の出陣を作者が混同したための間違いとされている。

ところが、『太平記』以上に室町幕府の正当性を強調した史書『梅松論《ばいしょうろん》』においても、元弘三年の尊氏出陣は貞氏の喪中であったとされており、尊氏は貞氏の仏事《ぶつじ》を営むことも許されず出陣させられたと記されているのである。この両書の誤謬を、単なる二人の作者の勘違い、あるいは一方から一方への誤伝として済ませることができるだろうか。

室町幕府創業者の行動を正当化しようとする両書の立場からすれば、尊氏の鎌倉幕府への叛逆は決して衝動的なものであったり、日和見的なものであってはならなかった。そこで、尊氏の叛逆をそれなりに理由あるものとするため、あえて一回目の出陣のときの事情を二回目の出陣のときの話として入れ替えることを図ったのではないだろうか。両書が同様に同じ間違いをしているところをみると、これは作者個人による過失というよりも、室町幕府によって意図的に流布された情報であった可能性すら考えられよう。

(2) 六波羅攻撃と名越高家の戦死

かくして、西上した尊氏は鎌倉幕府に叛き、京都の六波羅探題《ろくはらたんだい》を攻撃する。この部分の『太平記』の記述に問題はないが、気になるのは、今川了俊《いまがわりょうしゅん》の『難太平記《なんたいへいき》』の次の記述である（以下、意訳）。

「六波羅攻めのさいに、大将の名越《なごえ》が討たれたために、もう一方の大将である足利殿は朝廷側に降参したのだ」などと『太平記』には書いてある。かえすがえすも悔しいことだ。あの作者は朝廷側の者なので、武家の事情を知らないくせに無理してあんな本を書いたのではないか。まったくバカげた話だ。本当にこの部分は削除してほしい。

尊氏が京都に向かうさい、幕府軍の大将は名越高家《たかいえ》と尊氏の両名だった。ところが、一方の名越は

足利尊氏木像（部分）　大分県国東市・安国寺蔵

京都郊外の久我縄手《こがなわて》（京都市伏見区）で赤松《あかまつ》軍と遭遇し、あっけなく戦死してしまう。その後、尊氏は朝廷側に寝返るわけだが、この間の経緯を『太平記』は、名越の戦死により力を落とした尊氏が朝廷側に「降参」したと表現しているというのだ。当然、今川了俊の立場としては、こんな屈辱的な記述を見逃すことはできず、『太平記』を感情的になって論難しているわけである。

ところが、現存の『太平記』諸写本のどれを見ても、尊氏の裏切りの経緯をそのような事実関係で書いているものは存在しない。すでに述べたとおり、尊氏は鎌倉を発つときから裏切りの決意を固めていたことになっているのである。どうやら了俊の怒りなどをふまえて、現存する『太平記』では、穏当な内容に修正が施されているらしい。

しかし、ここで興味深いのは、今川了俊が生きていた時代には、尊氏の裏切りをかねての宿願ではなく、戦局の変化にともなう「降参」とする情報も、一方で世間に流布していたという事実である。たしかに、現存する尊氏の文書で朝廷側に立って諸国の武士に動員命令を発したものは、名越の戦死と同日の四月二十七日が初見である。こうしたタイミングから、尊氏の裏切りは名越の戦死をうけてのものと、当時の人々に考えられてしまったのだろう。いずれにしても、少なくとも現存する『太平記』は室町幕府にとって不名誉な情報を斥けて、尊氏の裏切りを首尾一貫したものとして叙述していたこ

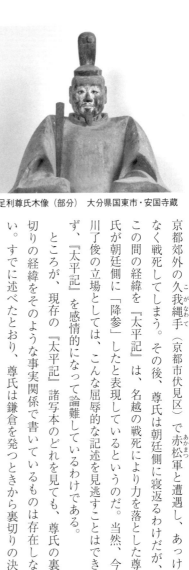

とになる。

（３）中先代の乱と征夷大将軍就任・「尊氏」改名

鎌倉幕府を滅ぼし成立した建武政権にとって最大の危機は、幕府残党によって起こされた中先代《なかせんだい》の乱であった。反乱軍は建武二年（一三三五）七月、瞬く間に鎌倉を奪還し、尊氏の弟直義《ただよし》を京都に追い落とす。この報せに狼狽した朝廷は、すぐに尊氏に反乱軍討伐を命じることとなる（巻十三）。しかし、この命令に尊氏は無条件では従わなかった。彼はこの機を逃さず、自身を征夷大将軍に任じることと、関東八か国を自身の支配下に置き、配下の者たちに恩賞を給与する権限を与えること、の二条件を提示する。後醍醐天皇は、この尊氏の要求に意外に素早く応じ、征夷大将軍就任は鎌倉奪還の功績次第であること、関東八か国の支配は問題ない、との確約を与えている。また、それに加えて、それまで「高氏」と名乗っていた尊氏に対し、自身の諱《いみな》の一文字を与えて「尊氏」と名乗ることを許すまでの好意を示している。かくして尊氏は、意気揚々と反乱軍鎮圧に出陣することとなる。

以上が『太平記』の記述であるが、ここにも他書との相違が多く見られる。まず、討伐軍下向の話は、『太平記』では朝廷側から要請された話とされているが、『梅松論』では逆に弟の敗戦を見かねた尊氏がみずから出陣を名乗り出たことになっている。しかし、結局、後醍醐天皇はこれを許さなかったため、勅許のないまま尊氏は関東に下向したという。つまり、『太平記』と『梅松論』では、まったく逆な話になってしまっているのである。また、北畠親房《きたばたけちかふさ》の『神皇正統記《じんのうしょうとうき》』によれば、このとき

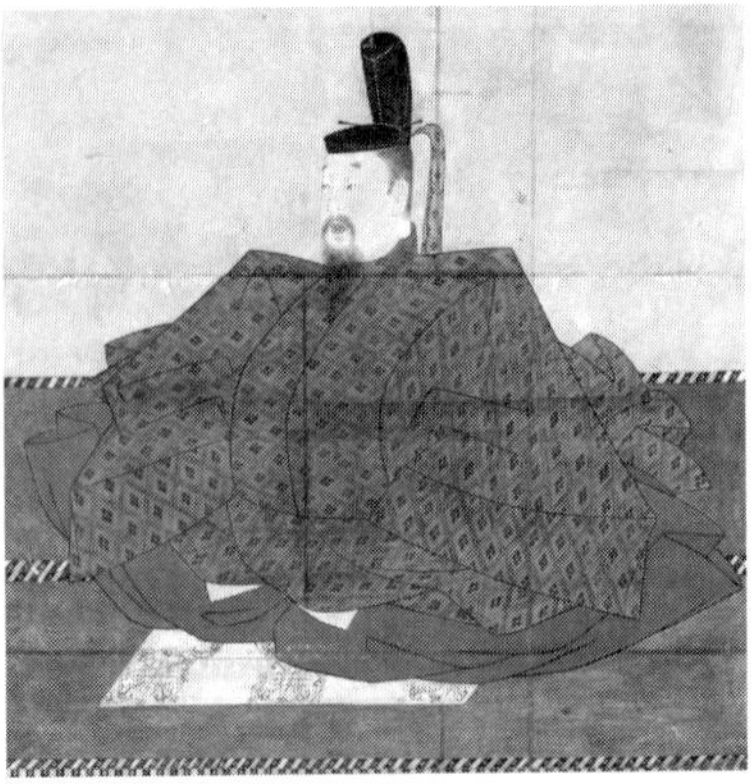

後醍醐天皇画像　東京大学史料編纂所蔵模本

尊氏は征夷大将軍と惣追捕使《そうついぶし》への任命を求めたが、後醍醐はこれを認めず、かわりに征東《せいとう》将軍に任じたという。

読者も承知のとおり、この反乱鎮圧後、尊氏は鎌倉にとどまり、征夷大将軍を自称して、配下の武士たちに勝手に恩賞を給与しはじめる。そのため、それが後醍醐の逆鱗に触れ、これを機に南北朝の長い争いが始まることになる。その初発の原因が、征夷大将軍の僭称と無断の恩賞給与であったことを考えれば、やはり多くの研究者が指摘するとおり、『梅松論』や『神皇正統記』の記述に真実があって、『太平記』の記述は尊氏のその後の越権行為を隠蔽するための捏造であったと考えるのが妥当だろう。

ついでにいえば、尊氏が実名を「高氏」から「尊氏」に改めるのも、『太平記』のいうような、この時機の話ではなく、現実には建武政権が発足してすぐの元弘三年（一三三三）八月のことである（『公卿《くぎょう》補任《ぶにん》』『足利家官位記《あしかがけかんいき》』）。もちろん、この改名には討幕に貢献のあった尊氏に対する恩典としての意味があったことは間違いないが、『太平記』は、この尊氏と後醍醐の蜜月を象徴するエピソードを、あえて二年後の中先代の乱鎮圧のときに繰り下げて記述しているのである。ここにも、この時点での尊氏の行動が後醍醐の意をうけたものであったことを補強しようとする意図があったと見るべきだろう。

（4）尊氏決起

中先代の乱鎮圧後も鎌倉にとどまり、勝手に征夷大将軍として振る舞う尊氏の言動は、当然ながら後醍醐の逆鱗に触れる。これにより朝廷側から尊氏討伐軍が編成され、尊氏は一転して窮地に陥る（巻十四）。

この場面について、北村昌幸氏は、古態本の一つ神田本《かんだ》と、その後に作られた天正本《てんしょう》の表現の違いに注目している。神田本によれば、中先代の乱を鎮圧した後、「『すでに朝廷からの約束を取り付けている以上、何の問題があるだろうか』と言って、まだ宣旨《せんじ》も下っていないのに、配下の者たちは尊氏のことを足利征夷大将軍と言い出した」という。しかし、討伐軍が東下していることを知った尊氏は絶句し、しばらくして「ともかく皆の者は自分の身の振り方を各自で考えるがよい。私には、帝に対して弓をひき矢を放つことなどできない。とはいえ、叛逆の罪を逃れることができない以上、頭を丸めて出家して、子孫のためにも帝に対して不忠を構えているわけではないのだということを示すのみだ」といって、荒々しく障子を閉ざして、一室に籠もってしまったという。

この神田本の記述は、征夷大将軍は尊氏による自称ではなく、あくまでその配下の者たちが勝手に呼び始めたものだとするあたり、明らかに尊氏を免責しようとする文章になっている。しかも、その後の討伐軍の東下に尊氏がひたすら恐懼する描写も、作者の尊氏を擁護しようとする意図が見える。

ただ、この時期の尊氏がそれまでの強気から一転して気弱になってしまったという描写は、ほかの史料に照らしても、あるていど事実を反映しているらしい。この後、討伐軍を破り京都を手中にした尊氏が、その有頂天のはずの時期に、まるで遺書のような厭世感溢《えんせいかん》れる文面の願文《がんもん》を清水寺《きよみずでら》に納めているのは、有名な話である。また、後醍醐天皇に対しても、彼が生涯、罪悪感を抱き続けていたことは、ほかの史料からも裏づけられる。どうもこの時期、尊氏は精神的にかなり不安定な状況にあったことは間違いないようだ。

しかし、後世の人々は、このナイーブに逡巡《しゅんじゅん》する尊氏の描写を武家の棟梁の言動としては不可解かつ不似合いなものと受け止めたようだ。同じ『太平記』でも、後世に書写された天正本では、征夷大将軍を称したのは配下の者たちではなく、ほかならぬ尊氏自身の所為であると改作されている。また、些細な点ではあるが、彼が部屋に引き籠もる場面でも、「気色《けしき》を損じ」障子を「あららかに」閉ざすという描写を意図的に削除している。追い詰められたすえ冷静さを失い、憤りの感情を障子にぶつけるさまは、やはり武家の棟梁の行動としては無様だと考えての改作だろう。

そして、最終的に討伐軍が間近に迫り、弟直義の身が危険にさらされるにおよび、尊氏はついに立ち上がる。そのさいの描写でも、天正本では、尊氏は「尊氏もかたがたとともに弓矢の義兵をもっぱらにして、(新田《にった》)義貞《よしさだ》と死をともにすべし」と家臣たちのまえで高らかに宣言し、素早く道服《どうふく》を脱ぎ捨てる、という、神田本にはない描写が付け加えられている。古態本が確立した後も、尊氏像は転変を続け、より武家の棟梁にふさわしい理想的な姿に加工されていったようである。

(5) 新田義貞と足利直義

さて、このあとの南北朝内乱の経過については、尊氏の履歴に、これまでほどの顕著な誤謬や歪曲は見られない。これはおそらく、記述内容が『太平記』の読者にとっての「同時代史」に近づいてゆくにつれ、あからさまな史実の加工はできなくなったという事情もあろう。それでも、現在の研究ではさほど大きな政治力をもってはいなかったことが明らかにされている新田義貞を、あえて尊氏のライバルとして活躍を際立たせるなどの作為は、依然として随所に見られる。

また、弟直義との関係についていえば、尊氏の過失が直義に起因するものとして描かれている箇所や、結果的に直義を貶めて尊氏を持ち上げるかのような記述も見うけられる。それらの詳細は、あらためて本書の「足利直義」のコラムで別に考察を加えることにしよう。ただ、ここで一点だけ指摘しておきたいのは、直義の死をめぐる謎である。

類まれなカリスマ性の持ち主だが情緒不安定なところのある兄尊氏と、謹厳実直で行動力のある弟直義は、お互いの足りないところを補い合う名コンビだった。そんな二人が〝二人三脚〟で築き上げた室町幕府だったが、二人は観応《かんのう》の擾乱《じょうらん》を境にして、修復不可能な対立関係に陥る。そして、兄弟の争いに敗れた直義は鎌倉に軟禁され、観応三年（一三五二）二月、謎の死を遂げる。この死について、『太平記』は「怨敵のために毒を呑みて、失せ給いける」と述べて、それが毒殺であったと指摘している（巻三十）。

これまでの研究では、この『太平記』の記述をもとに直義の死を尊氏による毒殺とみる見方と、同様の記述がほかの同時代史料には見えないことから、毒殺は『太平記』の創作であろうとする見方の二説が対立してきた。ちなみに筆者は、あまりに直義の死のタイミングがよすぎるのと、このあと尊氏が死の直前に慌てて直義に従二位《じゅにい》を追贈《ついぞう》して、その慰霊に努めていることなどから、やはり直義は兄尊氏によって毒殺されたと見るのが妥当と考えている。これに、これまで見てきた『太平記』の政治的性格をふまえて付け加えるならば、『太平記』では「怨敵」とのみ記すだけで、毒殺を図った人物の名前が一切書かれていないことの意味も重大だろう。

もちろん、毒殺説をとる場合、それを命じたのが尊氏か、それとも尊氏の意図しないところで反直義派の家臣が独断行動を起こしたか、という二つの可能性が考えられる。しかし、もし家臣の独断行動だとする場合、『太平記』のこれまでの筆致からすれば、それが疑われる人物の名前ぐらいは書き残しそうなものである。それをあえて「怨敵」などという抽象的な表現にしているあたり、語るに落ちるというべきではないだろうか。『太平記』があえて匿名にすることで配慮を示さねばならない人物は、まず尊氏以外に考えられない。やはり、この点からも、直義の死は尊氏による毒殺であったろうと筆者は考えている。

(6) 武蔵野合戦

『太平記』の尊氏の事績をめぐる不正確な記述には、これまで見てきたような意図した政治的な加工も見られるが、純粋に情報不足という面もある。ここでは、最後に、その一例として武蔵野合戦をめぐる記述を取り上げよう。

観応の擾乱を制し、弟直義を討った後も、尊氏に身を休める時間はなかった。観応三年（一三五二）閏二月、上野国から新田義貞の遺児たちが南下して、尊氏のいる鎌倉を襲おうとしたのである。これに尊氏はいったん鎌倉を捨てて応戦する。このときの武蔵野を舞台にして展開した一連の戦いを、「武蔵野合戦《むさしのかっせん》」と呼んでいる（巻三十一）。しかし、この武蔵野合戦を描いた『太平記』巻三十一の記述は、明らかにほかの部分の『太平記』の記述とは筆致を異にしており、さまざまな点で事実関係の誤りが多い。

まず、尊氏と新田兄弟は、『太平記』では閏二月二十日に小手指原《こてさしがはら》（埼玉県所沢市）で戦ったことになっているが、同時代の軍忠状《ぐんちゅうじょう》の記述などを見るかぎり、実際の戦闘は金井《かない》・人見原《ひとみがはら》（東京都小金井市・府中市境界域）で行われている（小手指原の戦いは二十八日）。また、この戦いで尊氏が負けた結果、新田軍は鎌倉を制圧することになっているが、実際には鎌倉は戦いの二日前に早々に新田軍の手に落ちている。

金井・人見原の戦いの実態は、鎌倉を捨てて東関東に逃げようとする尊氏軍と、それを捕捉しようとした新田軍との戦いであったと見るべきだろう。このあたりの事実誤認は、尊氏を美化しようとする意図というよりは、むしろ『太平記』作者の情報収集力の限界を示しているものと思われる。おそらく西国人であった『太平記』作者は、東国で展開したこの戦いについて、正確な情報を手に入れることができなかったのだろう。

さらに指摘すれば、武蔵野合戦についての『太平記』の記述は、尊氏軍・新田軍双方の軍装描写に異様な紙面を割いており、「赤印一揆」「カタバミ・鷹の羽・一文字・十五夜の月弓一揆」「鍬形一揆」「母衣一揆」「平一揆」「白旗一揆」と、色とりどりのコスチュームに身を飾った一揆衆のオンパレードとなっている。なかでも尊氏の寵童《ちょうどう》、饗庭《あえば》命鶴丸《みょうづるまる》に率いられた「花一揆」の若武者六千騎のいで立ちは、カラフルな糸で威《おど》された鎧に身を包み、兜の中央には梅の花一枝を差しはさむという、およそ戦場には似つかわしくない奇矯な扮装となっている。

尊氏の同性愛嗜好を強調する現代の通俗的な歴史読み物などは、この箇所の記述を史実とみなし、必ず面白おかしく引用している。また、研究の面では、南北朝期の武士団一揆の実像を語る史料としても、この部分の記述は利用されることが多い。しかし、『太平記』で、一揆の軍装がここまで詳細に描写される箇所はここだけである。当時の一揆の軍装がある程度の統一性をもっていたことは事実であるが、このあたりの過剰な記述をそのまま史実と見ることには慎重であるべきだろう。

おそらく、戦闘経過についての詳細かつ正確な情報を得られなかった『太平記』作者は、紙面を塞ぐため、該当部分にことさらに文学的な修飾を施して、いかにも軍記物語的な叙述に仕立てたのではないだろうか。そう考えない限り、武蔵野合戦の描写に限って実録的な描写が後退し、このような文学的な記述が全面に出てくる理由が説明できないように思う。

以上、『太平記』のなかの尊氏に関する記述を、史料と照らし合わせながら見てきた。そこには、作者の情報収集力の限界という問題もあるものの、おおむね室町幕府創業者としての尊氏を美化しようとする姿勢が明らかであり、やはりこの書物の誕生の背景に、種々の政治的な力が働いていたことを十分に想像させる。『太平記』の歴史資料としての価値の重要性はいうまでもないが、こと尊氏の言動についての記述には、今後も他史料との突き合わせなど、注意深い史料批判が必要となるだろう。

二、記憶のなかの足利尊氏

諸家に伝わる尊氏伝説

では、『太平記』以外で、当時の人々の尊氏イメージを考えることのできる素材はないだろうか。また、尊氏神話・尊氏伝説は、どれも史実に迫る材料とはなりえないのだろうか。

そう考えて、室町～戦国期に遡る由緒ある家々の古文書を紐解いてみると、それぞれの家に尊氏をめぐる記憶は意外に印象深く受け継がれていたことがわかる。近世・近代になると、尊氏についての評価が劇的に暗転してしまうことを考えると、このような中世後期の人々のあいだで語られた尊氏の記憶は、きわめて重要な意味をもつものといえるだろう。そこには、『太平記』や後世の虚像とはまた異なる尊氏像が見え隠れしている。以下では、そうした中世後期の諸家の古文書のなかに見える尊氏伝説を点検してみることにしよう。

【伝説A】たとえば、鎌倉時代以来の東国の名族、三浦和田《みうらわだ》家には、次のような尊氏伝説が伝わっていたことが、享徳三年（一四五四）四月二十八日に書かれた和田房資覚書《わだふさすけおぼえがき》からわかる（「三浦和田中条家文書」）。それによれば、和田中条家の祖、和田茂資《しげすけ》は南北朝の内乱で尊氏側に積極的に味方し、全国各地を尊氏に従って転戦していた。とくに尊氏が弟直義と雌雄を決した薩埵峠《さったとうげ》（静岡市）の戦いでは、茂資の功績は抜群のものがあり、尊氏はいたく感激する。そのとき尊氏は、嬉しさのあまり馬上のままで、みずから母衣《ほろ》（戦場で背にかける大型の布）を引き破り、それを軍忠の証拠として茂資に与えるとともに、布についていたカタバミの紋様を噛み切り、それを和田家の家紋とするように伝え、下げ渡す。以来、和田家ではこれを家の名誉と考え、カタバミの紋を家紋としたという。

【伝説Ｂ】陸奥国宮城郡の領主、留守《るす》氏の来歴を叙述した記録として『余目氏旧記《あまるめしきゅうき》』がある。本書は永正十一年（一五一四）の成立だが、そのなかにも、やはり尊氏伝説が確認できる。そこでは、尊氏が中先代の乱を鎮圧したとき、陸奥・出羽両国の軍勢は勇んで鎌倉に馳せ参じたという。なかでも留守氏の代官、佐藤兵庫助《さとうひょうごのすけ》は別格の功名を上げ、その功績に感激した尊氏は「かたじけなくも」「御自筆」で佐藤の身につけていた母衣に「河内守」と書き記し、受領《ずりょう》名を下し与えたという。この佐藤兵庫助の子孫は、その後も執事として留守家を支え続け、一説には『余目氏旧記』は佐藤氏によって著されたともいわれている。そのためか、この逸話を紹介した後、『余目氏旧記』では、陸奥国五十四郡の武士のうち、外様・陪臣の身でありながら「鎌倉殿」から直接恩賞を与えられる栄誉に浴したのは、葛西《かさい》家の末永《すえなが》氏と、この留守家の佐藤氏の二例のみだと書き記されている。

【伝説Ｃ】尊氏伝説は、武家や東国にとどまらない。戦国時代、近江国の真言宗寺院の由緒書『本福寺跡書《ほんぷくじあとがき》』にも、尊氏は顔を出す。三上神社神主家の舎弟であるメウコウという僧侶は、尊氏の起死回生の戦いである筑紫多々良浜《たたらはま》の戦いに従軍し、数度の軍功をあげたとされる。これに喜んだ尊氏は、彼に「当座の褒美」を与えようと考える。すると、ちょうどそのとき、陣屋に畳んであった陣幕に木の陰が二筋落ちている光景が眼に止まる。尊氏はこれを見て、即座に「これをそなたの家の紋とせよ」と命じ、以来、「二《ふた》つ引両《ひきりょう》」が、この家の家紋の一つとなったという（ただし、「二つ引両」は木の陰を見るまでもなく、これ以前から足利家の家紋であり、この伝説には若干の混乱があるのかもしれない）。

もちろん今となっては、これらの逸話がどれぐらいの真実を反映しているのかはわからない。しかし、こうして見てみると、中世後期に語られた尊氏伝説には一定の傾向があることに気がつくだろう。彼らの記憶のなかの尊氏は、みな戦場にあって、彼に付き従う者たちに非常に強い情愛を示す人物として描かれている。しかも、その情愛は、いずれも決して打算によって示されるものではなく、感情の赴くまま衝動的に示される性質のものであった。それは、ときにはみずからの母衣を引きちぎって与える行為であったり、ときには官途や家紋を創案してやる行為でもあったが、何にしても、このアドリブ性の高い強烈な情愛表現が、当時の人々が考える尊氏の魅力であったようだ。

『源威集』のなかの尊氏

個々の伝説が真実であるかどうかは別にして、こうした尊氏のイメージは、あながち架空のものでもなかったらしい。伝説を離れて、現実の戦場における尊氏のキャラクターも、ほぼ同様のものだった。たとえば、建武三年（一三三六）正月の新田義貞との戦いでは、軽輩の二人が一人当千の働きをするのを櫓《やぐら》のうえから見つけて感激し、その場で腰刀をみずから二人に下し与えたと伝えられている（『梅松論』)。また、九州国立博物館には、尊氏が観応の擾乱の最中に、河内の国人土屋《つちや》氏に与えたといわれる軍扇《ぐんせん》の実物が伝えられている。表裏に日・月を配したこの扇には、尊氏の花押《かおう》(サイン)も据えられている。きっと、尊氏は軍扇を手渡すときに、後日の証拠として、みずからの花押も据えてやったのだろう。こうした陽気で無頓着な尊氏の姿に接した家臣たちは、みな彼に惹かれ、「命を忘れて死を争い、勇み戦うことを思わない者はいなかった」という(『梅松論』)。

尊氏の花押が描かれた軍扇　九州国立博物館蔵

とりわけ、そうした当時の武士たちの尊氏イメージを語る文献として最適なのが、秋田の佐竹《さたけ》家に伝わった史書『源威集《げんいしゅう》』である。『源威集』は、尊氏が世を去ってまだ三十年ほどしか経たない嘉慶年間(一三八七~八九)に、北関東の武士によって書かれたと推定される史書である。作者については、結城直光《ゆうきただみつ》という説と、それでは語り手の年齢と合わないということで、佐竹師義《もろよし》という説の二説が拮抗している。ただ、『源威集』の叙述には、高齢の語り手が若者に昔語りをするという『大鏡《おおかがみ》』以来の鏡物のスタイルが踏襲されている。そうである以上、その語り手の年齢は必ずしも実在の作者と同一である必要はない。やはり登場頻度の多さからして、筆者は結城直光(あるいは、その周辺の人物)と考えるほうが妥当であるように思う。では、以下、その概要を紹介しよう。

『源威集』は、その名のとおり、源氏の威勢の高まりを前九年《ぜんくねん》合戦から語り起こしており、過半の内容は先行する史書の内容をふまえた鎌倉時代以前の話となっている。しかし、建久六年（一一九五）の源頼朝の上洛の後、話は一気に観応三年閏二月の武蔵野合戦に飛ぶ。

このとき、尊氏陣営に五百騎を引き連れて馳せ参じて活躍したのが、結城直光だった（当時二十四歳）。直光が尊氏軍に加わったのはこのときが初めてであり、おりしも苦境にあった尊氏は、直光の参陣に「御感再三」だったという（尊氏が東国に下るのは中先代の乱以来十七年ぶりのことで、それ以前に直光が尊氏に面会する機会はなかった）。まさにここからが『源威集』の「現代史」になるわけで、その冒頭が直光と尊氏との劇的な出会いから始まるという点も、直光を本書の作者とする考えを補強するものとなるだろう。

武蔵野合戦を制した尊氏は、ついで文和二年（一三五三）七月、京都の嫡男義詮《よしあきら》の危機を知り、上洛を決意する。そのとき尊氏の寵童、饗庭命鶴丸は、率いる軍勢の規模からして小山氏政《おやまうじまさ》を上洛軍の先陣に立てることを提案する。しかし、尊氏はこれをあっさり斥け、武蔵野合戦で多くの武士が日和見をしているなかで、迷わず尊氏陣営に身を投じてくれた直光を先陣に立てることを強硬に主張し、命鶴丸を黙らせる。このあたりの記述も、直光がいかに尊氏から篤い信頼を得ていたかを強調する内容といえるだろう。

なお、このとき軽薄な意見を述べて面目を失った命鶴丸は、この後も同じような失態を犯す。彼は、

『英雄百首』に描かれた足利直冬　当社蔵

上洛時の軍装に籠手《こて》と臑当《すねあて》を用意するべきという武田信武《たけだのぶたけ》の意見に対し、「そんなものは保元・平治の頃の武装でしょう。いまさらそんなものを持ち出すなんて。そんなのは田舎芝居でしか見かけませんよ」と冷笑する。しかし、肝心の上洛では尊氏が急に天皇に謁見することになり、籠手・臑当が不可欠となってしまう。そのため、尊氏は「あのときお前の言うとおりにして籠手・臑当を持参しなかったら、大変なことになるところだった」と笑ったという。

直光とその周辺の東国武士からすれば、さしたる武功もないまま尊氏の寵愛を一身に集める命鶴丸は、嫌悪の対象となっていたのだろう。わざわざ命鶴丸を貶める逸話を載せるあたりに、彼らの命鶴丸への嫉妬心と、その裏腹に尊氏に寄せる熱い情愛がうかがえる。

上洛後の文和三年（一三五四）十二月、こんどは直義の養子直冬《ただふゆ》の軍が京都に迫る。尊氏最後の危機である。このとき尊氏は一時、都を捨てて近江に走ることになるが、このときの尊氏の様子を『源威集』は「さらに御動転なし」（まったく動揺なさらず）と記し、かねて準備していた母上杉清子《うえすぎせいし》の十三回忌の仏事を粛々と済ませた後、悠々と下向を果たしたとしている。しかも、下向途中で見かけた琵琶湖の雪景色に、尊氏は笑みを含み、佐竹師義と古歌の話題をするほどの余裕を見せていたという。

年が改まった正月、尊氏は反撃に転じ、京都奪還を目指す。途中、川に大軍を渡すため、急遽、石山寺《いしやまでら》（大津市）の資材を使って浮橋が作られた。ここで全軍が渡り切った後、尊氏はこう命じたという。

「後方に橋があると、合戦が劣勢になったとき軍勢に逃げる心が起きて、かえって多くの死者が出るものだ。また厳重に警護しておきながら、敵が後方にまわって橋を切るようなことになったら、世間の聞こえも悪い。われわれが合戦に負けてこの橋を退却することなどない。ならば橋など無用だろう。資材を石山寺に返して、橋を壊してしまえ。」

この尊氏の判断に、人々は感嘆したという。

かくして、途中、比叡山延暦寺《ひえいざんえんりゃくじ》を味方につけるなどして、二月六日、直冬軍と尊氏の戦闘が始まる。敵は思いのほか強勢で、一時は尊氏本陣の間近にまでせまる場面もあった。このとき周囲の者たちは尊氏に、いざというときのため乗馬しておくことを献言するが、尊氏は「私はここを一歩も動かない。馬などいらぬ。すぐに馬を下がらせよ」と答えたという。

翌月十二日、ついに東寺《とうじ》（京都市南区）に籠もる敵と京都七条で最後の決戦が行われる。そこでは、尊氏の鎧があまりに目立つので、やはり陣の後方に下がるようにと勧める大名たちに対し、尊氏は「例の笑み」を浮かべて、「合戦に負ければ、みんな死ぬだけだろう」といって酒盃を取り寄せ、「敵が近づいて来たら、それぞれ防戦に努めて、もしダメそうだと思ったら、自害のタイミングだけはしっかり伝えてくれ」と言い放ち、またも悠々としていたという。その様子は、たとえ鬼神が迫ってきたとしても、決して動揺されることはないのではないか、と周囲には見えたという。

足利尊氏の墓　京都市・等持院

そして、本書のクライマックス、七条合戦で瀕死の重傷を負った那須《なす》資藤《すけふじ》が板戸《いたど》に乗せられ、尊氏のまえに運ばれてくる。このとき尊氏は直接に資藤の身体の数ヶ所の傷を見て、「このたびの振る舞い、神妙」と声をかける。すると、その言葉が耳に入ったのか、資藤は目を開けて、血のついた両手を胸のまえに合わせ、頷きながら息をひきとる。これを見た尊氏は目に涙を浮かべ、「九州へ落ち延びたときは東国に味方は一人もいなかったのに、この資藤の父、資忠《すけただ》は一人で居館に立てこもってくれた……」と、先代の話まで持ち出して、ひたすら資藤の忠義に感謝し続けていたという。

以上のような激戦の後、京都七条合戦は尊氏軍の勝利に終わる。尊氏はこの三年後、五十四歳で病をえて世を去ることになる。『源威集』も、この七条合戦の後は語ることはないと言わんばかりに、唐突に完結を迎える。だが、ここまでの概要紹介からも、『源威集』の「現代史」が東国武士と尊氏の出会いと心の交流に主題があったことは明らかだろう。

観応三年閏二月から文和四年三月までの正味三年あまりしかない「現代史」は、南北朝動乱の全貌からすればあまりに短い期間であるし、そもそも源氏の歴史を語ることを目的とする本書の初発の構想からしても、竜頭《りゅうとう》蛇尾《だび》という印象はぬぐえない。しかし、その三年間は結城直光をはじめとする東国武士が尊氏と時間を共有した数少ない一時期であり、彼らにとって、その時間は永遠に記憶されるべきものと考えられていたのである。

本書のなかで尊氏は、東国武士の故実《こじつ》に通じ、愛嬌も胆力も人情味もある、たいへんに魅力的な人物として描かれている。背腹離反が常であった南北朝の動乱のなか、尊氏は多くの武士たちの支持をえて幾多の戦いを勝ち抜き、実際にその最後の勝者の座を獲得した。それを可能にした最大の要因は、この尊氏個人のもつ人間的魅力から生まれたカリスマ性だったといっていいだろう。

さきに紹介した室町～戦国期の家々に伝わる尊氏神話・尊氏伝説も、決して根拠のないものではなく、おそらくこうして流通していた尊氏のキャラクター像を反映して造型されたものと思われる。とくに、武士の家の家紋が発生するのがちょうど南北朝時代であることを考えると、さきの【伝説A】【伝説C】が、ともに自分の家の家紋の由来に尊氏を持ち出してきているのは象徴的である。彼らにとって尊氏は、自身の家のアイデンティティーの源泉ですらあったのである。その人格と時間を共有した体験は、その後の彼らや子孫たちにとって、みずからの存在証明にもつながる貴重な「歴史」となっていったのだろう。

〝武家の棟梁〟のイメージ

以上、『太平記』や、諸家の古文書の記述、『源威集』をもとに、足利尊氏の伝承と史実の関わりを追ってきた。一連の作業の結果、『太平記』の尊氏像からは、それを史実と慎重に突き合わせることで、逆に室町幕府周辺の人々が理想とする幕府創業者像をうかがうことができた。また、諸家の古文書や『源威集』に描かれた尊氏像からは、地方武士たちが尊氏のどの部分に魅かれ、吸い寄せられていったのかが見えてきた。そこにはもちろん誇張や美化、あるいは捏造もあるだろうが、それも含めて中世の人々の「記憶のなかの足利尊氏」像として尊重される必要があるだろう。

とくに尊氏伝説については、いずれもその軍事カリスマ性と人格の鷹揚さが際立っていたのが興味深い。尊氏自身にも、たしかにそれを裏付けるような側面はあるが、その一方で、史実の彼は〝武家の棟梁〟にはふさわしからぬきわめてナイーブな精神を有しており、それが彼の生涯を深い苦悩で縁取ることになった。しかし、そうした彼の精神面での柔弱さは後世の人々には語り継がれず、雄々しくありながらも愛嬌ある一側面だけが強調されることになったようである。それこそが、当時の武士たちが理想とする〝武家の棟梁〟のイメージであり、生前の尊氏には、そうした周囲の期待に応えることが求められていたのである。逆にいえば、そうした周囲の期待に沿うかたちで振る舞わなければならなかったという点に、また現実の尊氏の悲劇もあったといえるだろう。

（清水克行）

【主要参考文献】

江田郁夫「新田義貞遺児たちの武蔵野合戦」（峰岸純夫・江田郁夫編『足利尊氏（戎光祥中世史論集3）』戎光祥出版、二〇一六年）

北村昌幸『太平記世界の形象』（塙書房、二〇一〇年）

小林一岳「『梅松論』と『太平記』」（同『太平記・梅松論の研究』汲古書院、二〇〇五年、初出一九九四年）
清水克行『足利尊氏と関東（人をあるく）』（吉川弘文館、二〇一三年）
清水克行「足利尊氏と金井・人見原合戦」（『本郷』一〇八号、二〇一三年）
兵藤裕己『太平記〈よみ〉の可能性』（講談社、二〇〇五年、初版一九九五年）
松尾剛次『太平記』（中央公論新社、二〇〇一年）
森　茂暁『太平記の群像』（角川学芸出版、二〇一三年、初版一九九一年）
森　茂暁『足利尊氏』（KADOKAWA、二〇一七年）

コラム

Column

足利直義

父　足利貞氏
母　上杉清子

生年　徳治元もしくは二年（一三〇六・七）
没年　正平七年（一三五二）二月二十六日
院号　なし

頼りない兄尊氏《たかうじ》を支えて室町幕府の実質的な創立者となった謹厳実直な弟、足利直義《ただよし》。しかし、彼はその生真面目さから、周囲に敵をつくり、最後は血を分けた兄、尊氏と戦い、命を落とす。最近の南北朝～室町時代研究の進展により、こうした〝悲劇の人〟直義のイメージは一般にもかなり定着してきたようだ。

しかし、肝心の『太平記《たいへいき》』に描かれた直義像は、こうした史実のなかの直義イメージとは少々異なるようだ。ここでは日本文学研究の成果などに学びながら、『太平記』のなかの直義像を掘り下げて、すこし考察してみたい。

直義と『太平記』の関わりを考えるとき、かならず言及されるのが、以下の『難太平記《なんたいへいき》』の記述である（以下、意訳）。

むかし、等持寺《とうじじ》に法勝寺《ほっしょうじ》の恵鎮上人《えちんしょうにん》が『太平記』の三十余巻を持参して、直義殿のお目にかけた。玄恵法印《げんえほういん》がそれを読みあげられたところ、多くの虚偽や誤りがあったので、直義殿は「これは少し読んだだけでも、あまりに間違いが多い。あとで加筆・削除を施すので、それまで人に見せてはならぬ」とおっしゃった後、そのままになってしまった。現在の『太平記』は近年になって書き継がれたものである。

これによれば、もともと直義の生前から『太平記』なる書物は成立しており、彼はその内容に不満をもち、将来的に改訂を行う意志をもっていたらしい。ただ、幸か不幸か、このときの直義の意図はけっきょく果たされることなく、その後、何者かの手によって『太平記』は現在残されているような全四十巻のかたちにまとめられたようだ。そのためだろうか。現存する『太平記』を読んでみると、直義を貶める記述ばかりがやたらに目につく。

以下、『太平記』中で直義を不当に貶めているると見られる記述を具体的に列記してみよう（とくに断りのない限り、『太平記』は古態を残している西源院本《せいげんいんぼん》を使用する）。

（A）鎌倉幕府への叛逆

尊氏が鎌倉幕府を裏切る意志を持ちながらも幕府軍として京都に攻めのぼるさい、北条高時《たかとき》は尊氏の裏切りを警戒し、彼に幕府に忠誠を誓う起請文《きしょうもん》（神仏への宣誓書）を書くことを迫る。これに悩む尊氏を、直義は「たとえ偽りの起請文を書こうとも、天皇への忠義を尽くすものを仏神が守ってくれないことがありましょうか」と言って叱咤する（巻九）。

この尊氏が偽の起請文を書いたという話は『神皇正統記《じんのうしょうとうき》』や『増鏡《ますかがみ》』にも書かれており、当時から有名な逸話であったようだ。ただ、そこでは偽の起請文を書いたのは、すべて尊氏単独の所業として書かれている。『太平記』は、この神をも恐れぬ所業のアドバイザーを弟直義にすることで、どうも尊氏の神罰を免責しようとしているようだ。

『英雄百首』に描かれた足利直義　当社蔵

なお、後世に増補された流布本『太平記』では、この偽りの起請文を書かせた罰が当たって、直義は自滅することになったのだという説明まで付け加えられており（巻三十）、直義に対する貶めはさらに強化されていることがわかる。

（B）後醍醐天皇への叛逆

尊氏の功績により鎌倉幕府は滅び、建武政権は発足する。しかし、やがて尊氏は後醍醐《ごだいご》天皇とも袂を分かつ。このとき、天皇への叛逆を躊躇する尊氏に対し、それを説得する役回りを『太平記』で中心的に演じるのは、やはり直義だった（巻十四）。直義は、あらかじめ偽作した足利一族討伐を命じる後醍醐天皇の綸旨《りんじ》を尊氏のまえに持参して、涙ながらにこう訴える。

「もう天皇の怒りが足利一門におよんでいる以上は（兄上一人が出家したところで罪は赦されないでしょうから）、出家の意志を捨てて、一門の運命をお救いください」。

この涙の訴えが功を奏し、ついに尊氏は立ち上がる。ここでは、直義は綸旨の偽作にまで手を染め、尊氏を後醍醐との対決に向かわせた叛逆の〝影の仕掛人〟ということになる。これだけをとれば、尊氏は直義に騙されて、心ならずも後醍醐に弓を引いてしまったことになるだろう。ただし、同じ事態を記した『梅松論《ばいしょうろん》』によれば、尊氏決起のとき、直義は箱根（神奈川県箱根町）の戦場にいたことになっている。

当然ながら『梅松論』を信じるかぎり、『太平記』が述べるような綸旨偽作から直義による直接の説得などの場面は、そもそもありえなかったことになる。

（C）親王殺害

尊氏・直義兄弟が建武政権から離脱するさい、直義が後醍醐の皇子・護良《もりよし》親王をひそかに殺害したのは事実であるが、『太平記』では、それに加えて、延元二年（一三三七）三月に金崎城（福井県敦賀市）で捕らえられた恒良《つねよし》親王と成良《なりよし》親王も、翌年四月に直義の手で毒殺されたことになっている（巻十九）。

しかし、森茂暁氏の研究によれば、そのうち成良親王については、その後、少なくとも康永三年（一三四四）正月までは生存していたことが確認されている。そのため、この『太平記』の両親王殺害の記述も、そのまま信用することはできないようだ。

とくに、このときの「毒害」という殺害方法が、のちの直義の死因と同じである点は注意を要する。これは、おそらく直義の最期の死に方から連想されたもので、彼の死を親王殺害の因果応報として語ろうとする『太平記』作者の意図から出たものではないだろうか。

（D）大森彦七の逸話

『太平記』のなかの有名な逸話で、伊予の武士・大森彦七が、楠木正成《まさしげ》の怨霊を斥け、天下の霊剣を守り通すという話がある（巻二十四）。この霊剣は、それを所持する者に天下をとらせる霊力があるとされたことから、その後、彦七はこの霊剣を直義に献上することになる。ところが、これを受け取った直義は「さしたる事あらず」と言って、さほど有り難がる様子もなく、けっきょく、もったいないことに霊剣は「砂に埋もれた」ごとくであったという。

この逸話も直接には、怪力乱神に必要以上の興味を示さない現実主義者、直義の一面を反映したものといえるだろうが、物語全体のなかでは、このさきの直義の不運を暗示する効果をもたらしている。ここでは、直義は霊力に対する不信から、みすみす天下を取るチャンスを棒に振ってしまったことになっている（なお、流布本『太平記』はまったく逆に、直義は霊剣を非常に喜んで珍重したと、物語を改変してしまっている。これは直義を肯定的に描こうという意志によるものではなく、北村昌幸氏のいうとおり、大森彦七説話の完結性・一貫性を重視した改変であろう）。

(E) 観応の擾乱の原因

尊氏・直義兄弟によって創業された室町幕府は、やがて両者の反目によって大きな危機を迎える。この反目の原因はいったい何だったのか？　現在も研究者を悩ますこの問題について、『太平記』は以下のような怪異譚によって、それを説明している（巻二十六）。

ある夜、仁和寺《にんなじ》の六本杉で雨宿りをしていた僧が、そこに集まった四人の天狗たちの謀議を耳にする。四人は、それぞれ峰僧正《みねそうじょう》春雅《しゅんが》、南都の智教《ちきょう》上人、浄土寺《じょうどじ》の忠円《ちゅうえん》、大塔宮《おおとうのみや》護良親王。いずれも後醍醐天皇に味方して非業の最期を遂げ、いまは地獄に落ちている者たちであった。彼らは足利氏の治世を揺るがそうと企み、このうち護良親王が、みずから直義の妻の胎内に宿り、男子として生まれることで、争乱の種を蒔こうとの提案をする。はたして、この直後、直義の妻は四十二歳という高齢で懐妊し、やがて初の男子を出産する。これにより、この一子に天下を継がせようという新たな野望が直義のなかに芽生えてゆくことになる……。

以上が、『太平記』が語る観応の擾乱の原因である。このうち、直義の妻・渋川氏《しぶかわし》が四十二歳で懐妊したという話は事実であり、貞和三年（一三四七）六月のことである（『中院一品記《なかのいんいっぽんき》』ほか）。この不自然なタイミングでの懐妊を、『太平記』は南朝方の天狗たちの謀略として描き、これに操られ野心を抱いた直義が破滅へと突き進むという、まるでシェークスピアの「マクベス」さながらの展開にしているのである。

とくに、その悲劇の原因となる男子が、ほかならぬ直義自身が殺害を命じた護良親王の生まれ変わりというところにも、直義の破滅を因果応報譚として描こうとする『太平記』作者の意図がうかがえる。

（F）観応の擾乱の経過

こうして尊氏と戦うことになった直義は、『太平記』のなかでは、それまでの沈着冷静なキャラクターとは一変し、凡愚な側面が強調されるようになる。近臣である石塔頼房《いしとうよりふさ》や桃《ももの》井《い》直常《ただつね》から京都を脱出して尊氏と敵対することを勧められたさいも、直義は「少しの思案もなく」それに従う。取るものも取りあえず夜逃げ同然の、このときの脱出の様子を『太平記』は「騒がしかりし有様なり」と、きわめて見苦しく描いている（巻三十）。

これに対し、直義の京都脱走を知った尊氏は「いささかも騒ぎ給わず」、和歌まで詠む余裕を見せている。狼狽して冷静な判断力を失っている直義と、泰然自若とした尊氏を対比させようという作者の意図は明白である。

以上、ここまで紹介しただけでも、『太平記』に直義の人物像を意図的に貶める傾向があることがおわかりいただけただろう。もちろん、政権担当時の直義が発病したとき、「いよいよ天下の政道は徒事《あだごと》となるべしと歎かぬ者もなかりけり」と、世間の人々が深く落胆したという話(巻二十三)を載せるように、『太平記』にも直義を貶める記事ばかりがあるわけではない。

しかし、とくに(A)~(F)を通覧すると、尊氏のマイナス面を隠蔽するために、直義がことさらに貶められている傾向が見てとれる。たとえば、(A)では本来、尊氏の行為だった偽起請文が直義の発案とされていたり、(B)では天皇への叛逆を尊氏にそそのかす役割まで担っている。また、(E)では観応の擾乱の原因を一方的に直義の野心に求めていたり、(F)では尊氏には叶うべくもない凡将として描かれている。

そもそも室町幕府の強い政治的影響下で成立した『太平記』が、その創業者である足利尊氏を否定的に描けるはずもなかった。そのため、尊氏と若年の頃から行動をともにしながらも、彼に敵対して歴史から抹殺された直義は、尊氏の事績のマイナス面を肩代わりさせる「汚れ役」、あるいは尊氏の「引き立て役」として最適任であったといえるだろう。

結果的に直義は、『太平記』のなかで室町幕府創業時の「闇」を一身に背負う役回りを負わされてしまったのではないだろうか。当然ながら直義の破滅は、みずからが招いた因果応報として、物語のなかで処理されることになってしまったのである。

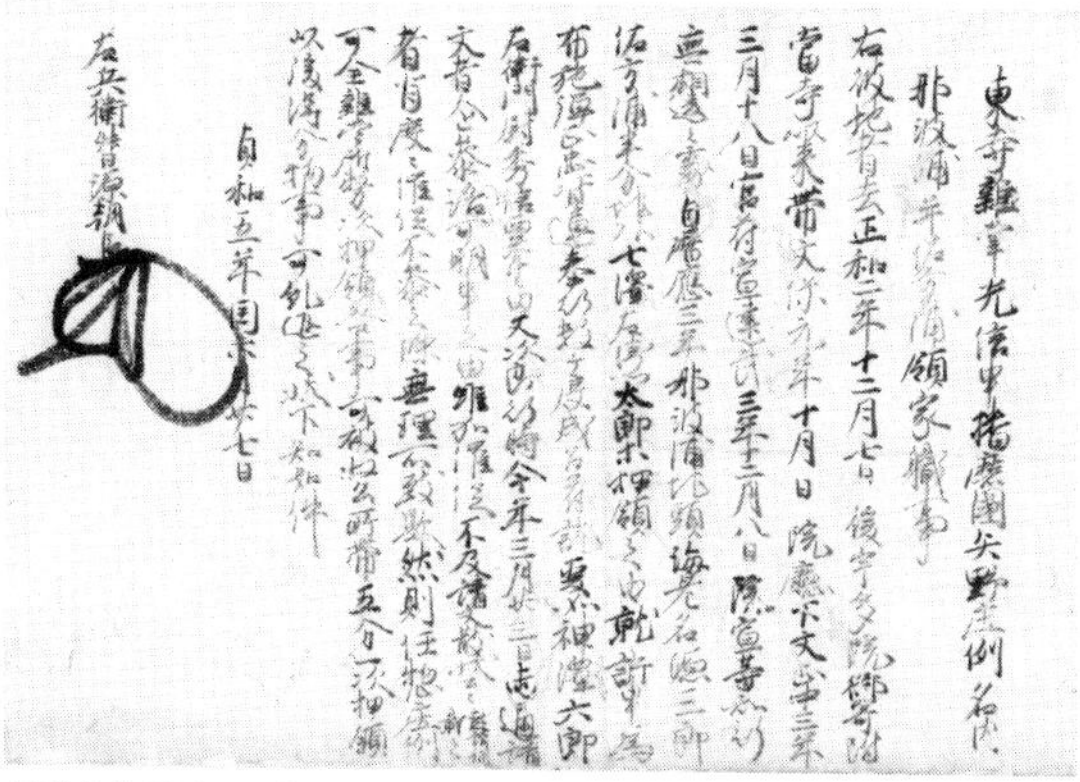

足利直義裁許状　「東寺百合文書」　京都府立京都学・歴彩館蔵

なお、近年、観応の擾乱の原因として、『太平記』が語るように、直義に実子が生まれたことが大きく影響しているのではないか、との説が研究者のあいだで支持を集めている。これまで兄尊氏の影として政務を見てきた直義が、初めて後継者をもったことで、自分が築いてきた地位と権力をどうにか愛児に受け継がせたいという野心を抱いた、というのだ。

ただ、乳幼児死亡率の高い、この時代、男子が出生したとしても、無事に成人するかどうかはおぼつかない（現に直義の一子、如意王《にょいおう》は五歳で死去する）。それを考えると、男子の誕生が即政権奪取の野望に発展するとは思えない。

また、なにより本稿で述べたとおり、この記述が『太平記』全体の物語構造のなかで果たしている役割を考えるとき、それに安易に依拠するのは危険なのではないだろうか。

ともあれ、尊氏に寄り添い、終始その影となって室町幕府を支えた弟直義は、皮肉なことに、その死後も尊氏の影の部分を背負い、幕府草創期の不名誉を一人背負う役回りを担わされることになってしまったようだ。

冒頭で述べたとおり、直義は生前に『太平記』の改訂を志していたが、その後の政治環境の急激な変化がそれを許さなかった。もし、直義に『太平記』改訂の機会が与えられ、その後も彼の地位が幕府内で維持されたとするならば、あるいは「室町幕府創世記」としての『太平記』は、いま私たちが目にしているものとはかなり違ったものになっていたかもしれない。

（清水克行）

【主要参考文献】

笠松宏至「足利直義」（豊田武編『人物日本の歴史5　内乱の時代』読売新聞社、一九六六年）
亀田俊和『足利直義』（ミネルヴァ書房、二〇一六年）
北村昌幸「足利直義像の改修」（同『太平記世界の形象』塙書房、二〇一〇年）
黒田日出男『国宝神護寺三像とは何か』（角川学芸出版、二〇一二年）
千々和到「起請文にウソを書いたとき」（『日本歴史』八〇〇号、二〇一五年）
森　茂暁「太平記と足利政権」（同『中世日本の政治と文化』思文閣出版、二〇〇六年）
森　茂暁『足利直義』（角川学芸出版、二〇一五年）

第二代

足利義詮

――不屈のリアリスト

生年　元徳二年（一三三〇）六月十八日
没年　貞治六年（一三六七）十二月七日
院号　宝篋院

父　足利尊氏
母　赤橋登子

官位の変遷
建武二年（一三三五）四月七日に従五位下／康永三年（一三四四）に三月十六日に正五位下／同月十八日に左馬頭／貞和二年（一三四六）十一月三日に従四位下／観応元年（一三五〇）八月二十二日に参議・左近衛中将／延文元年（一三五六）八月二十八日に従三位／同三年十二月八日に征夷大将軍／同四年二月四日に武蔵守／貞治二年（一三六三）正月二十八日に権大納言／同七月二十九日に従二位／同六年正月五日に正二位

執政する将軍

室町幕府の将軍権力に関する本格的な研究は、「そもそも将軍とは何か」という問いかけからはじめられ、飛躍的に進展することになった。もちろんこれは、「将軍とは征夷大将軍の略称であり、武家の棟梁に与えられる公職」といった、語源的解釈にもとづく定義の話ではない。ここで問題にされたのは、御家人に対する私的・個別的な「主従制的支配権」と、支配地に対する公的・領域的な「統治権的支配権」をあわせもつ、武家政権の首長、幕府主権者としての将軍である。このような「将軍権力の二元性」（以下「二元性」）は、鎌倉幕府の創始者たる源　頼朝《みなもとのよりとも》が、諸国の御家人に対する「主従制的支配権」と同時に、東国の支配領域を基盤とする「統治権的支配権」を主張したところにすでに見られるという。そして、室町幕府の創始にさいして、足利尊氏《たかうじ》・直義《ただよし》兄弟の間で行われた権限分割は、頼朝以来の「二元性」がその姿をあらわしたものとされる。

すなわち、将軍尊氏が「主従制的支配権」を行使して、執事高師直《こうのもろなお》の補佐のもと恩賞方《おんしょうがた》（戦功褒賞の審査）を管轄する一方、弟の直義は「統治権的支配権」を担い、評定《ひょうじょう》（政務の決裁）、引付方《ひきつけがた》（所領裁判の審理）、禅律方《ぜんりつがた》（禅律寺院の監督）、安堵方《あんどがた》（所領支配の保証）、官途奉行《かんとぶぎょう》（御家人任官の事務）、問注所《もんちゅうじょ》（政務文書の保管）などを管掌したとして、足利兄弟の二頭政治を歴史的に意義づけた学説がこれである。

こうした初期室町幕府の「二元性」は、尊氏・直義が相争う観応《かんのう》の擾乱《じょうらん》（一三四九～五二）を経て、二代将軍足利義詮《よしあきら》の時期に解消される。政務を直義に委ねた尊氏と異なり、延文三年（一三五八）に跡を継いだその嫡男義詮は、みずから裁判の決裁にあたる「執政する将軍」だった。これは一見、尊氏と直義に分掌された二つの「支配権」が、義詮のもとに統合され、将軍権力の強化が果たされたかのようだが、実のところ、「執政する将軍」は当時いまだ異例で自明のことではなかった。将軍の不執政は百年以上も慣習化しており、足利新政権の施政方針として建武三年（一三三六）に制定された『建武式目《けんむしきもく》』でも、「近くは（北条）義時《よしとき》・泰時《やすとき》父子の行状をもって、近代の師となす」とうたわれたように、頼朝のような将軍独裁への回帰は想定されていなかった。

かつて、尊氏の管轄とされた政所《まんどころ》（将軍家の家政・財政）と侍所《さむらいどころ》（御家人の統制・警察）も、実際には直義が指揮したことが明らかになっている。直義は「執権」とも「両将軍」とも呼ばれたが、これは侍所・政所両別当兼任を権原とする執権職に就き、鎌倉後期には「副将軍」と称されることもあった得宗《とくそう》のポジションと酷似している。発足したばかりの室町幕府は、執権北条義時の嫡系たる得宗が政務を総覧する、後期鎌倉幕府をモデルに制度を整えた結果、前述の「二元性」が表出したといえよう。

つまり、不執政の伝統を約百年ぶりに打ち破った義詮の将軍親裁は、室町幕府にとって、当初の路線から逸脱する想定外の出来事であり、将軍の「中身」を大きく変える転換点となった。しかもそれは、主従制的・統治権的両支配権の統合という、単なる「権限」の移転だけでは説明しきれない側面をもつ。以下こうした視角から、義詮の事績を追うことにしたい。

一、内乱情勢の変転

貞和の政変で鎌倉から上洛

義詮は元徳二年（一三三〇）六月、鎌倉幕府最後の執権赤橋守時《あかはしもりとき》の妹登子《とうし》を母として生まれた。討幕の兵を挙げた後醍醐《ごだいご》天皇を攻撃するため西国に派遣された父尊氏（当時高氏）が、鎌倉幕府に叛旗を翻して六波羅探題を滅ぼしたのは三年後のことである。このとき、鎌倉に人質として残されていた義詮は、家人《けにん》に連れられて北条方の追手を逃れ、鎌倉に進撃中の新田義貞《にったよしさだ》の軍に父の名代《みょうだい》として合流、鎌倉陥落後もこの地にとどまり、斯波家長《いえなが》や高師冬《もろふゆ》・上杉憲顕《のりあき》ら譜代の重臣に補佐されながら、東国における足利勢力のシンボルとなった。

そんな義詮が中央の政治に参与する契機となったのが、貞和五年（一三四九）八月に幕府中枢で起こった政変だった。尊氏の腹心である高師直が、対立する直義に執事職を罷免されたことに怒って軍を召集し、直義の逃げ込んだ尊氏邸を包囲したのである。だが、尊氏による調停の結果、直義側近の上杉重能《しげよし》と畠山直宗《はたけやまただむね》は追放（のち殺害）、直義は政道を辞退して義詮に譲り、師直は執事に復帰する、という条件で和議が成立した。

廷臣洞院公賢《とういんきんかた》の日記『園太暦《えんたいりゃく》』同年八月十四日条には、尊氏は中立の立場をよそおいながら、息子義詮を直義の後釜にすえるのに成功したことから、師直のしかけたクーデタに一枚かんでいたと噂されていたとある。また、応永九年（一四〇二）に成立した、今川貞世《いまがわさだよ》（了俊《りょうしゅん》）の回想録『難太平《なんたいへい》記《き》』によると、尊氏は直義から義詮に「うつくしく天下をゆづり与申《あたえ》させ給へ」と望んでいたという。尊氏が「天下」＝政権を将軍職と区別していたことや、直義への政務委任を一代限りと認識していたことがわかる。

　ところが貞和三年六月八日、直義の正妻渋川氏が四十二歳にして男子を初産した。如意丸《にょいまる》と名づけられた嫡子の誕生に、直義は自分の地位を我が子に継がせたい思いにかられたらしい。尊氏としては、実子のない直義に政務を委ねても、いずれ義詮に譲られると安心していたのだろうが、その将来構想がくつがえる恐れが出てきたのである。

　『太平記』巻二十五には、後醍醐天皇の皇子で直義に殺された護良《もりよし》親王の亡霊が、怨念をはらすべく世を乱そうと、直義の妻の胎内に宿り、男子として生まれ出たとする。もとよりフィクションだが、如意丸の生誕が人々に乱世を予感させたことを物語る寓話《ぐうわ》といえる。武家勢力を二分した観応の擾乱は、直義と師直の確執に加えて多くの複雑な背景が想定されるが、足利家の継承問題もその一つだったのである。

　かくして義詮は、鎌倉に派遣された弟基氏《もとうじ》と入れ替わり上洛し、貞和五年十月に二十歳にして初めて京都の土を踏み、高倉通以東、万里小路通以西に位置する三条坊門第《さんじょうぼうもんてい》に入った（『師守記《もろもりき》』、『東寺《とうじ》王代記《おうだいき》』）。この邸宅は、これまで直義が居住して政務をとっていた場であり、公的な幕府政庁としての性格を兼ねていた。将軍尊氏の住まい土御門《つちみかど》東洞院第《ひがしのとういんてい》は上京《かみぎょう》の内裏近隣にあったが、有力大名《たいめい》や幕府奉行人の多くは下京《しもぎょう》の三条坊門周辺に邸宅を構えており、この地に評定・引付などの幕府機構が集中して置かれていた。直義は出家して腹心細川顕氏《ほそかわあきうじ》の錦小路堀川邸《にしきのこうじほりかわ》へと退き、代わって三条坊門第に入った義詮が、これらを統轄することになったのである。

所領裁判の判決書である裁許の下知状《げちじょう》は、貞和五年(一三四九)閏六月を最後に直義署判のものは見られなくなり、観応元年(一三五〇)三月から義詮によって発給されはじめる。これにより、義詮は叔父直義の地位と権限を受け継ぎ、裁判の裁決にあたることになった。これらのように、この段階には後期鎌倉幕府を模した政体の解消は目指されておらず、むしろその存続が当初はかられようとしていた。

幕府を揺るがす観応の擾乱

ところが、義詮は執政を開始して早々に思わぬアクシデントに見舞われ、訴訟の裁許を中断せざるをえなくなる。すなわち、直義の養子直冬《ただふゆ》(尊氏の庶子)が九州で勢力を拡大させ、観応元年(一三五〇)十月、これを危険視した尊氏は義詮に留守を託して師直と出陣したが、その隙を突き、京都を出奔した直義が南朝と結び、大和で兵を挙げたのである。直義方の攻勢が強まる観応二年正月から二月に、恩賞地を給付した義詮の下文《くだしぶみ》が数通確認されている。義詮は恩賞宛行の権限を父尊氏から分与されたわけだが、直義と交戦状態に入った非常事態下での対応だった点に注意する必要がある。義詮は迫りくる直義方の軍勢に抗しきれないと判断するや、京都を離れて西国に下り、尊氏・師直と合流したものの、観応二年二月の摂津打出浜《うちではま》(兵庫県芦屋市)の戦いは味方の大敗で幕を閉じた。

師直を討ち、尊氏と和睦した直義は、幕政に復帰して義詮の政務を補佐することになった。しかし、観応二年四月に直義が同宿しようと三条坊門第にやって来ると、義詮はそっけない態度で接して錦小路邸に帰るよう仕向けた（『園太暦』）。義詮が直義と協調できなかった背景として、九州にあった庶兄直冬との対立が想定されているが（如意丸はこの年二月に早世）、そもそも両者は相性がよくなかったようだ。

尊氏・直義兄弟の人物評として、尊氏は徳があり勇敢で寛大、直義は清廉潔白で実直、という記事が、貞和五年（一三四九）ごろ成立の史書『梅松論《ばいしょうろん》』に載っている。このほか、直義の人柄を語る同時代史料は複数あり、自制心に富んだ論理的思考の持ち主で、容易に妥協しない筋を通す人物と、当時から認識されていた。『太平記』巻三十でも直義は、「随分政道ヲモ心ニカケ、仁義ヲモ存」じる人物として描かれている。これに対して、義詮は同じ『太平記』巻三十七に、「人ノ申スニ付キ安キ人」（他人の意見に左右される人）とあり、その評判はあまり芳しくない。

尊氏・直義に比べて義詮のことを讃える逸話は少なく、『太平記』の記述を相対化しうる史料に恵まれないのだが、以下で述べる義詮の行動を見ると、右の人物評はそう的外れではなさそうだ。ただし、これは義詮が確固たる理念にそって行動するよりも、その時々の状況に合わせて臨機応変に判断することを得意としたともいえる。

義詮はまだ鎌倉にいたころ、正続院《しょうぞくいん》領である相模国山内荘秋庭郷内品濃村（神奈川県横浜市）を軍勢に預け置き、正続院の訴えを受けた直義によって、建武五年（一三三八）三月十七日にこれを撤回させられるという、にがい経験をしている（「円覚寺文書」）。こうした出来事からも、旧来の秩序維持を重んじる直義に対して、義詮は戦況に応じて柔軟に対応しようとする姿勢がうかがわれ、両者の方針のずれはこのころすでに見られた。

しかも、父尊氏が寛大の裏返しで優柔不断、決断力に乏しく難局のたびに直義に丸投げしたのに対して、義詮は置かれた苦境を打開するため、人の意見に耳を傾けて果断に、悪くいえばなりふり構わず、とにかく行動するタイプのリーダーだった。その片鱗は、直義軍の進撃を前にあっさりと京都を明け渡したところにすでにうかがえるが、後述するように、京都放棄は義詮お得意の戦術となる。戦上手で知られる父尊氏と異なり、義詮は敗戦を重ね、軍才に乏しいとの評価もあるが、兵力に余力を残して京都を放棄し、毎回その後しばらくして奪還に成功するあたり、逆転勝利を期した戦略的撤退と見ることもできる。

窮余の一策で南朝に降伏

義詮の場当たり的な対応に、状況主義の父尊氏も驚かされたのが、南朝への「降伏」という型破りな一手であった。観応二年（一三五一）七月二十八日、尊氏が近江に、義詮も播磨に相次ぎ出陣すると、直義は両者の挟撃を恐れて自派の軍勢を率いて都落ちし、九月に近江での合戦に敗れると北陸から関東に向かい、やがて十一月に鎌倉に入った。東国が直義派に糾合されるかもしれない切迫した情勢となり、尊氏は速やかにこれを追撃しなければならなくなった。その場合に想定されるのは、がら空きとなった京都に南朝軍が進攻して背後を突かれる恐れだった。よって、早急に南朝と和睦しなければならなかったのだが、さきに南朝との講和交渉にのぞんだ直義は、南朝と北朝の皇胤が交互に即位する両統迭立《りょうとうてつりつ》や幕府の存続など譲歩可能な条件を示し、建武新政の復活にこだわる南朝に一蹴されてしまっていた。そこで今回は、南朝の主張をすべて受諾して、急いで和議にこぎつけることになった。

南朝から尊氏に送られた十月二十四日付の後村上《ごむらかみ》天皇綸旨には、「元弘一統の初めに違わず、聖断を仰《あお》ぎ申さるべきのよし」お許しになったと記されており、和議の内容は政権を全面的に南朝に引き渡すものであった。北朝を見捨て、幕府の存続にも触れないこの講和は、事実上の降伏に等しく、さすがの尊氏も躊躇して難色を示したのだが、これを説得して受け入れさせたのが義詮だった。

佐々木高氏（京極導誉）画像模本　滋賀県甲良町・勝楽寺蔵

義詮は十一月三日に南朝の使者と対面して、右の勅免綸旨と直義追討綸旨を受け取ったが、尊氏はその場に立ち会わなかった。『園太暦』十一月五日条には、「将軍（尊氏）必定心底不審等これあり。しかれども賢息（義詮）・道誉（京極）・妙善（赤松則祐）ら張行《ちょうぎょう》」とあり、この和議はためらう尊氏に無理強いして、義詮と京極導誉《きょうごくどうよ》・赤松則祐《あかまつそくゆう》が積極的に進めたものだったことがわかる。切れ者として知られる導誉と則祐の献策に、義詮はのったらし

赤松則祐木像　兵庫県上郡町・宝林寺蔵

い。

既述の七月二十八日に尊氏と義詮が東西に出陣した表向きの理由は、近江の京極導誉と播磨の赤松則祐が相次いで南朝方に寝返ったこととされた。ところが、彼らを討ちに出陣したはずの義詮も、実はこのときすでに南朝に降伏する決意を固めていた。

醍醐寺僧房玄《ぼうげん》の日記『観応二年日次記』同年八月十一日条に筆写されている、南朝の後村上天皇綸旨四通からは、和平交渉の裏舞台を垣間見ることができる。そのなかの七月二十八日付の綸旨には、「義詮降参のこと、勅免なきの分、御許容のよし風聞ありと云々。はなはだ以《もっ》て然るべからず」とあり、この時点までに義詮が南朝に帰順を申し入れ、断られていたことが判明する。さらに八月二日付の綸旨には、「義詮進退のこと、頻りに勅免を蒙り綸旨を給わるのよし自称すと云々。一向不実なり」とあって、義詮が降伏を一蹴されたにもかかわらず、南朝に赦免されたと言いふらして、後村上天皇を憤慨させている様子がうかがえる。

この綸旨で、後村上は噂に惑わされず尊氏父子・直義を討てと京極導誉に命じており、また、『園太暦』観応二年八月二十日条には赤松則祐も「宮方」とあるから、彼らが南朝に降ったのは事実だった。ただし、同じく九月三日・十一月二日条でその後の動向を確認すると、幕府方からの和睦の申し入れを則祐が南朝に仲介したとあるから、まず導誉と則祐が南朝側に内通してパイプ役となり折衝を試みることに真の狙いがあったようだ。これ以後も、導誉と則祐は義詮から絶大な信頼を寄せられた。

交渉の主体として将軍尊氏の名前が出てこず、義詮が率先して動いたのは、執政の立場にあったことも関係しようが、相手に拒絶されてもめげないその図太さには目を見張るものがある。勇敢・寛大だが優柔不断な父尊氏とも、真面目だがこだわりの強すぎる叔父直義とも異なるタイプの、無定見だがエネルギッシュな義詮もまた、乱世を生きる個性豊かなリーダーの一人であった。

二、戦時態勢の強化

前途多難な北朝の復興

義詮の粘り強い交渉の結果、観応二・正平六年（一三五一）十月二十四日に南朝との間で和議が成立し、これを受けて尊氏は十一月四日、ただちに直義を討つため大軍を率いて出京した。その三日後、北朝の崇光《すこう》天皇と皇太子直仁《なおひと》は廃され、十二月二十三日には皇位の象徴たる三種の神器も「偽器《ぎき》」として南朝に接収されてしまい、ここに北朝は無残にも滅亡した。これにともない年号は南朝の「正平」に統一されたことから、この出来事を「正平一統《しょうへいいっとう》」という。

かくして、尊氏・直義両軍が激突した十二月の駿河薩埵山《さったやま》合戦は尊氏方の勝利に終わり、翌正平七年二月に直義は鎌倉で急死した。尊氏が直義方を短期間で圧倒できたのは、兵力の大半を東国に振り向けられる環境を迅速に整えた義詮の功績も大きかった。ただし、この講和の効力を、義詮は過信していたふしがある。実は、前年十一月八日に東国遠征軍が京都を発つさい、義詮も一緒に出陣するつもりでいたのだが、尊氏に制止され、京都の守りを厳命される一幕があった（『園太暦』）。義詮は講和で後顧の憂いは断てたと考えたようだが、海千山千の尊氏は、南朝軍に対する警戒を解いていなかったのである。

その懸念は現実のものとなり、直義が没した直後の正平七年閏二月に南朝軍は和議を破棄し、京都に進撃してきた。多勢に無勢の義詮は閏二月二十日の七条大宮の戦いに敗れたものの、近江に退いて近国の軍勢をかき集めて三月十五日には南朝軍を追い払い、一か月足らずで京都を奪還した。ところが、この間に義詮は、旧北朝の光厳《こうごん》・光明《こうみょう》・崇光の三上皇と直仁廃太子を都に置き去りにする、重大な戦略ミスを犯していた。思い返せば直義軍が京都に迫ったときも、義詮は天皇と上皇を放置したまま退却した。このときは幸い尊氏と直義の和睦がなり、大勢に影響しなかったことが、かえって今回義詮の状況判断に甘さを生じさせたのかもしれない。鎌倉育ちの義詮は上洛してまだ日が浅く、天皇と上皇の政治的価値をきちんと理解していなかったようだが、その後、すぐに自分のしでかしたことの深刻さを思い知らされることになる。三月四日に南朝軍は三上皇と廃太子を連れて吉野（奈良県吉野町）に撤退し、義詮が京都に戻ったときには内裏・仙洞御所はもぬけの殻になっていたのである。

正平一統の破綻で、幕府は再び「北朝の軍隊」として自己演出する必要に迫られ、将軍尊氏が遠く鎌倉に滞在するなか、北朝の再建は皮肉にもこれを見限った義詮の双肩にかかっていた。しかし、この難局にも義詮はひるむことなく、あの手この手で乗り切っていく。

まず、六月十九日に義詮の使者として京極導誉が、崇光の弟で仏門に入る予定だった弥仁《いやひと》の践祚《せんそ》をはからうよう、その祖母にあたる広義門院《こうぎもんいん》に申し入れた。何しろ皇位の象徴たる三種の神器も、院政をしく治天《ちてん》の君《きみ》たる上皇も不在という非常事態であり、困惑する広義門院に治天の君の代役を押しつけ、無理やり皇嗣を指名させたのである。八月十七日に挙行された践祚の儀では、神鏡のカラ箱を神器に見たて、さらに約八五〇年前のはるか昔に群臣に擁立されたという継体《けいたい》天皇の例を持ち出し、異例づくしの式次第が取りつくろわれた（『園太暦』）。

導誉が一貫して公家側への使者に立ったところを見ると、義詮は南朝に「無条件降伏」したときと同じように導誉の献策を採用して、恥も外聞もなく右の段取りを早急に整えさせたものとみられる。容易でないと思われた北朝の再建を、わずか五か月で新帝の即位までこぎつけたのは、現実主義者で手段を選ばない義詮の面目躍如といえよう。だが、こうして即位した後光厳《ごこうごん》天皇は、廷臣からも正統性に疑念をもたれる始末であり、にわか仕立てで荒廃いちじるしい北朝の再生は前途多難であった。

混迷を深める動乱

直義の没後も戦乱は収まらず、東国では京都に続いて鎌倉も南朝軍が一時占領し、西国では旧直義党の諸将が九州の直冬を旗頭に再結集して、各地で幕府軍と一進一退の攻防を繰り広げた。義詮は激化した内乱に対処するのと同時に、北朝の復興も進めなければならないという、難しい舵取りを迫られることになった。

観応三年（正平七、一三五二）七月に幕府は、激戦地域の近江・美濃・尾張の三か国に限り一年間、本所領（公家領の荘園・公領）半分を兵粮料所《ひょうろうりょうしょ》として軍勢に預けてもよいと、前線で指揮にあたる守護に認めた。その対象は、翌月には近江・美濃・伊勢・志摩・尾張・伊賀・和泉・河内の八か国に拡大された（室町幕府追加法）。観応から文和に改元された当年から約一年間、鎌倉に滞在する尊氏が関東八か国と奥羽・甲斐・駿河・遠江を、京都に残った義詮が信濃・北陸以西の畿内・四国・中国・九州を分割統治していたから、西国を対象とする本法令は、義詮の沙汰で発令されたと考えられる。本所領を軍勢に預け置き、戦況に応じて柔軟に対処しようとするあたりは、前述した鎌倉滞在期の方針と共通するものがある。

半済《はんぜい》の認可は後光厳践祚の前後に発令されており、ここでも義詮は持ち前のバイタリティをもって北朝再建の突貫工事と同時並行で、戦時態勢の強化策を矢継ぎ早に打ち出していったことがわかる。やがて半済は、なし崩し的にほかの国々にも適用されて恒常化し、室町時代の国制を規定することになるのだが、その端緒は西国の統治を任せられていた義詮の手で開かれたといえる。半済の目的は、荘園に対する無制限な押領《おうりょう》行為を禁じる側面もあったものの、こうした規定は実際には遵守されず、この結果、本所領の実質半分以上が兵粮料所と化して、北朝の財政基盤はほぼ壊滅状態となってしまう。戦時態勢の強化と北朝の復興という政策は、本来ならば矛盾する方向性にあったわけだが、原則にこだわらない義詮は、いつもの場当たり的な措置でこの難局に対応していった。

文和二年（一三五三）六月、南朝と結んだ直冬が京都に攻めのぼり、義詮は同じ過ちを犯さず後光厳を護衛して美濃の小島《おじま》（岐阜県揖斐川町）に逃れ、鎌倉から救援に駆けつけた尊氏の軍勢と合流し、九月には再び京都を奪還した。これ以後、義詮は有事に必ず天皇を連れ出すようになったことから、よほど正平の失敗に懲りたとみえる。

同年十二月に挙行された後光厳即位式の費用は、幕府がとりあえず守護に手持ちの資金を供出させて、武家《ぶけ》御訪《おとぶらい》と呼ばれる朝廷への助成金を準備した。実は、戦乱の激化により、幕府の財政基盤である御家人役や直轄領年貢も退転してしまっており、深刻な財政難に悩む幕府は、守護からの資金援助で急場をしのいだのである。

のちに守護《しゅご》出銭《しゅっせん》と呼ばれるこうした資金繰りは、御家人役と同じく主従制にもとづく財源ながら、御家人一般に広く負担させる従来の制度的賦課と違い、限られた有力大名の助成に頼る非制度的な臨時財源だった。二頭政治期に直義によって担われた公武交渉の幕府側窓口は、このころ義詮が専管していたことから、朝儀の費用をめぐる北朝とのやりとりも、彼が担当したものと考える。

後光厳天皇像　「天子摂関御影」　宮内庁書陵部蔵

戦時態勢のもとで

正平一統の破綻後から顕著となる公家社会への幕府の干渉は、かつては公武間の権限争奪といった視点から説明される傾向にあったが、近年では脆弱な後光厳の求心力にテコ入れする目的で本格化したことが指摘されている。天皇の権威を可視化する朝廷儀礼も次々と退転し、かろうじて催行されたとしても廷臣らはろくに参加せず、幕府は所領の給付・没収など賞罰を用いて彼らの動員に躍起になる始末だった。このような廷臣に対する幕府の動員・賞罰も、公武交渉を専管していた義詮によって主導されていた。

たとえば、義詮は廷臣の西園寺実俊《さいおんじさねとし》に、「武家執奏《しっそう》のことは、後光厳天皇の還幸後すぐに推挙いたしましょう」という内容の書状を、文和二年六月十七日に出している（「郷誠之助旧蔵文書」）。武家執奏とは、鎌倉期に公武間の連絡にあたった関東申次《かんとうもうしつぎ》を引き継ぐ重職のことである。西園寺家は関東申次を世襲した家柄であったが、南朝軍の入京時に実俊の叔父公重《きんしげ》は京都にとどまり、南朝に協力して家督につこうとし、これに対して実俊は北朝に命運を賭け、京都を落ち行く後光厳に供奉した。右の文書から義詮は、後光厳に示した実俊の忠節を評価して、武家執奏の任を約束したと指摘されている。後光厳が帰京すると公重の所領は没収され、実俊の管理下に置かれることになった。正統性に疑問がある後光厳天皇の求心力を強化すべく、義詮は廷臣の賞罰に介入していったといえる。いまだ将軍でない義詮は、執政の立場で朝廷の人事に干渉したのだろうが、朝廷に助成する武家御訪の財源と同様に、その「中身」は直義のころと変化していたことに注意する必要がある。

統治権的支配を象徴する裁判についても、この時期に義詮の親裁が拡大した。冒頭で述べた二頭政治期の引付方では鎌倉幕府の裁判手続きにならい、訴人《そにん》（原告）と論人《ろんにん》（被告）の主張を通常三回にわたり聴取し、それぞれの主張を確認したうえで判決原案を評定にかけ、直義が前述の下知状にて決裁を下した。

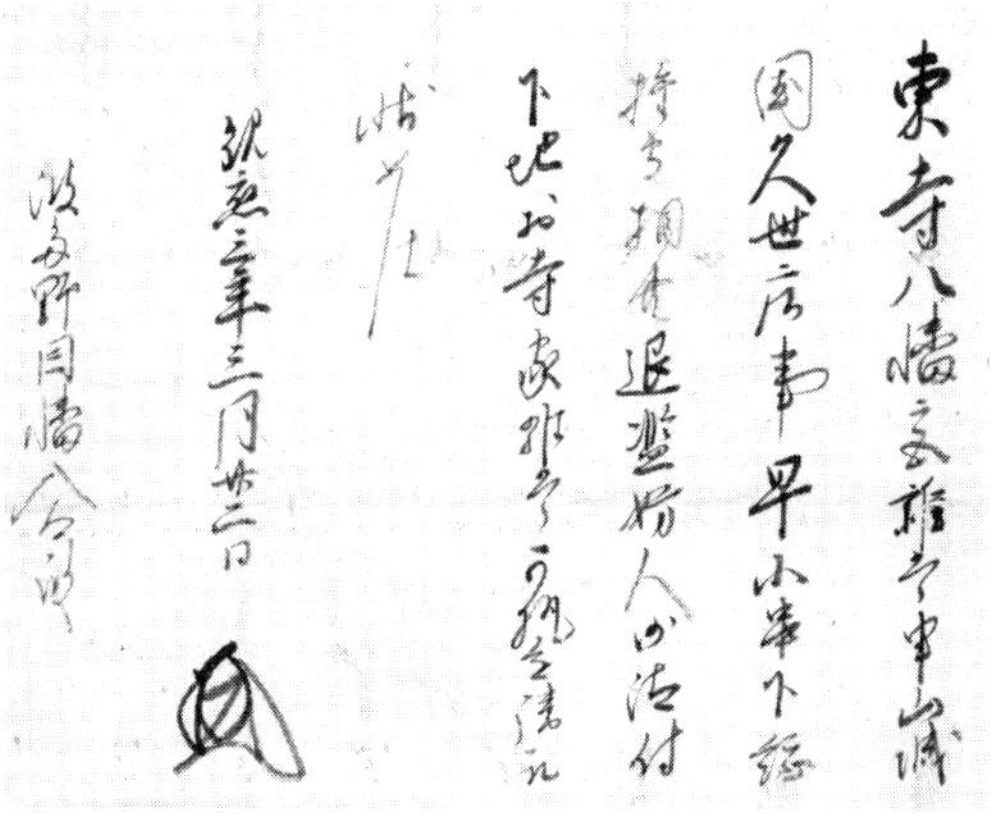

観応３年３月22日付足利義詮御判御教書　「東寺百合文書」　京都府立歴史学・歴彩館蔵

これに対して義詮は、訴人の請求を即座に受け入れ、論人の反論を確かめることなく、判決の結果のみ簡略に記した直状《じきじょう》の御判御教書で係争地の引き渡しを命じる、「特別訴訟手続」と呼ばれる簡易裁判で親裁を行うようになった。これは、押領排除の訴えを迅速に処理するため、係争地に対する論人の干渉をひとまず停止させ、もし論人側に正当な理由があるならば、その後に不服申し立てを認めるものであった。直義のころにも部分的に行われていたが、義詮はこれを本格化させたのである。所領裁判の実態も擾乱前と異なっていたのであり、単なる「権限」の継承ではなかった。

壊れゆく幕府

論人の反論を確認せず、問答無用に裁許を下す「特別訴訟手続」は、一見すると義詮が強大な権力を手に入れたかのように思える。従来、こうした親裁の拡大は、冒頭で述べたとおり「二元性」の統合過程として論じられ、親裁を指標の一つにして将軍権力の確立を説く傾向があった。そのため義詮の親裁は、鎌倉幕府以来の所領裁判機関である引付を、将軍に対して独立性を保つ機関として、抑圧・無力化の対象とすることにより、達成されたと評価されてきた。しかし、実際のところ引付方における訴訟審理は、内乱の激化によって停滞する事態となっていた。文和元年（一三五二）五月二十七日に祇園社執行《しぎょう》の顕詮《けんせん》は、引付頭人《とうにん》の高重茂に訴訟案件を尋ねたところ、「現在は寺社のことに関して、裁判審理をしていない」と返答されてしまう。困惑した顕詮は義詮のもとに押しかけ、その側近で御所奉行の粟飯原清胤《あいはらきよたね》に取り次いでもらい、義詮の直裁《ちょくさい》を得ることに成功した（『祇園執行日記』）。

このように、引付方は定例開催が困難なほど弱体化しており、義詮の親裁を阻害できるほどの実態など有していなかった。むしろ、義詮の頭を悩ませたのは内乱の激化で不法占拠の押領が頻発し、裁判機関が軒並みダウンするなかで大量に持ち込まれる訴訟をいかに処理するかであり、「特別訴訟手続」の濫用も、こうした事態に対処するための非常手段であった。義詮は「二元性」統合のため自発的に親裁権を拡大させたわけではなく、戦乱の激化で引付方が機能麻痺に陥ったことにともない、やむなく裁判の陣頭指揮をとらざるをえなくなったのだ。

同様のことは、直義の管轄下にあったほかの機関にもあてはまる。直義の安堵方では鎌倉幕府の成熟した制度にもとづき、安堵申請者の所領支配が実際になされているか、調査を経て安堵が出されていた。しかし、観応の擾乱で安堵方の機能は停止して、こうした「調査型」の安堵は行えなくなり、これに代わって前線で指揮をとる守護が配下の国人の申請を取り次いで、即座に幕府の安堵がなされるようになった。文和三年九月に義詮は豊後守護の大友氏時《おおともうじとき》からの推挙を受け、田原直貞《たわらなおさだ》が嫡孫の氏能《うじよし》に譲与《じょうよ》した所領を安堵したが、それは直貞の譲状《ゆずりじょう》の余白に「一見《いっけん》し了《おわ》んぬ（確認した）」と一筆を加えただけの、簡略な「即時型」の安堵だった（「入江文書」、「草野文書」）。

また、御家人の任官も初期室町幕府では鎌倉幕府にならい、直義が官途奉行を介して朝廷に任官を推挙し、御家人はその代償に朝廷儀礼や寺社造営の経費を負担する成功《じょうごう》の制度で、しっかりと制限・管理されていた。だが観応の擾乱後、義詮は尊氏とともに戦功の恩賞として官途推挙を濫発しはじめ、正式の除目《じもく》でなく、略式文書の口宣案《くぜんあん》による任官者が無制限に増える事態となってしまった。

以上のように、観応の擾乱によって、北朝だけでなく幕府も制度・機構に重大なダメージを蒙ってその実態を変質させていたのであり、直義から義詮へとそのまま「権限」が移行したわけではなかった。文和元年十二月五日、義詮の使者として京極導誉が朝廷に申し入れた、「公家・武家草創の時分」という言葉は、北朝の復興事業を指して使われがちだが、幕府も観応の擾乱によって朝廷と一緒に壊れた状況をふまえてこそ、公武併記の意味を正確にくみ取ることができる（『園太暦』）。

この時期の将軍は尊氏であるが、幕府の政策主体として公武の再建に果たした義詮の役割は小さくなかった。義詮は確固たる見通しをもって行動していたわけではなかったが、内乱情勢に翻弄されなながらも打てる手はとにかく打ち続けた。そのことが結果として、約百年ぶりとなる「将軍親裁」へとつながることになる。

三、秩序回復の試行

そして将軍親裁へ

文和三年（一三五四）十二月、またも直冬・南朝軍が京都に攻めのぼり、尊氏は後光厳を奉じて近江の武佐《むさ》寺（滋賀県近江八幡市）に逃れたが、播磨に出陣中の義詮と示し合わせて京都を挟撃し、翌年三月には直冬を西国へと退けた。延文年間（一三五六〜六一）に入ると、京都近辺の戦況は小康状態となる一方、尊氏の体調不良で恩賞給付の権能も義詮に委ねられ、義詮が中心となって幕府の運営にあたることになった。

延文二年（一三五七）二月十九日には、南朝に拉致されていた光厳・崇光両院の帰京が実現した。廷臣の園基隆《そのもとたか》に宛てた三月五日付の義詮書状は、これに尽力した基隆の「御忠節」に対して、園家の扶持と家領の支配を保証したものと解釈されている（「尼崎市教育委員会所蔵文書」）。この文書は、幕府が直接に廷臣の所領を安堵した最初の事例か否かが争点となっているが、北朝に対する忠節の強要をきっかけに、義詮（幕府）が廷臣の所領保証に関与していく様子がうかがえる。

そうしたなか、義詮は同年七月二十九日に評定で決めた方針にそって寺社本所領復興の沙汰を進め

(『園太暦』)、九月十日には兵粮料所を否定して戦時態勢の解除を試みる幕府法を発布した(室町幕府追加法)。なし崩し的に拡大した半済地の制約が盛り込まれている点で注目すべき法令だが、いまだ遠隔地では南朝や直冬などの敵対勢力が健在であり、こうした政策は十月には中断されてしまったことが指摘されている。いったん認めた守護およびその配下の既得権益を全否定し、擾乱前の状態に戻すことは容易ではなかった。

明けて延文三年四月三十日に尊氏が五十四歳で死去し、二十九歳にして足利家の家督を継いだ義詮は、十二月八日に征夷大将軍に任じられ、名実ともに幕府の首長として親裁を開始、所領関係の訴訟は将軍が親臨して決裁されるようになった。こうした訴訟親裁は御前沙汰《ごぜんざた》と呼ばれ、将軍主宰の恩賞沙汰とほぼ同じ構成だった。だがそれは、将軍権力の強化に不可欠として「二元性」の統合が達成された結果でなかった点は、これまでに述べてきたことで明らかだろう。初期室町幕府機構の崩壊と、それにともなう緊急措置の戦時対応が、将軍みずから執政せざるをえなくなった背景だったのである。

親裁の可否は権力の強弱と直結して考えられがちだが、政権総体として見た場合、この因果関係は必ずしも自明のことではない。実際に、義詮の権力基盤はいまだ不安定だったのだが、その原因の一つは皮肉にも戦時態勢の強化そのものにあった。義詮は鎌倉公方の弟基氏の協力を得て、延文四年十二月に関東から畠山国清《くにきよ》率いる大軍を西上させ、紀伊・河内の南朝方に攻勢をかけたものの、幕府軍は必ずしも一枚岩ではなかった。

このころ、基氏は武蔵中部の入間川《いるまがわ》(埼玉県狭山市)に在陣し、戦時態勢のもと関東での自立性

足利基氏木像　神奈川県鎌倉市・瑞泉寺蔵

を強めていた。『難太平記』によると義詮は、東国の統治が基氏に任せられたのは直義の肝いりによるものと思い込み、内心こうした状況に怖畏の念を抱いていたらしい。基氏も直義に親近感を抱き、叔父を見習い政道の妨げになるとして田舞楽を遠ざけたというから（『空華《くうげ》日用《にちよう》工夫《くふう》略集《りゃくしゅう》』）、兄義詮とは正直あまり合わなかったようである。だが、父と叔父の二の舞にならぬよう、基氏は兄との融和を心がけ、両者の不協和音は表面化しなかった。

　このように、幕府と鎌倉府との関係は必ずしも盤石ではなく、基氏の歩み寄りにより義詮の疑念を払拭する努力がなされていた。今回の援軍もその一環だったわけだが、幕府はその内部にも不安要素を抱えていた。東国からの援軍を得た義詮は、自身も在京諸将を従えて摂津尼崎（兵庫県尼崎市）まで親征し、翌延文五年五月に帰京したところ、陣中の大名たちの間で仁木《にっき》義長《よしなが》の「横暴」を指弾する機運がにわかに高まった。『太平記』巻三十五には畠山国清が酒宴にかこつけ、執事細川清氏《きようじ》、土岐《とき》頼康《よりやす》、京極導誉、六角《ろっかく》氏頼《うじより》らと、義長排斥のことを語らう場面がある。そこで国清が口にしたとされる義長への不満とは、彼が四か国（三河・伊賀・伊勢・志摩）もの守護職を兼帯し、かつ数百か所におよぶ大所領を有していたことであった。

空証文の後始末

鎌倉時代以来、守護の職務は大犯《たいぼん》三か条、つまり管国内の御家人に内裏・院御所を警固させる京都大番役《おおばんやく》の催促と、謀叛人・殺害人の逮捕に基本限られていた。だが、観応の擾乱後、守護は戦時の総動員態勢を構築するなかで、前述の半済のほか、闕所《けっしょ》地処分や軍役賦課を恒常化させ、管国での支配力を高めた。守護の指揮下に入らず執事に属した三河の星野と行明という武士の所領が、守護仁木義長の一存で没収され、彼の家人に分け与えられてしまい、執事細川清氏の面目をつぶしたという『太平記』の記事は、強大化した守護の権能をあらわすエピソードといえる。将軍だけでなく、守護の「中身」もまた、内乱で変質を遂げたのである。『建武式目』で古代の国司になぞらえられた守護職は、戦時態勢の強化で役割を拡大させたうえに、恩賞として戦功を誇る諸将間で争奪の的とされていた。

その任にある者を一般に「守護」と称するが、これだけではその性格を捕捉しきれない。なぜなら、仁木義長への憤懣の一つにあげられたように、彼らは自身の守護管国以外にも大規模な所領をいくつも集積していたからだ。政治的に不安定な混乱期、中央政権に参画しながら権勢の伸長をはかる在京大名たちは、守護職ばかりでなく大所領を一つでも多く獲得しようと競い合い、その争いは義詮が将軍に就任した直後から激しさを増していた。

近江守護の六角氏頼が仁木排斥に同調した理由として、『太平記』巻三十五には、同国甲賀郡の高山という直冬党武士の没収地をめぐり、仁木義長と帰属を争っていたことがあげられている。数百か所というのは誇張にしても、義長が近江のほか遠江や加賀といった複数の非守護国で、所領を知行しようとする動きを見せていたことは、ほかの一次史料によっても確認されている。

延文四年十月五日付で義詮が仁木義長に出した御判御教書は、近江国甲賀郡内の柏木荘・檜物荘・蔵田荘・宇治河原について、六角氏頼の競望を退け安堵するという内容であり、『太平記』に記す仁木と六角の所領争いを裏づける文書である（「吉田文書」）。ここで注目されるのは、仁木義長が観応二年と文和二年の尊氏下文にもとづき右の御判を得たのに対して、六角氏頼も文和四年の尊氏書状を証文として所持していたことである。

気前のよかった尊氏は軍陣で恩賞を大盤ぶるまいし、事前に確認しないまま同一の所領を複数の人間に与えてしまうことがよくあった。尊氏のばらまいた「軍陣の下文」はしだいに問題となり、観応三年九月に発せられた法令において、こういうトラブルの処理方法として日付の古い下文を採用すると定められた（室町幕府追加法）。義詮は、この規定にのっとり右の安堵を下したと考えられるが、前述した延文二年九月の追加法に「観応以来、追年擾乱の間、勇士の懇望に任せて糺決《きゅうけつ》におよばず、補任の条、不慮の儀なり」とあるように、こうした混乱は観応以後、とくにひどかった。

義詮は父が濫発した空証文の後始末に追われていたわけだが、この問題は大名間にくすぶる火種にも油を注いでいた。義詮の代になって大名間の闘争が激しくなるのは、若い二代目を侮ってのことのみならず、こうした先代の「負の遺産」を義詮が背負わねばならなかった側面も、考慮しなければならない。

不安定な政局

さて義詮は、自身の排斥計画を知り怒った仁木義長に身柄を確保されてしまうが、京極導誉の手引きで脱出に成功した。義長は延文五年（一三六〇）七月十八日、やむなく本国伊勢へと落ち延びたが、この政変をしかけた畠山国清も本来の使命だった南朝掃討そっちのけで関東勢を私闘に使って人望を失い、長陣もあだとなり遠征軍から離脱者が続出して、八月四日、ほうほうの体で鎌倉に逃げ帰った。

翌康安元年（一三六一）二月になって仁木義長は南朝に降ったが、さらに今度は細川清氏に反逆の疑いが浮上した。九月二十二日、義詮が後光厳を奉じて東山の新熊野《いまくまの》（京都市東山区）に移り兵を集めると、清氏は都を落ちて南朝に降伏する事態となる。このころ、関東でも不満を募らせた東国武士らの訴えで畠山国清が伊豆に籠居し、同年十一月に基氏から討伐軍を派遣される騒動となっていた。相次ぐ内紛の間隙を縫い、十二月八日に南朝軍が清氏と連合して四度め最後の京都進攻を敢行し、義詮はまたもや後光厳を連れて近江に退却したが、二十七日にすみやかに奪還を果たした（以上『後深心院関白記《ごしんいんかんぱくき》』、『太平記』）。

細川清氏の嫌疑については、今川貞世が父範国《のりくに》から聞いた話として、清氏の威勢に憤った何者かのでっち上げと『難太平記』で証言しており、『太平記』巻三十六でも、守護職や所領の配分をめぐり清氏と対立していた京極導誉の謀略と断じている。

清氏が執事として権勢をふるった徴証として取り上げられるのが、裁判における執事の職権拡大である。高師直の滅亡後、執事職は観応二年（一三五一）に仁木頼章《よりあき》、延文三年（一三五八）から細川清氏に引き継がれたが、仁木義長追放の翌月にあたる延文五年八月より三か月間、裁許の執行を守護に下達《かたつ》する遵行《じゅんぎょう》が清氏の執事奉書で集中的になされた。かつて遵行命令は引付方が担当し、その廃絶中には義詮みずから御判御教書で行っており、右のような執事の訴訟管掌は、清氏が将軍権力の抑制を策したものとみなす意見もある。しかし、こうした対立を前提とした権限争奪的な見方は、将軍親裁に至った既述の消極的な経緯をふまえると、引付抑圧説と同様に妥当でないように思われる。むしろ、義詮が将軍として従来どおり恩賞業務を専管したことからすると、義長追放後の政局安定を期待して、不執政への回帰を模索した結果とも考えられる。

そもそも、執事に引付方の業務を兼ねさせる改革は、わずか三か月で頓挫してしまい定着しなかった。『太平記』には、清氏が周囲から反感を買った原因に、執事としての職権乱用があげられており、たしかに裁判業務の遂行も「専権」として非難されたのかもしれない。ただし、この後しばらくして義詮が引付方を復置しているところを見ると、執事による裁判業務の管掌自体、あるいは引付方再建までの暫定的なつなぎだった可能性がある。

制度再建の試み

貞治元年（一三六二）七月二十三日、義詮はいまだ十三歳の斯波義将《よしゆき》を執事に任じて、その父高経《たかつね》に職務を代行させることにした。義将には氏頼という異母兄がいて、彼に娘を嫁がせていた京極導誉や幕閣の後押しにより、当初、義詮は氏頼を執事に抜擢《ばってき》するつもりでいた。ところが、義将を鍾愛する父高経が氏頼の非を種々に申し立てたので、義詮は気が変わり義将に白羽の矢を立てたらしい（『太平記』）。「人ノ申スニ付キ安キ人」という、既述の義詮に対する人物評はこのときのものである。

足利一門きっての家格を誇る斯波家は、実のところ執事を将軍家の家来筋がなる「卑職」とみなしており、就任を固辞したのだが、義詮からしつこく懇請されたため、やむなく若年の義将を執事とし、当主の高経が後見するという、このような変則的な形式で引き受けたとの話も伝わっている（『塵添壒嚢鈔』）。義詮は誇り高い斯波を執事にすえて使役することで、将軍権威の荘厳をはかったと考えられている。相手の要求をうのみにして譲歩しながらも、義詮は南朝との和睦交渉時のようにあきらめずに粘って、渋る高経の説得に成功したわけで、とにかく斯波家に執事職を押しつける本来の目的を果たしたのである。

『百将伝』に描かれた斯波高経　当社蔵

明けて貞治二年春になると、直冬党の主力だった山陽の大内弘《おおうちひろ》世《よ》が、九月には同じく山陰の山名時氏《やまなときうじ》が相次いで降伏し、義詮は中国地方をほぼ平定する成果をあげた。ここでも、手段を選ばない義詮の交渉術が良くも悪くも功を奏し、幕府に尽くしてきた長門守護の厚東義武《ことうよしたけ》をあっさりと見捨てて、大内に周防・長門両国の実効支配を追認する一方、山名にも実力で従えた因幡・伯耆・丹波・丹後・美作五か国の守護職を与えるという、和睦に近い好条件で帰順を受諾した。このため、多年の忠勤を踏みにじられた武士たちは、「多く所領を持とうと思うなら、幕府の敵になったほうがよいではないか」と顔をしかめたという（『太平記』）。

しかし、大内と山名の帰伏によって畿内周辺では戦乱が下火になり、鎌倉府を中心に秩序が形成される関東と、南朝方との激戦が続く九州に挟まれた国々では、守護の任にあった大名が京都に戻りはじめた。京都で幕政に参与する大名が地域を統轄する守護を兼ねるといった、室町期の都鄙間構造が準備されることになったのである。

こうしたなか義詮は、幕府機構の復旧を斯波高経に進めさせた。すなわち、嫡子の義将を執事として後見していた高経は、この年の八月に孫の義高《よしたか》を三局ある引付方の頭人の一人に起用して、訴訟審理にも影響力をおよぼすようになった。これを将軍―執事（主従制的支配権）による引付方（統治権的支配）の吸収とみて、将軍のもとで軍事・政務の両面を統轄した管領制の端緒とみなす意見もある。しかし、執事と引付頭人の職権を区別して、中絶していた引付方がわざわざ復置されたのだから、「二元性」統合の一環として既定視するよりも、むしろ旧機構の再建にテコ入れする動きとして捉えたほうが自然だろう。

このような方向性は、幕府財政の再建政策にも顕著にあらわれる。貞治三年に義詮の御所である三条坊門第の造営が建物ごとに大名に割り振られたが、こうした資金繰りが有力大名の助成に頼る不安定な臨時財源だったことは既述した。そこで、高経はこれとともに、地頭御家人の所領にかける武家役の税率を五十分の一から二十分の一に引き上げたり、年貢を京上しやすい畿内・北陸・東海に幕府直轄領（政所料所《まんどころりょうしょ》）の設置を試みたりして、恒久財源の確保に努めた。義詮は旧機構の復旧だけでなく、主従制にもとづく諸役や、直轄領の年貢といった旧財源の立て直しも、このころ高経に主導させて進めていったのである。

室町時代への道

幕府の再建を斯波高経に任せた義詮だったが、高経の強引な政治手法に怨嗟の声があがり、貞治五年（一三六六）八月、これに押された義詮は、高経父子に京都退去を命じ、本国越前へと没落させなければならなくなった。『太平記』巻三十九によると、高経は武家役の税率引上げで諸人の不満を招くとともに、三条坊門第の作事遅延を理由に赤松則祐の所領を没収し、二十分の一の武家役を滞納した京極導誉に対しても摂津の守護職を改易のうえ、所領の多田荘（兵庫県川西市）を政所料所に編入し、義詮の腹心二人から激しい恨みを買っていたという。

財政再建の強硬策が高経の命取りとなり、結局、その成果は十分にあがらず限定的だった。もっとも、贈与を基本とする有力大名の助成や、畿内・北陸・東海を中心とした直轄領は、室町時代の守護出銭と御料所へとつながる萌芽となる。さらに、財政難が続くなか貞治六年六月の吉祥院《きっしょういん》修造は、義詮が北朝に代わり山城国内の本所領に段銭《たんせん》を課して行われた（『師守記』）。これも、当初は急場しのぎの費用補填だったのだが、幕府が朝廷側に提供してきた武家御訪の「穴埋め」に、段銭などの朝廷財源の催徴を代行して助成する方法は、次代になると恒常的に本格化していくことになる。廷臣に対する幕府の動員・賞罰と同じく、朝廷財源の活用も北朝再建の一環であり、公武間の権限争奪といった性格のものではなかった。

試行錯誤の繰り返しが、結果的に以後の幕府のあり方を規定した点は、中央機構についても同様である。斯波の失脚であてが外れた義詮は、しばらく執事を置かず、引付方を下部機関に親裁を行ったが、貞治六年九月七日に細川頼之《よりゆき》を高経の後任として上洛させた直後に発病し、十一月二十五日には執事に任じた頼之に十歳の嫡子義満《よしみつ》を託し、十二月七日、ついに三十八歳の若さで急死した。

幼君義満の後見役となった細川頼之は、将軍の御前沙汰を代わって主宰することになり、引付方は義詮から頼之の下部機関へと位置づけ直された。将軍権力を代行することになった頼之の地位は、これまでの執事と明らかに異なる、軍事と政務を統べる管領《かんれい》としての実態を具備することになった。室町時代に幕府機構の中軸となる管領制は、義詮の親裁と予期せぬ中断により形作られていく。

こうして、室町幕府は当初の構想から外れて、その姿を大きく変貌させることになった。義詮自身、これを先読みして行動したわけでも、明確な将来ビジョンを持っていたわけでもなく、内乱情勢に振り回されて、次々とふりかかる苦境を乗り切るだけで精いっぱいだった。しかし、義詮がその場その場で臨機応変に判断し、なりふり構わず連発した戦時の非常時対応は、これまでに述べてきたとおり、結果として次の義満期につながる前提となり、室町時代の基本構造を準備することになったのである。

（吉田賢司）

【主要参考文献】

家永遵嗣　『室町幕府将軍権力の研究』（東京大学日本史学研究室、一九九五年）
伊藤俊一　「武家政権の再生と太平記」（市沢哲編『原典と古典　太平記を読む』吉川弘文館、二〇〇八年）
小川　信　『足利一門守護発展史の研究』（吉川弘文館、一九八〇年）
金子　拓　『中世武家政権と政治秩序』（吉川弘文館、一九九八年）
亀田俊和　『足利直義』（ミネルヴァ書房、二〇一六年）
小要　博　「発給文書よりみたる足利義詮の地位と権限」（上島有編『日本古文書学論集7　中世Ⅲ』吉川弘文館、一九八六年、初出一九七六年）
佐藤進一　『日本中世史論集』（岩波書店、一九九〇年）
佐藤進一　『日本の歴史9　南北朝の動乱』［改版］（中央公論新社、二〇〇五年）
清水克行　『足利尊氏と関東（人をあるく）』（吉川弘文館、二〇一三年）
高柳光寿　『足利尊氏』［改稿新装版］（春秋社、一九八七年）
田坂泰之　「室町期京都の都市空間と幕府」（桃崎有一郎・山田邦和編『室町政権の首府構想と京都』文理閣、二〇一六年、初出一九九八年）
早島大祐　『首都の経済と室町幕府』（吉川弘文館、二〇〇六年）
早島大祐　『室町幕府論』（講談社、二〇一〇年）
松永和浩　『室町期公武関係と南北朝内乱』（吉川弘文館、二〇一三年）
桃崎有一郎　「初期室町幕府の執政と「武家探題」鎌倉殿の成立」（『古文書研究』六八号、二〇一〇年）
桃崎有一郎　「観応擾乱・正平一統前後の武家執政「鎌倉殿」と東西幕府」（『年報中世史研究』三六号、二〇一一年）

森　茂暁「室町幕府成立期における将軍権力の推移」（上島有編『日本古文書学論集7　中世Ⅲ』吉川弘文館、一九八六年、初出一九七五年）
森　茂暁『増補改訂　南北朝期公武関係史の研究』（思文閣出版、二〇〇八年）
森　茂暁『足利直義』（角川学芸出版、二〇一五年）
山田　徹「室町幕府所務沙汰とその変質」（『法制史研究』五七号、二〇〇七年）
山田　徹「南北朝期の守護在京」（『日本史研究』五三四号、二〇〇七年）
山田　徹「南北朝期における所領配分と中央政治」（『歴史評論』七〇〇号、二〇〇八年）
山田　徹「南北朝中後期における寺社本所領関係の室町幕府法」（『日本史研究』六三五号、二〇一五年）
山家浩樹「室町幕府訴訟機関の将軍親裁化」（『史学雑誌』九四編一二号、一九八五年）
吉田賢司『室町幕府軍制の構造と展開』（吉川弘文館、二〇一〇年）
吉田賢司「武家編制の転換と南北朝内乱」（『日本史研究』六〇六号、二〇一三年）
吉田賢司「室町幕府論」（『岩波講座日本歴史』八巻〈中世三〉、岩波書店、二〇一四年）

第三代　足利義満

――「簒奪者」の実像

生年　延文三年（一三五八）八月二十二日
没年　応永十五年（一四〇八）五月六日
院号　鹿苑院

父　足利義詮
母　紀良子

官位の変遷
貞治五年（一三六六）十二月七日に従五位下／同六年十二月三日に正五位下・左馬頭／応安元年（一三六八）十二月三十日に征夷大将軍／同六年十一月二十五日に従四位下・参議・左近衛中将／永和元年（一三七五）十一月二十日に従三位／同四年三月二十四日に権大納言／同八月二十七日に右近衛大将兼任／同十二月十三日に従二位／同二年正月五日に従一位／永徳元年（一三八一）六月二十六日に内大臣／同二年正月二十六日に左大臣／同三年正月十四日に源氏長者・淳和奨学両院別当兼務／同六月二十六日に准三宮／応永元年十二月二十五日に太政大臣

室町幕府最盛期の象徴

歴代将軍のなかで、足利義満《よしみつ》は祖父尊氏《たかうじ》と並んで最も知られた人物である。そもそも室町時代・室町幕府という名称自体、義満が建てた室町第《むろまちてい》（花の御所）にちなむものである。また、南北朝合一や日明貿易《にちみんぼうえき》の開始など、彼に関する事績は教科書に太字で載る重要項目だ。そして、なんといっても義満といえば鹿苑寺金閣《ろくおんじきんかく》であろう。黄金に輝くその威容は、室町幕府最盛期の象徴として、また義満自身にも重ね合わされ、その人物イメージを形成している。

ところで、政治家としての手腕についてはともかく、義満の人物評はすこぶる悪い。古今東西、為政者に対する毀誉褒貶《きよほうへん》は世の常だが、これほど安定して印象の良くない人物は珍しい。しかも、悪逆非道の限りを尽くしたとか、圧政により民衆を虐げた暗主や暴君だから、という理由ではない。「卑屈」や「傲慢」など、もっぱら彼の態度や振る舞いに対する批難なのである。

一、強固な「悪役」イメージ

稀代の「悪役」

義満に対する悪評はなかなか根が深く、すでに江戸時代から評価は芳しくなかった。「正徳《しょうとく》の治《ち》」で知られる幕臣で儒者《じゅしゃ》の新井白石《あらいはくせき》は、「驕恣《きょうし》の性にて信義なき人」と評した（『読史余論《とくしよろん》』）。同じ儒者でも幕末に近い頼山陽《らいさんよう》になると、義満には「王家《おうけ》」を奪おうという「素心《そしん》」があるとし、「その早世にして志を終えざりしは、我邦の幸と謂わざるべけんや」と容赦ない（『日本外史《にほんがいし》』）。学者の世界だけではない。『南総里見八犬伝《なんそうさとみはっけんでん》』をはじめ、大衆向けの読本《よみほん》作家として人気を博した曲亭馬琴《きょくていばきん》の作品では、「逆賊義満」として、楠木正成《くすのきまさしげ》の孫なる女傑に暗殺される敵役でもあった（『開巻驚奇侠客伝《かいかんきょうききょうかくでん》』）。また、文久三年（一八六三）には、尊攘派浪士たちが墓所の等持院から義満ら歴代将軍の木像の首を引き抜き、「天誅」と称して京の処刑場だった三条河原に「逆賊」の札を掛けて晒したのである。

さらに近代に入ると、国会とマスコミを巻き込んで紛糾した一九一一年の教科書問題（南北朝正閏《せいじゅん》論争）や、全国各地の南朝忠臣の顕彰運動などにより、ますます旗色が悪くなってゆく。さらには、義満の生母紀良子《きのよしこ》の母系をたどると順徳《じゅんとく》天皇にいきつくことから、義満は自身を皇胤と自覚しており、それゆえに皇位をうかがうような「不遜」を働いたとする学説まで登場した（渡邊世祐「足利義満皇胤説」）。『平家物語』により、早くから流布した平清盛《きよもり》皇胤説なら議論の余地もあろうが、女系の系譜を辿るという考え方自体が存在しないうえ、義満皇胤説なるものは、当時はもとより後世にも所見がない。これも義満に対する「僭上《せんじょう》」や「不遜」という評価を前提にした無理なこじつけだが、「御落胤」説は人を惹

昭和25年（1950）に火災で焼失する前の金閣

きつけるからか、いまだに目にする機会がある。

もっとも、こうした悪評は義満以上に評判が悪かった尊氏がその典型であるように、多分に時代性を帯びている。時代の思潮や政治体制の変化で人物像が一八〇度ひっくり返ったり、研究が進むことで再評価された歴史上の人物は数えきれない。ところが、こと義満の場合、そうした人間味あふれるエピソードなどついぞ聞かれない。そればかりか、逆に研究が進むほど新たな「悪役」イメージが生み出されてきた。

根強い公武対立史観

義満に対する悪評が「生き延びた」のは、戦後の研究動向の影響が大きい。「逆賊」や「偽朝」と指弾され、正面から室町幕府や北朝の研究ができなかった時代を経て、戦後ようやく室町幕府や北朝が客観的に扱われるようになり、南北朝時代の学問的研究が本格化する。今日まで息長く通説的位置を占める佐藤進一『南北朝の動乱』が登場したのは、一九六五年である。名著の誉れ高い同書では、朝廷・寺社が有した諸権限を幕府が吸収することで権力を確立する過程が精緻に描かれた。佐藤によると、義満には武家が公家の上位に立つべきという志向が存在したという。従前の「傲慢」で「不遜」な人物像は、武家が公家を圧倒してゆくという佐藤が描く公武対立の構図に親和的であった。本書に描かれた義満の人物像は、およそ戦前までのそれと大差ない。そして、佐藤説を前提に、天皇に関わる部分をより強調する形で義満の「悪役」イメージを再生産したのが、いわゆる「皇位簒奪」説である。

もう三十年近くになるが、昭和から平成の天皇代替わりの時期に、義満を皇位への挑戦者として描いた今谷明『室町の王権』（一九九〇年刊）が話題となった。絶対的な権力を手中にした義満は、さらに公家社会に参入し、位人臣を極め公家たちを従えるのみならず、祭祀権や改元権など天皇のみが行使しうる「天皇権威」の部分にも介入し、自身に対しては法皇《ほうおう》ないし上皇《じょうこう》の待遇を求め、愛児義嗣《よしつぐ》を親王の如く振る舞わせた。つまるところ、義満の究極の狙いは「皇位簒奪」にあったとする。この刺激的な説の原型は、前述の義満「僭上」批判として古くから唱えられてきたもので、まったくの新説ではないが（田中義成『足利時代史』）、天皇代替わりというタイミングや一般向けの新書という体裁もあり、学界のみならず広く読書人に受け入れられた。この時代に詳しい人ならば、「義満は天皇になろうとした」という類の話を耳にしたこともあるだろう。今日、旧来の「逆賊」イメージは時代の変化で薄まったが、「威圧的」で「傲慢」な人物像はむしろ増幅されているように思える。

このように、現在の義満像の土台には、公武対立史観というべきこの時代の見方が根強く存在する。もっとも、近年の研究では「皇位簒奪」説が徹底して批判され、公武対立的な歴史像も根本的に見直される傾向にある。一方、義満の人物像については従来とさほど変化がないようである。そこで本稿では、こうした成果をふまえつつ、足利義満の前半生を政治過程に注目しながら辿ってみたい。人物像に迫る方法としては迂遠に思われるかもしれないが、強固な「悪役」イメージを相対化するには、その土台から見直す必要がある。

二、細川頼之の苦悩

幼少期を語るエピソード

義満は、延文三年（一三五八）八月二十二日に京都で生まれた。この年は祖父の尊氏が亡くなり、父義詮が征夷大将軍に就任した年でもある。幼名は春王。正室渋川幸子が生んだ異母兄は春王生前に夭折しており、待望の嫡男出生であった。将軍嫡子にして「三代目」となると、温室育ちの苦労知らずかと思いきや、幼少期から結構な日に遭っている。

当時、衰えたとはいえ南朝方の攻勢は活発であり、さらに幕府内も一枚岩ではない状況のなか、北朝・幕府はたびたび京都を追われた。義満三歳の康安元年（一三六一）の折も、南朝勢が京を急襲すると、義満は赤松氏ら家臣に抱かれ敵の包囲をかいくぐって京を脱出、赤松則祐の居城である播磨国白幡城に逃れている。さらに後光厳天皇から「義満」の名字を賜って間もない貞治六年（一三六七）の末には、父義詮が三十八歳の若さで急死する。義満はわずか十歳にして家督を継ぐことになったのである。そして年が明けるや慌ただしく元服し、その年の大晦日に征夷大将軍となった。もっとも、幼齢の義満が実際に政務を見ることはなく、一門の有力者である細川頼之が幕政を取り仕切ることになる。

だいたい、中世において幼少時代の肉声や性格が確実にわかる人物というのは稀であり、それは義満とて同様である。そこで様々な出処の史料が引かれることになる。有名なのは、播磨国に逃れた義満が帰路に摂津国の琵琶塚という景勝地を気に入り、家臣に「この地を担いで京へ持ち帰れ」と命じたというエピソードである（『翰林葫蘆集』）。他には、幼い義満が周囲の「奸佞追従」に騙されないよう、細川頼之が「佞坊」という異形の法師を御前に侍らせ「追従ヲ専ラトシテ事ニ成ラザル虚語ヲ巧ミ、顔ヲシカメ口ヲユカメ、ヲトリ舞狂テ座ノ興」とした、などという滑稽な話もある（『細川頼之記』）。前者は、五山禅僧の手になる義満没後百年忌の追悼文集の一節であり、後者は江戸時代に流行した史実と創作の入り混じった軍書の一作品である。もちろん、現代の歴史家はこれらの逸話をそのまま史実とは見ていない。しかし、エピソードに乏しい幼少期の義満を語る上ではしばしば引用され、そこに成人後の「傲慢」な態度につながる萌芽を読み込もうとするきらいがある。

細川頼之の政治と寺社強訴

応安五年（一三七二）、義満は十五歳で判始《はんはじめ》の儀式を行った。当時の慣例からすると、一人前の将軍として活動するのは、公的にはこれ以後となる。全国的な情勢としては、九州を除いてようやく戦乱状況は下火となりつつあった。この間、父義詮から後事を託された細川頼之が幼君義満に代わり幕政を主導したが、その舵取りは必ずしもうまくいかなかった。

とりわけ頼之の足を引っ張ったのは、「南都北嶺《なんとほくれい》」と呼ばれた延暦寺《えんりやくじ》や興福寺《こうふくじ》などの寺社勢力であった。「山階道理《やましなどうり》」（藤原道長《みちなが》）や「天下三不如意《てんかさんふにょい》」（白河《しらかわ》法皇）で知られるように、その存在は絶対的な権勢を誇った者たちをも悩ませてきた。それは、寺社勢力による強訴《ごうそ》が洛中の騒擾《そうじょう》や朝廷公事《くじ》の停滞を招くうえ、その訴えがたとえ理不尽な内容で、また武力を伴ったとしても、これに反撃したり門前払いをするなど以ての外であり、むしろ可能な限り「宥める」（受け入れる）のが中世社会の「常識」だったからである。空間的にも体制的にも密着した北朝と室町幕府の関係からすれば、武家にとってもまったく他人事ではなかった。というより、南北朝内乱期を通じて、強訴の多くは守護方武士の荘園押領や武家が保護する禅宗との軋轢など、むしろ武家と寺社をめぐる対立に起因していた。その結果、一三六〇〜七〇年代にかけて、延暦寺・興福寺・石清水八幡宮《いわしみずはちまんぐう》などの強訴が相次ぎ、たび重なる神輿《しんよ》・神木《しんぼく》の入洛で、公卿らは出仕を止められ朝儀の不実施が慢性化した。

こうした義詮期から続く難題に対し、頼之は後に「応安大法《おうあんたいほう》」と呼ばれた寺社本所領保護の半済令《はんぜいれい》を出したり、寺社造営や仏神事の財政支援を積極的に行うなど、一見して従来の宥和的方針を継承している。ところが、強訴の拒否という前代未聞の強硬姿勢に出たことにより、頼之は窮地に陥ることになった。

応安元年（一三六八）、南禅寺造営の費用調達のため設けられた関所で起きた園城寺の稚児殺害事件に端を発した強訴は、やがて禅宗と天台宗の教義非難の応酬にエスカレートする。このとき、幕府は延暦寺の強訴を「将軍が幼齢であることに付け込む」（『後愚昧記』）ものと非難し、その要求を拒否して禅宗側を擁護した。対決姿勢を崩さない頼之に対し、朝廷や幕閣の諸将が受諾を迫り、最後は幕府の手による南禅寺楼門破却という屈辱的な結果に終わる。それだけではない。頼之の判断に対して春屋妙葩《しゅんおくみょうは》以下の五山長老らは一斉退去という形で抗議を表明した。こうして、頼之は武家の宗門といえるほど親密な五山禅林からも支持を失った。この一連の騒動について、三条公忠《きんただ》は「武家（頼之）

の対応がなっていないからだ」（『後愚昧記』）と頼之のスタンドプレイが原因であると批判している。

　強訴の要求内容を交渉の余地なく拒否し、結果的に傷口が広がるパターンは、南都興福寺の場合も同様であった。応安四年（一三七一）、興福寺は後円融《ごえんゆう》天皇の即位大礼を「人質」にとり、武家を背景に権勢を振るっていた三宝院光済《さんぼういんこうさい》・覚王院宋縁《かくおういんそうえん》の処罰を要求した。これも頼之が断固拒否したことで大礼は延期し、前関白二条良基《よしもと》は「放氏《ほうし》」（氏寺興福寺による藤原氏からの除籍処分）となった。後光厳院の死因まで「春日神罰」と喧伝されるに及んで、最終的に頼之が折れ光済・宋縁は僧侶としては死罪に等しい流罪となる。頼之はまたしても煮え湯を飲まされたのである。ようやく強訴が収束したとき、春日神木の在洛は実に五年という長期間に及んでいた。

管領政治の限界

　結局、頼之による強訴否定の方針は、すべてが裏目に出て混乱が拡大した。もっとも、これを以て彼の政治センスの欠如とみるのは少々酷な気がする。大局的にみれば、課税権や京都市中の警察権が幕府の権限として確立し、後光厳流による皇位継承が方向付けられるなど、室町時代史全般にかかわる重要な案件が頼之の執政期に実現している。こうした実績を持つ一方で、周囲の支持を得られない強硬路線に走った背景には、彼の政治的孤立ともいうべき状況が考えられる。そもそも、彼を支えるべき幕閣の諸大名は、それぞれ利害関係も絡んで協力的ではなかった。無断で分国に下向したり、出陣命令を露骨に無視することもしばしばあった。所詮、将軍の「代理」という立場の限界なのかもしれないが、結局、康暦元年（一三七九）に斯波氏ら反細川派の諸大名らの要請により頼之は管領を罷《ひ》免《めん》され、分国讃岐に落ちて行った（康暦の政変）。そして、管領政治の終焉は、同時に義満を政治の表舞台に登場させる画期となったのである。

ところで、政権運営に苦心する頼之を、十代の多感な時期の義満はどのように見ていたのだろうか。この間の政治判断の場に義満の姿はみえず、彼自身が頼之の執政に口出しした様子もない。とはいえ、管領を辞任しようとする頼之をたびたび宥めたように、義満は頼之の身近にあって基本的にその政策自体も支持していたと思われる。実際、頼之が取り組んだ強訴禁止の方針は、将軍義満の執政が始まるや実現したし、土岐氏・山名氏ら大大名の抑圧と領国削減は、勢力の均衡による安定した幕政運営に結実した。頼之の政治は、そのままでは歴史の歯車を動かすには至らなかったが、頼之を「反面教師」として引き継いだ義満によって果たされることになる。

三、公家社会を率いる新将軍

公家社会へのデヴュー

康暦の政変は、義満執政の画期として幕政史上の転換点となった事件だが、注目されたのは、むしろ政変に前後して始まる義満の「公家化」という現象であった。

諸大名間の確執や寺社問題の外側で、義満は成長とともに公家社会との関係を密にしていった。永和年間の初め、義満は北朝の廷臣日野家から業子《なりこ》を正室に迎えた。日野家一門が以後も足利将軍家と結びつき権勢を誇ったことはよく知られている。また、特筆すべきは官位の上昇である。その昇進スピードは父祖をはるかに上回り、永和四年（一三七八）、二十一歳にして父祖を超える権大納言《ごんのだいなごん》・右《う》大将《だいしょう》（右近衛大将《うこのえだいしょう》）となる。右大将は、武家にとっては源頼朝《よりとも》を初例とする象徴的な官職であった。幕府といえば征夷大将軍、頼朝といえば征夷大将軍、と暗記学習に励んできたおかげで、私たちは征夷大将軍への任官こそ何より重要と刷り込まれている。しかし、頼朝の先例が「右大将家先例」と呼ばれたように、むしろ当時は右大将こそ重んじられていたのであり、義満の場合も右大将就任が公家社会との関係において重要な画期となった。

足利義満木像（部分）　鹿苑寺旧蔵

　当時、叙位任官に際しては、御礼のために内裏や院へ拝賀《はいが》という儀礼を行うことになっており、義満も頼朝の先例に基づき任右大将拝賀を行った。ここで注目すべきは、義満が自邸の室町第から内裏へ向かった際の行列である。頼朝の時と際立って違うのは、右大将義満に付き従う公卿と殿上人《でんじょうびと》が六十余名に及んでいたことである（頼朝の時は公卿三名）。管領斯波義将《よしゆき》以下の諸大名はもちろんのこと、そこには大納言久我具通《こがともみち》を筆頭に、摂関家に次ぐ家格を誇る清華家《せいがけ》の面々も行列に扈従《こしょう》し、地下前駆《じげのさきがけ》には一条・二条・九条・鷹司《たかつかさ》・近衛の五摂家すべてから家司を要員として召し出したのである（『花営三代記《かえいさんだいき》』）。このきらびやかなパレードの威容は、都の人々に、そして「武家の棟梁」義満に仕えてきた武士たちにも強烈な印象を与えたことであろう。

かくして義満は、公家社会最上位の摂関家に准じる一公卿として、北朝の廷臣たちの前に突如として出現したのである。それまで「悉《ことごと》く武家の儀」（『満済准后日記《まんさいじゅごうにっき》』）であった参詣や参内の様式も、以後は専ら公家のみが随従することになり、祖父尊氏以来の「高」をモチーフとした義満の武家様の花押《かおう》は、菱形が特徴の公家様の花押へ形を変えた（巻末花押一覧参照）。

永徳元年（一三八一）には、室町第の完成を期して後円融天皇を迎える行幸が行われ、亭主役の義満は、現任の右大将として行幸の先導役をもつとめた。室町第における宴席では、摂関家の先例に准じて天皇から義満へ天杯が下賜され、盛大な行事が数日間続いた。そして、天皇を迎えた義満の周囲には、十数名の公卿たちが家礼《けらい》として侍っていた。さらに、同じ年には大臣就任を契機に義満に仕える公家の家司《けいし》（室町殿家司）が選定される。メンバーは万里小路《までのこうじ》・甘露寺《かんろじ》ら名家《めいけ》クラスの廷臣たちを中心に構成され、主人である義満の公家としての諸活動に職員として従事した。むろん、義満に家礼や家司として奉仕することは、所領安堵や昇進などさまざまな面で有利に働くわけで、嫌々やらされたのではなく、むしろ諸家にとって「競望」の対象であった。こうして、公家社会の一員としての足利家の威容が整えられたのである。

廷臣たちの狂騒

華々しく公家社会に登場した義満は、以後も精力的に朝儀や公私の遊宴に参加し、わずか数年の間に左大臣まで昇り、公家社会における主導権を握ることになる。義満は、先の任右大将拝賀はもとより、自身が関わる公式・非公式の行事において廷臣たちの参加を半ば強制した。それは直接的な命令ではなく、言外に示唆する形で立場を問わず自発的な参仕を促すやり方であったため、彼らは常に義満の意向を推し量りながら行動せねばならなかった。俄然、廷臣たちの日記には「武家所存」や「時宜」といった義満の意向をあらわす言葉が頻繁に登場するようになり、それに振り回され右往左往する廷臣たちの姿が、時に皮肉や嫉妬を交えつつ、時に恐怖を抱きつつ克明に描写された。

もちろん、命令ではないから拒否するという選択は実際にはありえなかった。例を挙げればきりがないが、永徳元年（一三八一）の義満直衣《のうし》始《はじめ》の儀に際し、車簾役について義満から「ご承知いただければありがたい」と、あくまで命令ではなく依頼を受けた三条実冬《さねふゆ》は、「もし辞退すれば、直ちに進退が危うくなる。依頼に応じるのは仕方ない」（『後愚昧記』）と述べている。また、同じ儀礼では二条為遠《ためとお》が「内府《だいふ》（義満）が腹を立てて機嫌を損ねた」ことから直衣始の場から追い出され、為遠は狼狽して顔色を失って退出したという（『後愚昧記』）。追放の理由は、義満の参内に扈従しなかったり、宴会を欠席したことにあった。もっとも、為遠の場合は拒否というより遅刻で間に合わなかったのだが、故意であろうがなかろうが、結果に対して義満は厳しかった。

また、遅刻といえば、義満は仏事や儀礼の場に誰よりも早く姿を見せ、自分より後に来た者を叱責するという「悪趣味」な一面もあった。義満は若いわりに早起きが得意だったようで、それに合わせて早朝から儀礼が開始されることもしばしばであった。たとえば、永徳元年の武家八講《ぶけはっこう》（父義詮の年忌追善仏事）では、毎日早朝から義満臨席のもとで仏事が始められた。少しでも開始に遅れると、仏事をつとめる僧侶でさえ追い帰された。「公卿や殿上人はまるで薄氷を踏むかのように義満を恐れて夜明け前から出仕した」（『荒暦《こうりゃく》』）とあるように、この間、遅刻が許されない廷臣たちは眠れない日が続いたことであろう。

このように、義満は公家政務の中心である儀礼の場を通じて、もともと主従関係にない廷臣たちをあたかも家臣のように従えていった。左大臣となった義満が内弁《ないべん》（儀礼の責任者）をつとめた永徳三年の白馬節会《あおうまのせちえ》の様子について、近衛道嗣《みちつぐ》は「最近の義満に対する廷臣たちの礼儀は、まるで君主と臣下のようだ」（『後心深院関白記《ごしんしんいんかんぱくき》』）と、その状況を端的に記している。儀礼への動員という方法は、もはや武家の保障なしには所領の維持も家の存続もおぼつかない廷臣たちの足元を見透かした、義満一流の戦略といえる。実際、動員に応じた廷臣たちには、家領の保証や昇進人事などの「アメ」も用意されており、単なる恐怖支配ではなかったのである。ただ、そのやり方には陰湿なところがあり、彼と付き合わざるをえない者たちに、緊張と心労を強いたことも想像に難くない。

ちなみに、前出の近衛道嗣は、五摂家当主ながら蹴鞠《けまり》の技術で義満に気に入られて交流を深め、時には義満の要望で早朝の蹴鞠に付き合わされたこともあった。この道嗣が病に倒れた際には、「室町准后《じゅごう》（義満）と親密になったことで財産を得たが、心労が激しく病んでしまった」（『實冬公記』）と噂され、その数日後に五十七歳で亡くなっている。義満への対応に心身を擦り減らした廷臣はほかにもいたことだろう。

「指南役」となった二条良基

ここまでみたように、義満の「公家化」が、同じように顕官に就いた父祖や源氏将軍らの先例と決定的に違うのは、それが名誉職的・形式的な任官ではなく、任官の上で実際に公家として活動した（それも積極的に）という点にある。義満は、内弁として公事における廷臣たちの指揮も行えば、近衛大将として天皇の行幸にも供奉した。流行していた和漢連句《わかんれんく》の会にも参加し、遊宴につきものの雅楽では、得意の笙《しょう》の腕前を披露し称賛を浴びた。義満への追従は割り引くにしても、廷臣たちの日記に彼の不作法や不見識を糾すような内容は見られない。それまで武家として生きてきた義満が、故実《こじつ》の伝授や所作の熟練を要する儀礼や文芸を大過なくこなせたのはなぜだろうか。いくら京生まれ京育ちの御曹司《おんぞうし》だからといって、自然と身に付くものではあるまい。かつて平氏一門の公達《きんだち》は、公卿には昇進したものの公事に関する故実や所作に疎いことが問題となった。しかし、義満の場合は違った。彼には公家社会のしきたりや所作を教える「指南役」が存在した。北朝の重鎮、関白二条良基である。

良基は手取り足とり義満に作法を指導し、時には儀礼の式次第を仮名書きの書面で教えるなど、その対応は懇切極まりないものであった。このように、義満の公家社会デヴューは、その道の第一人者の万全のサポートのもとで行われたのである。こうした公式行事のほかにも、良基は自邸や内裏において遊興を含むさまざまな宮廷文化を義満に経験させている。こうした良基の姿について、三条公忠は「大樹扶持《たいじゅふち》の人」(『後愚昧記』)、すなわち公家社会における義満の後見人と呼んだ。

すでに齢六十に近かった良基が、老体に鞭打って義満にこれほど世話を焼いたのはなぜなのか。彼自身が「教え魔」だという評もあるが、なにより良基は、朝儀の復興に情熱を注いでいたことが動機として挙げられる。内乱の長期化により、朝儀として行われるべき年中行事の多くが中止や廃絶状態になっていた。もはや朝廷に自力で朝儀を復興する経済力はなく、幕府からの御訪《おとぶらい》(資金援助)に頼るほかなかった。こうした現実を前にして良基が考えたのは、武家を朝廷に取り込むことで朝儀の復興を果たすという戦略である。つまり、義満が公家社会に染まれば染まるほど、朝儀を政務の中心とする朝廷の安泰が確約されるわけで、義満の公家社会進出は公家こそが望んでいたともいえる。

実際、義満が現任公卿として活動していた期間は、それ以前に比べて朝儀の実施率が高く、費用面から省略や縮小が当然となっていた儀礼の内容も威儀を正して行われた。このようにみると、良基の狙いは一定の成功を収めたといえるだろう。義満の「僭上」を批難する者は良基をも指弾するが、結果的に消滅の危機にあった朝儀を後世に伝えたという意味では、むしろ良基こそ「忠臣」と称えられるべきであろう。

この良基のアイデアは、すでに父義詮に対して試みられていたようだが、義詮は公家社会とは距離を取っており、良基の勧めにも反応は乏しかったという。これに対し、義満の関心は旺盛であった。凝り性な性格もあったのだろうが、笙という楽器の習得にはとりわけ熱心で、のちには後小松《ごこまつ》天皇に師範として伝授するほどであった。また、先に触れた近衛道嗣を早朝の蹴鞠に誘った話も、その前日に日没まで蹴鞠に興じた続きを望んだものであり、義満が子供のように熱中していた様子を彷彿とさせる。良基の側からいえば、青年義満は良基の老獪な戦略に見事「はまった」のである。

四、朝廷復興をめざして

朝儀の厳正執行のために

義満には「皇位簒奪」という「野心」があった、という見方に立つならば、義満の朝廷進出とは、天皇の権威を奪うために公家を支配し、朝廷を牛耳《ぎゅうじ》ろうとしたものと理解されよう。先にみた廷臣動員のやり方などは、いかにも威圧的な義満のイメージに合致するもので、悪評もむべなるかなと思わされる。しかし、二条良基が構想したように、義満を公家社会の一構成員としてみた場合、彼の行動には別の解釈が可能となる。

たとえば、義満は節会における諸役の人選に口入することがたびたびあった。そこだけを切り取れば、専横の一例と解釈されよう。しかし、義満は儀礼内容の熟知を要する節会内弁の役を二十度も務めたエキスパートであり、実際、その口入は該当者が「未練」（未熟の意）のため、儀礼の進行に支障をきたす可能性を考慮して交代を進言したものだった。ここから読み取れるのは、朝儀を厳正に執行しようとする一公卿の姿である。

また、義満の強権的性格を物語る廷臣の総動員という現象も、厳密には現役の公卿限定の招集であった。朝廷の公務である朝儀には現役構成員が参加するという原則に照らすと、義満は至極当然のことを求めていたことになる。同じく原則論からすれば、彼がしばしば行った遅参者の追い出しも、儀礼を定刻通りに行うという当然の所作ができない不適格者を弾き出したにすぎない。このように、一見して横暴や強引にみえる義満の行動には、「公事は原則に基づき厳正に執行すべきである」という基準が一貫してうかがえるのである。

もっとも、よく知られているように朝儀への不出仕や遅参は平安時代から珍しくなく、公家社会における数百年来の「慣習」となっていた。廷臣たちにとってみれば、遅参や不出仕のほうが「常識」だったのである。そこに、そうした経緯とはまったく無縁の新人＝足利義満が突然やってきて、しかも上首（最上位者）の立場から原則論を振りかざし、朝儀の厳正執行を求めてきたのだから、廷臣たちが狼狽するのも無理はない。「慣習」に親しんだ廷臣たちからすれば傍迷惑な話だが、少なくとも主観的には義満は極めて厳粛に朝儀に臨んでいたのである。当時の彼は、廷臣の誰よりもマジメな公家だったのではないだろうか。廷臣の動員や遅参者の締め出しはあくまで手段であり、その目的は朝儀の厳正執行にあったと考えられる。所役なき動員や早朝の儀礼執行は、そのサボリ癖や遅刻癖を「矯正」する荒療治だったのかもしれない。

では、なぜ義満は朝儀の厳正執行にそこまでこだわったのか。二条良基がそのように仕向けたという解釈もあろうが、もう少し長いスパンで考えてみる必要がある。自ら蒔いた種ともいえるが、「正《しょう》平一統《へいいっとう》」を経て幕府が強引に擁立した後光厳天皇は、三種の神器も践祚《せんそ》を認める上皇も不在という異例の状況下で即位した。南朝との対抗上、正統性に疑問符がつく天皇を支えるために、朝廷は通常以上に「朝廷らしく」あることが求められた。そこで北朝と幕府は公事興行を図り、廷臣たちに朝儀への参仕を促した。しかし、強訴以外でも出仕者の不足や「未練」により延期や中止となることもあった。いかに積極的に興行しようとも、幕府は朝儀自体に関わることはなく、そこに間接的な関与という幕府の立場の限界があった。

これに対し、義満は公家社会に参入すると自らが陣頭に立って朝儀の主体となり、また、廷臣たちを指揮してその厳正なる執行を目指した。この行為は、前代以来の課題である北朝再建政策＝公事興行の延長線上に位置すると考えられよう。すなわち、朝儀をまっとうに行うことは、朝廷がまっとうであることの証左となり、それは朝廷の主宰者たる天皇がまっとうである＝正統性があることに帰結する。義満は、それまでと異なり朝儀自体に直接関与することでその活性化を図ったのである。とすれば、義満の行動は北朝天皇家の権威を回復させるものではあっても失墜させるものではない。つまり、義満が公家として朝儀に関与し、廷臣たちを家司や家礼に編成し従属させてゆくことと、北朝を幕府が支える――言い換えれば天皇家を足利将軍家が支える――という内乱当初からの関係は、何ら変わっていないといえる。

後円融天皇との関係

また、同年齢の後円融天皇と義満の仲の悪さはよく知られており、この二人の関係も義満の「野心」や「僭上」を論じる際にしばしば引き合いに出される。もっとも、当初は蜜月《みつげつ》といってもよいほどの関係だったようで、義満は頻繁に参内していた。両者の関係に亀裂が入るのは、院政開始前後からとされる。義満は院別当《いんべっとう》となりながら、ほとんど後円融院の仙洞を訪れなかった。

永徳二年（一三八二）、践祚した後小松天皇の即位大礼が企画されたが、後円融院は大礼への関与を放棄する。そこで左大臣義満と摂政二条良基が諸々の段取りを差配し、義満が院参して経過を報告するも、院は「敢えて御返答なし」と完全無視し、義満は怒って退出した（『荒暦』）。結局、義満・良基の主導で後小松天皇の即位大礼が盛大に挙行されたのである。ここに両者の関係は破綻状態となり、院は義満からの儀礼費用の支援も突き返した（『荒暦』）。こうした事態に「武家時宜《じぎ》」（義満の意向）を恐れた廷臣らは、院主催の行事への出仕を憚るようになった。後円融院が孤立感を深めてゆくなか、宮廷を揺るがす前代未聞の大事件が起こる。

翌永徳三年、妻の三条厳子（後小松天皇生母）と義満の「密通」を疑ったらしい後円融院が、激昂して厳子を刀の柄で打擲《ちょうちゃく》したのである。さらに、興奮おさまらない院に対し、義満の意を受けて院の生母である藤原仲子が別邸への御幸を勧めるも、これを流罪と思い込んで錯乱し、ついには義満が弁明のため家礼を差し向けたところ、院は持仏堂《じぶつどう》で自害を図ったのである（未遂）。この騒動が収束して以降、後円融院による政務への関与はほとんど確認できない。後に「新院（後円融院）が治天の君となったが、執政は義満が行った」（『椿葉記』）と評されたように、ここに後円融院政は停止状態となる。院司のメンバーは義満の家礼で固められており、院の政務も義満が取り仕切ることになった。

この一連の経緯については、後円融院を精神的に追い込んだ義満への「不敬」批判や、天皇家の権威失墜による義満の「勝利」などと論じられた。しかし、両者の不仲による義満の態度や対応は、あくまで後円融個人に向けられたものであって、天皇という存在ないし北朝天皇家に対するものではない。その証拠に、両者の確執の最中にも内裏の朝儀はまったく停滞せず、即位大礼と並んで重要な天皇関連儀礼である大嘗会《だいじょうえ》も、廷臣の代表たる大臣として義満が取り仕切った。また、後小松天皇の着袴《ちゃっこ》儀では義満が腰紐を結び（本来は父である後円融が行うべき役）、元服儀では理髪《りはつ》役を二条良基が、加冠《かかん》役を義満がつとめるなど、後小松天皇の通過儀礼において後見人的な立場で参加したのである。このように、後小松と義満の個人的関係も終始良好であった。

そして、なにより義満は皇統としての後光厳流を尊重する姿勢で徹底していた。皇統というと持《じ》明院統《みょういんとう》と大覚寺統《だいかくじとう》の対立関係を想定しがちだが、当時は持明院統内の後光厳流と崇光《すこう》流の競合が深刻な政治課題として存在した。そもそも後円融天皇の即位は、崇光流の反対を押し切り細川頼之が支持して実現したものであった。さらに遡れば、後光厳流が皇位を継承し、尊氏の子孫が将軍を世襲することは、後光厳と尊氏の間で交わされた「公武御契約」だったという（『満済准后日記』）。これに則り、義満は一方で後光厳流とそれ以外の皇統を差別化し、一方で追善仏事への支援などを通じて後光厳流を支えていたのである。

こうした北朝天皇家に対する義満の行動は、朝儀に対する義満の姿勢に通底するものといえよう。朝儀を取り仕切り院政を事実上掌握する過程で、義満が時に威圧的な態度や強引な方法をみせたことは事実であろう。ただし、それは皇位をうかがうとか、天皇権威を貶めるといった方向とはまったく逆である。むしろ、長く続いた内乱の過程でさまざまな問題を抱えた北朝天皇家と朝廷を立て直す手段として行われたのである。それは前代以来、幕府が取り組んできた課題とも共通する。

義満の特徴は、それまでの間接的な関与のあり方から、自ら公家社会に参入し、天皇家や朝廷に直接関与する方針へ転換したところにある。鎌倉時代に関東申次《かんとうもうしつぎ》が鎌倉幕府―朝廷間を取り次いだように、同じ京都にあっても、室町幕府は原則として武家執奏西園寺《さいおんじ》氏を介して朝廷への申入れや交渉を行ってきた。義満の公家社会参入と同時に西園寺氏の執奏が停止することは、その参入意図を明快に示していよう。

五、沈静化する寺社勢力

神輿入洛の終焉と義満の寺社政策

康暦の政変を境とする変化は、公家社会に止まらず、対寺社勢力との関係にも確認できる。先にみたように、細川頼之の強硬姿勢により神木や神輿の在洛が長期化し、事態は解決を見ないまま膠着状態にあった。ところが、足利義満の執政が始まるや頼之らを散々悩ませてきた強訴がまったく止む。

しかも、それは一時的な現象ではなく、数百年にわたって繰り返されてきた神輿・神木の入洛自体がここで終止符を打ったのである。いったい、何が起きたのだろうか。義満が強硬姿勢を改めたのかといえばそうではなく、むしろ徹底して強訴を禁じている。にもかかわらず、寺社勢力側の反発を受けなかったのである。そこには、各寺社に共通する三つの方針が存在した。

【①交渉ルートの確立】まず挙げられるのが、幕府と寺社との間の直接交渉ルートの確立である。その様式上、強訴は常に朝廷に対する訴訟としてなされるため、実質的には幕府に対する要求であっても北朝が訴訟対象となり、結果的に朝儀停滞や洛中騒擾などの混乱をもたらした。そこで義満は、幕府に対する交渉窓口を設定する。まず、興福寺に対しては、官符衆徒《かんぷしゅと》を訴訟の窓口とし、それ以外のルートからの訴訟は「罪科」とした（『寺門事條々事書《じもんのことじょうじょうことがき》』）。石清水八幡宮に対しても、神人らの訴訟は社務《しゃむ》から幕府へのルートを正しい手続きとし、社頭への「閉籠《へいろう》」（立てこもり）＝強訴を行った神人は神職を解任するよう命じた（『石清水八幡宮史』）。

さらに延暦寺についても、頼之の失脚直後に「山徒《さんと》」と呼ばれる衆徒の有力者と義満が直接「対面」し、五年に及んだ神輿造替問題が即座に解決した（『日吉神輿御入洛見聞略記』）これ以降、義満は彼らを「山門使節《さんもんしせつ》」として幕府との交渉窓口とし、一方で手続きを踏まない訴訟は「理運《りうん》」であっても「棄捐《きえん》」し、神人らの狼藉行為は侍所《さむらいどころ》が取り締まるとした（『室町幕府追加法』一四五条）。

このように、義満は各寺社の訴訟を直接受け付けるホットラインを設置する一方、強訴を含むそれ以外の方法を処罰の対象とすることで、実質的な強訴禁止策を図ったのである。

【②内部拠点の構築】また、義満は座主《ざす》や別当を頂点とする寺社の組織内に、武家を背景とした拠点を構築するという手段を講じた。前述の興福寺官務衆徒は、幕府が有力衆徒を補任し、「雑務検断権《ざつむけんだんけん》」（奈良市中の警察権）の独占を保証した。石清水八幡宮に対しては、祀官《しかん》家の一流であった善法寺《ぜんぽうじ》家（義満生母の実家）を「将軍家御師職《おしじき》」に補任し、社務と共同で社内統治に当たらせた。また、山門使節も幕府が任命し、彼らには守護と同等の検断権・裁判権が保障された。一時代前ならば、天皇家や摂関家の子息が座主や別当に就くことで組織をコントロールする方法が定番であった。しかし、もはやこの時期の座主や別当にそうした力はなく、強訴の主体でもある衆徒や神人が実権を握っていた。義満もその実情をよく理解しているからこそ、寺社内の有力者である衆徒らを取り込んだのである。

【③仏神事の復興】朝廷の公務が朝儀の執行にあるように、寺社にとって何より重要なのは、神事・仏事の厳修である。内乱の影響は当然ながら寺社勢力にも及んでおり、主要な神事・仏事が資金不足や内紛により軒並み退転した状態にあった。こうした状況に対して、義満は再興を命じたり自ら参加することで興行を図った。

南都を代表する仏事である興福寺維摩会《ゆいまえ》は、一乗院《いちじょういん》・大乗院《だいじょういん》両門跡の抗争が大和国内を二分する争いに拡大し、不実施の年が長く続いた。義満は自ら「南都再興」を掲げ、神事法会の遂行と寺社領の興行を指示し、妨害するものを「罪科」に処すとした（『寺門事條々事書』）。その効果か、維摩会は内乱開始から中断を経て再開する永徳二年までの約五十年間の実施率が三〇％に止まるのに対し、そこから義満が没するまでの二十五年間の実施回数は二十三回と、九〇％を超えている。このように、義満の「南都再興」は掛け声だけではなく実効性を伴っていた。同じく延暦寺に対しては、義満が創設した祭礼費用の徴収制度により日吉社小五月会《こさつきえ》の再興が果たされた。また、石清水八幡宮の最大の神事であり、かつ「勅会《ちょくえ》」として公事にも数えられる放生会《ほうじょうえ》では、武家源氏として初の「源氏長者《げんじちょうじゃ》」となった義満が自ら上卿《しょうけい》（執行責任者）を務め盛大に行われた。以後、義持をはじめ足利家の歴代は、石清水八幡宮放生会の上卿勤仕を恒例とした。

このように、義満の寺社勢力への対応についても、それまでの間接的関与から直接的関与への転換という特徴が見て取れる。その内実は、義満の寺社「支配」にほかならないが、それはあくまで手段である。寺社対応を幕府に一元化して強訴を収束させ、寺社内部に拠点を構築して内部の混乱を沈静化し、退転した仏神事の復興を積極的に支援すること、つまり〈総体としての寺社復興〉にその目的があった。これは、義満の公家社会参入が〈総体としての朝廷復興〉を目的としたことに通じるといえよう。

六、室町殿から北山殿へ

室町殿という地位

ここまで見てきたように、康暦の政変を画期として義満は武家という枠を飛び出し、公家社会と寺社勢力に直接アプローチするという行動に出た。もちろん、それは幕府政治と無関係ではない。公家社会に参入したのが義満一人であったことは、天皇家・朝廷との関係を独占することで、足利将軍家と一門・大名との差異を既成事実化する意図があったとされる。また、洛中の金融を掌握してきた延暦寺との関係構築は、幕府の経済政策や都市支配の問題と密接に関わるものである。対南都政策についても、南朝勢力圏に近い大和国南部への軍事的牽制の意図が指摘されている。さらに源氏の氏神を祀る石清水八幡宮が、幕府および将軍家にとって重要な祭祀拠点であることは言を俟たない。

このように、義満による公家社会・寺社勢力への関与は、それぞれの世界で完結する問題ではなく、幕府政治の諸課題と地続きだった。もちろん、強訴の解決は朝儀執行の阻害要因の解消でもあり、寺社復興と朝廷復興も連動していた。室町幕府権力の確立とは、公家社会・寺社勢力の改革と復興によって果たされるものだったのである。また、それに伴って武家の首長という立場と公家・寺社を支配する立場を兼ねる、より高次の政治的地位が生成された。その地位は当時「公方《くぼう》」と呼ばれることもあったが、称号として定着したのは「室町殿」である。永徳元年に室町第に移って以降、義満はその居所にちなんで「室町殿」と呼ばれたが、この称号はやがて足利将軍家の家長を意味する言葉となる。足利義持以降、居所に関わらず歴代足利将軍家の家長は「室町殿」と呼ばれ、義満が構築した公武にわたる支配者という立場を継承してゆくことになる。室町時代全体を眺めた時、義満がその前半生において、内乱状況に決着を付け社会秩序を再構築する過程で確立した「室町殿」という地位が、その後の政権構造の基本として継承されたことの意味は大きい。

前半生の人物像のギャップ

以上、義満が表舞台に登場する康暦年間から数年間の政治過程に焦点を当てて検討してきた。はたして、これまで武家による公家支配や権限吸収という観点から理解されてきた現象の多くは、朝廷復興という目的を実現するための手段であった。それは、併行して行われた寺社勢力に対する復興政策との共通性からも明らかである。そして、この方針は以前から室町幕府が取り組んできた政策の延長線上にあるものといえる。

細川頼之の段階までは、武家の立場は公家に対しても寺社勢力に対しても間接的なものであり、それゆえ朝儀の復興や強訴問題は根本的な解決に至らなかった。これに対し義満は、直接的な関与――対公家社会でいえば朝儀への参加や廷臣との主従関係構築、対寺社勢力でいえば仏神事の復興や内部拠点の構築など――というアクションを起こし、膠着状況の打開を目指したのである。朝儀や仏神事の実績を客観的な指標とみるならば、その試みが一程度の成功を納めたことは事実であろう。天皇家との関係についても、後円融天皇との懸隔は個人的関係の範囲で理解すべきもので、義満は後光厳流の尊重という姿勢を前代から継承していた。さらに、後円融院が治天としての立場を事実上放棄してからは、後小松天皇を公私にわたり支える立場で行動した。

このように、従来の公武対立史観に基づく解釈とは異なり、義満の行動は北朝天皇家（後光厳流）の継続を保証し、朝儀復興による朝廷の正常化を目指し、寺社の復興と仏神事の興行を支援するものであった。では、ここから導かれる若き日の義満の人物像とはいかなるものだろうか。

足利義満画像　東京大学史料編纂所蔵模本

まず、古くから批判の対象になっている天皇に対する「不遜」や「僭上」という評価は、少なくともその前半生においてまったく当てはまらない。後光厳流を支え、朝儀復興に邁進する姿は「忠臣」といってもよいくらいである。また、威圧的で傲慢な印象については、たしかに当事者である廷臣の日記からは、時に彼の傍若無人な振る舞いが垣間見られる。ただし、それは朝儀の厳正化を志向する義満の原則主義と、慣習に浸りきった廷臣という双方の姿勢の違いをふまえて解釈すべきで、横暴な権力者が土足で乗り込んできて朝廷を混乱に陥れたという類の話ではない。なお、早起きはともかく時間厳守の性向については、禅宗の修行で用いられた清規《しんぎ》の影響を受けたとする説もある。

また、朝廷復興・寺社復興のプロセスで際立つのが、義満の行動力である。当事者と直接的な関係を結び問題の解決を図るという姿勢は、この時期の義満に顕著な特徴であり、それが状況を大きく動かしたといえる。当時まだ二十代という若さもあり、カリスマ性で相手を威圧するような迫力は備わっていないだろう。まるで選挙のスローガンのようだが、「迅速な行動力と結果を伴う実行力」が、あれほど抵抗を見せていた寺社勢力の豹変ともいえるような従順姿勢につながったように思える。

総じて、前代からの政治課題に対して実直に取り組み、その志向性は既存の秩序の再建者ではあっても破壊者ではない。彼の行動が結果的に生み出した「室町殿」という権力のカタチは、機能不全に陥っていた朝廷と寺社を再編しつつ丸抱えしたものであり、その意味で義満は中世社会の枠組みを「延命」させた人物ともいえる。そこに皇位への「野心」なるものが入り込む余地はなく、むしろ安定した皇位継承こそ彼が求めていたものであった。破天荒なキャラクターを期待された読者諸氏には面白みに欠けるかもしれないが、ある意味「保守的」な人物像というのが結論である。

北山殿時代とは何だったのか

では、義満はその後半生において皇位への「野心」をあらわにし、「傲慢」や「卑屈」とされる振る舞いに走るのだろうか。これまで義満の悪評のネタとされたトピックは、その拠点を室町第から北山の地に移してから、応永十五年（一四〇八）に五十一歳で突然亡くなるまでの約十年余りの行実に集中している。北山殿と呼ばれたこの頃の義満については、かつては遊興や仏事に明け暮れ政治への意欲を失っていた時期ともいわれていたが、「皇位簒奪」説の登場により、彼の穏やかでない野望が取り沙汰されたことでにわかに脚光を浴びた。

北山第に移る少し前、前年に将軍職を義持《よしもち》に譲った義満は、応永元年（一三九四）に三十八歳で出家を遂げる。出家後の義満の行動は、しばしば「法皇のごとき」と形容されるようになる。たしかに、その直前に後円融院が没し、義満は後小松天皇との間のミウチ関係から擬制的「父」という立場となった。とはいえ、法皇（上皇）のように振る舞うことと、実際に法皇（上皇）となることの間にはかなりの距離があり、これをもって義満の「野心」とするのは無理がある。

また、当時から評判が悪く、後世には恰好の義満批判の標的となった「日本国王」冊封《さくほう》についても、近年の史料発見などにより従来の理解が塗り替えられている。たとえば、「卑屈」な態度と非難された明使接見儀礼は、実際は密室で行われ、かつ義満の明使への対応はむしろ「尊大」であったという。明皇帝の権威により天皇の地位を相対化しようとしたとされる「日本国王」号も、これが国内向けに使用された形跡はなく、あくまで外交手続き上の必要性に基づく方便であった。総じて、義満の関心は日明貿易によってもたらされる経済的な利益にあったのである。また、「皇位簒奪」説によると、北山第で行われた大掛かりな祈祷は天皇固有の「祭祀権」を奪う目的とされたが、その内実は義満の「重厄」祈祷（厄払い）を高位の僧侶と多額の費用をかけて催したにすぎないものだった。

なお、義満の出家は、平清盛の先例であるとか、官制の枠組みから自由になるためなどといわれるが、「重厄」祈祷の件をふまえると、父祖の没年を超えたところで延命目的で出家した、と考えるのが穏当かもしれない（当時、出家をすると寿命が延びるという不思議な信仰があった）。つまり、長生きしたかったのである。

このように、かつては「僭上」や「不遜」な振る舞いと喧伝され、近くは皇位への「野心」を疑われた北山殿時代の義満の行動も、およそ皇位云々の問題とは無関係と考えられる。ただ、「皇位簒奪」

が目的でないのならば、彼の行動はどう説明すべきなのか。その真意を推し量ることはなかなかむずかしい。ただし、「皇位簒奪」説の本丸というべき皇位継承問題については、「簒奪」とは異なる文脈で検討の余地を残している。義満が溺愛した義嗣の動向がその鍵を握る。この問題については本書「足利義嗣」の項を参照されたい。

（大田壮一郎）

【主要参考文献】

石原比伊呂「足利義満の対朝廷政策」（『室町時代の将軍家と天皇家』（勉誠出版、二〇一五年）
家永遵嗣「足利義満における公家支配の展開と「室町殿家司」」（『室町幕府将軍権力の研究』東京大学日本史研究室、一九九五年）
伊藤喜良『日本史リブレット人39　足利義満』（山川出版社、二〇一〇年）
伊藤旭彦「足利義満の公家化」（『書陵部紀要』二一、一九六九年）
今谷　明『室町の王権』（中央公論新社、一九九〇年）
臼井信義『人物叢書　足利義満』（吉川弘文館、一九六〇年）
恵良　宏『足利義満』（皇學館大学出版部、一九九五年）
大田壮一郎「室町殿と宗教」（『室町幕府の政治と宗教』塙書房、二〇一四年）
大田壮一郎「足利義満の宗教空間」『室町幕府の政治と宗教』塙書房、二〇一四年）
小川剛生『足利義満』（中央公論新社、二〇一二年）
小川　信『人物叢書　細川頼之』（吉川弘文館、一九七二年）
小島　毅『足利義満　消された日本国王』（光文社、二〇〇八年）

桜井英治　『日本の歴史12　室町人の精神』（講談社、二〇〇九年）
佐藤進一　『南北朝の動乱』（中央公論新社、一九六五年）
下坂　守　「山門使節制度の成立と展開」（『中世寺院社会の研究』思文閣出版、二〇〇一年）
田中義成　『足利時代史』（講談社、一九七九年）
新田一郎　『日本の歴史11　太平記の時代』（講談社、二〇〇九年）
橋本　雄　『中華幻想』（勉誠出版、二〇一一年）
早島大祐　『室町幕府論』（講談社、二〇一二年）
早島大祐　『足利義満と京都（人をあるく）』（吉川弘文館、二〇一六年）
松永和浩　『室町期公武関係と南北朝内乱』（吉川弘文館、二〇一三年）
三山　進　「第三代　足利義満」（桑田忠親編『足利将軍列伝』秋田書店、一九七五年）
桃崎有一郎　「足利義満の公家社会支配と「公方様」の誕生」（『ZEAMI　中世の芸術と文化』四号、二〇〇七年）
森　茂暁　『増補改訂　南北朝期公武関係史の研究』（思文閣出版、二〇〇八年）
渡邊世祐　「足利義満皇胤説」（『史学雑誌』三七―一〇、一九二六年）

コラム
Column

足利満詮

父　足利義詮
母　紀良子

生年　貞治三年（一三六四）五月二十九日
没年　応永二十五年（一四一八）五月十四日
院号　養徳院

兄と弟

尊氏《たかうじ》と直義《ただよし》の確執によほど懲りたのか、その後の足利将軍家では、将軍後継者以外の男子は僧籍に入るのが慣例となった。一般に普及している足利家の系図では、義持《よしもち》の弟の義嗣《よしつぐ》、義持の弟の義教《よしのり》、義政《よしまさ》の弟の義視《よしみ》と政知《まさとも》、義輝の弟義昭などが掲載されているが、彼らも一度僧籍に入ったのち、諸般の事情で還俗《げんぞく》したものである。また、義詮《よしあきら》の弟基氏《もとうじ》は幼少時より鎌倉府の長として位置づけられていたし、義晴《よしはる》の兄義《よし》維《つな》には足利家の分裂期という事情があった。

そうしたなかで異色なのが、義満《よしみつ》の弟満詮《みつあきら》である。晩年にこそ出家しているが、若い時期に僧籍に入ることはなく、妻さえも差し出すほど兄に従順に尽くすことによって穏便に一生を終えた人物とされている。兄の没後ちょうど十年目、満詮が死去したとき、中山定親《なかやまさだちか》は「諸人、これを惜しむこと父のごとし」と悼んでいる。人望のある幕府重鎮として、世人から惜しまれつつ世を去ったらしい。

満詮は、義満とは六歳違いの同母弟である。応安三年（一三七〇）二月、上野《こうずけ》で新田残党が挙兵したときには、六歳の満詮が遣わされ、武蔵の本田（埼玉県深谷市）に着陣したとされる

(『鎌倉大日記《かまくらおおにっき》』)。永和二年(一三七六)、九州の南朝勢力攻略を進めていた今川貞世《さだよ》(了俊《りょうしゅん》)が、自らの失策で島津氏や大友氏の離反を招いて窮地に陥ったときにも、満詮の九州下向が検討されており(「禰寝《ねじめ》文書」)、少年期の満詮には、義満の名代としての役割が期待されていたことがうかがえる。また、康暦元年(一三七九)、斯波義将《よしゆき》らの大名が、細川頼之《よりゆき》の罷免を求めて決起した康暦の政変では、満詮は義満とともに、室町御所にあって大名たちに囲繞《いにょう》されている。

期待される影響力

その後、順調に官位昇進し、大納言にまで昇るが、長らくは目立った活動は知られていない。しかし、四十歳近くになると、幕閣の有力者として、周囲からはその影響力に対してさまざまな期待が寄せられるようになったようである。

応永十一年(一四〇四)のことである。京都の東寺では宗源《そうげん》という寺僧の私宅を唐橋《からはし》の大工国房《くにふさ》に建てさせることとした。ところが、東寺には東寺の建築の一切を任された長俊《ちょうしゅん》という大工がすでにいた。長俊から口利きを頼まれた満詮は、長俊の採用を東寺に強く求めている。

また応永十九年、公家久我《こが》家の諸大夫《しょたいふ》竹内重治《しげはる》は、その子を東寺宝厳院《ほうごんいん》に門弟として入室させることを願っていたが、東寺ではその生家に気に入らないことがあったらしく、拒んでいた。重治は満詮の推薦状を取り付けて再度、願い出たところ、東寺は「無力」、つまり、しかたなく願いを受け入れている。さらに応永二十四年、伊勢外宮領岩田御園《みその》の知行をめぐって在地勢力の間で相論が起きたときには、一方が祭主大中臣《さいしゅおおなかとみ》氏を頼ったのに対し、他方は満詮を頼ることによって、訴訟を有利に進めようとしている。

足利満詮画像　京都市・大徳寺養徳院蔵

このように、幕閣の中での満詮の地位の相対的上昇にともなって、諸方よりその口利きの依頼が集まっていた様子がうかがえる。それだけではなく、満詮自身もまた、我が子の将来のために諸寺の人事に働きかけることがあった。応永二十年、天台座主《てんだいざす》の浄土寺《じょうどじ》門跡慈弁《じべん》が没すると、満詮は直ちに将軍護持僧《ごじそう》の三宝院満済を呼び、「浄土寺の事」について意思を伝えている。ほどなく満詮の十歳の四男は浄土寺に入室し、持弁《じべん》と名乗るようになったようであるから、慈弁の死去によって空いた浄土寺門跡を我が子が継承できるよう、満詮が画策したものであろう。同じ年の前月にも、満詮は長男の増詮《ぞうせん》（のちの義運《ぎうん》）を将軍護持僧にしている。

満詮には少なくとも五人の男子がいたが、そのすべてを出家させた。これが、自分の子孫が将軍家への対抗勢力となる芽を断つための措置であったことはまちがいないが、決して満詮は自己主張を押し殺して、ひそやかに生き延びたというわけではなさそうである。我が子の身が立つよう、必要で可能な画策はするし、自らを頼ってくる者たちの期待にはそれなりに応えてやる。そんな人物像が浮かび上がってくる。

幕府の重鎮となる

満詮の事績として研究者の間で知られているのは、関東で前関東管領の上杉禅秀《ぜんしゅう》が挙兵し、対立する鎌倉公方持氏《もちうじ》と現管領上杉憲基《のりもと》を鎌倉から逃亡させたときの対応であろう。禅秀挙兵の報を受け、幕府としては持氏、禅秀のどちらを支援すべきか、義持は宿老大名たちに対応を協議させた。

鎌倉公方は持氏の祖父氏満《うじみつ》以来、京都の将軍とは緊張関係にあった。それをふまえれば、禅秀の挙兵にあたり、いずれを支持するかは幕府にとって自明というわけではなかっただろう。禅秀は、幕府は自分を支持していると喧伝し、挙兵直後には関東の武士たちの加勢を得ることに成功したが、この喧伝も荒唐無稽というわけではなく、禅秀には、早晩幕府の支持が得られるだろうとの目算があったのではないか。

対応を協議するために管領邸に集まった宿老たちの口は重かったが、沈黙を破ったのは満詮だった。「持氏は将軍の烏帽子《えぼし》子《ご》である。どうしてこれを見捨てられようか」。これによって、幕府は持氏の支援を決め、駿河守護今川氏と越後守護上杉氏を攻撃部隊とした幕府軍が鎌倉に送られて、正月には禅秀は敗死することになる。

この大名会議のときの満詮の発言を、私は義持の意を体したものと理解していたが、再考が必要かもしれない。応安三年に満詮が関東に下向したとする『鎌倉大日記』の記述が正しければ、幼時のころの体験とはいえ、満詮は幕閣で鎌倉府を知る唯一の人物である。また満詮は、康暦の政変では、将軍が大名たちの決起に屈するという屈辱的な経験を兄と共有していた。臣下の蜂起によって窮地に陥った鎌倉公方持氏を支援すべしという主張の根元には、満詮自身の経験に基づいた鎌倉府への親近感や、臣下の蜂起への嫌悪があったのではあるまいか。

幕府の判断は満詮の主張によって決着したが、これがはたして義持の本音に叶っていたかはわからない。少なくとも満詮の生前には、義持は敬意を表していたし、死去にあたっては自ら鄭重な葬儀を指示している。しかし、義持は満詮の遺言を受け入れなかった。死期の遠くないことを悟った満詮は、自分の娘を義持の嗣子義量《よしかず》と結婚させ、所領を義量に譲ることを遺言していたのだが、満詮の没後、義持はこれに従わず、娘を尼にさせてしまったのである。

伏見宮貞成《ふしみのみやさだふさ》は日記に「無念か」と記しているから、周囲には義持の行為は満詮の遺志を踏みにじるものと見えたのであろう。義持の真意は不明だが、持氏支援に限らず、諸事についての口利きなど、しだいに影響力の増してくる叔父を疎む気持ちが芽生えてなかったとはいえないのではないか。没後の義持の対応からは、自己主張する満詮像が逆にほの見えるように思われる。

再び、兄と弟

従順な満詮というイメージの根拠の一つは、妻藤原誠子《ともこ》を兄に差し出したことであろう。誠子は初め、満詮の妻として男子を生んでいたが（『薩戒記』は持円、『兼宣公記《かねのぶこうき》』は持弁とする）、義満の求めによってその側室となり、義承《ぎしょう》を生むことになる。義満は常盤井宮満仁《ときわいのみやみつひと》や公家中山親雅の妻を召し出して側室としているが、同母の実弟にまでそうしたことを求め、満詮もそれに応じていたのである。兄に対してひたすら従順な弟というイメージは、このことによっているところが大きい。

しかし、誠子は満詮の唯一の妻ではない。満詮の妻は誠子（応永三十二年没、父不詳）のほか、永享五年（一四三三）に没した寿慶（妙雲院善《みょううんいんぜん》室《しつ》）、永享七年に没した浄源院（三宝院義賢《ぎけん》の母）、嘉吉元年（一四四一）に没した某女（真乗院《しんじょういん》主の母）がいた。このうち寿慶は、義満・満詮の生母良子と同じく石清水社家善法寺《ぜんぽうじ》家の出身である。満詮は良子と同じ小川殿で暮らしていたから、寿慶が良子の近親者であったことはまちがいないだろう。また、満詮の所領のうち越中国万見《まみ》保、丹波国賀悦《かや》庄など七つの荘園が寿慶に譲られている（「実相院文書」）が、これは満詮の遺領の大半と見られる。寿慶は、そのうちの賀悦庄を自らの供養料所として、満詮の長男実相《じっそう》院《いん》義運に譲っている。これは義運が寿慶の子だったためであろうが、義運は異母弟たちの後見役であり、いわば満詮の嫡男だった。さらに、別の荘園を継承した満詮の娘竺英聖瑞《じくえいしょうずい》は、寿慶の墓所妙雲院を養徳院《ようとくいん》（満詮の戒名）と改名して両親の菩提所としている。養徳院は、現在も満詮夫妻の菩提所であり、満詮の肖像画を所蔵している。これらを見れば、寿慶こそが満詮の正室的立場にあったことはまちがいないだろう。

それを勘案すれば、誠子の問題の根底にあったのは、弟の体面をつぶすことも厭わない強圧的な兄と、その理不尽な要求にも耐える従順な弟という関係ではないのかもしれない。そこから読み取るべきなのは、むしろ誠子の立場を軽視し、その意思を無視した兄弟間の合意なのではないか。誠子の一件から、満詮に同情する気にはなれそうにない。

派手な事績のない満詮だが、見方によっては、まだ新たな顔が見えてくる可能性があろう。

（榎原雅治）

第四代　足利義持

――安定期室町殿の心配ごと

生年　至徳三年（一三八六）二月十二日
没年　応永三十五年（一四二八）正月十八日
院号　勝定院

父　足利義満
母　藤原慶子

官位の変遷
応永元年（一三九四）十二月十七日に正五位下・左近衛中将・征夷大将軍／同二年六月三日に従四位下／同三年正月二十八日に美作権守兼任／同四月二十日に正四位下／同九月十二日に参議／同四年正月五日に従三位／同三月二十九日に権中納言／同五年正月五日に正三位／同七年正月五日に従二位／同八年三月二十四日に権大納言／同九年正月六日に正二位／同十一月十九日に従一位／同十三年八月十七日に右近衛大将兼任／同十四年正月五日に右馬寮御監兼任／同十六年三月二十三日に内大臣／同二十年十月二十二日に淳和奨学院両院別当兼任／同三十五年正月二十三日に死去にともない贈太政大臣

義満の嫡男として

足利将軍の歴代は十五人。そのうち近年、最も研究が進んだといってよいように思われるのが、義《よし》持《もち》の時代である。義持自身についても、室町幕府の最盛期を現出した義満《よしみつ》、「くじ将軍」として有名な義教《よしのり》の間に挟まれ、目立たない存在と考えられてきたが、最近は室町幕府の相対的な安定期を体現する人物として、クローズアップされるようになってきた。

以下では、主に政治史の側面から、そのような最新の研究成果をふまえつつ、ある場合には筆者の見解も交えながら、足利義持という人物に迫ってみたい。

義持が生まれたのは至徳三年（一三八六）、母は醍醐寺三宝院《だいごじさんぼういん》の坊官安芸法眼《ぼうかんあきほうげん》の娘、藤原慶子《けいし》である。一三八〇年代といえば、義満がまさに勢力を勃興させつつある時期であった。

ただ、幼少で父を失って家督を継いだ義満も、すでに二十九歳。足利家の男子は義満と弟満詮のほかに義満庶長子の尊満《そんまん》がいたものの、義満は慶子の腹に男子が生まれることを強く望んでいたらしい。実際に男子が生まれると、御産祈祷をおこなった北野社《きたのしゃ》は面目を果たし、神輿造替《しんよぞうたい》と廻廊《かいろう》修理がおこなわれている（「神輿造替并社頭中門廻廊等料足引付」）。義持は、待ち望まれた嫡男として誕生したのである。

義持は、応永元年（一三九四）に九歳で元服し、父の譲りを受けて征夷大将軍に任官、左近衛中《さこのえのちゅう》将《じょう》を兼ねて以降、同三年に参議《さんぎ》、同四年に権中納言《ごんのちゅうなごん》、同八年に権大納言《ごんのだいなごん》へと順調に昇進する。そして、応永十三年には父と同じく右近衛大将《うこのえのたいしょう》（右大将《うだいしょう》）になり、拝賀《はいが》もおこなった。近衛《このえ》大将とは元来、大臣へと昇進する予定の人物（当然ながら摂家《せっけ》・清華家《せいがけ》の人々である）が着任する官職だったが、源《みなもとの》頼朝《よりとも》が任じられた前例から、右大将は義満以降の足利将軍にとって重要な官となっていた。義持はこの官にも当然のように任じられており、嫡男として順調に昇進していると評価してよい。そして応永十四年七月には、正室日野栄子（日野資康《すけやす》の娘）の腹に、嫡男（後の義量《よしかず》）も誕生している。

たしかにこの時期、政治の実権は父義満が握っていた。しかし、普通に考えれば、義持は後継者としての地位を順当に歩みつつあったといってよい。

一、父からの継承

父の死、そして後継

ところがよく知られるように、この後、梶井門跡《かじいもんぜき》に入室していた弟の義嗣《よしつぎ》を、義満は取り立て始める。義嗣は応永十五年（一四〇八）二月に義満室の北山院《きたやまいん》日野康子《やすこ》のもとへ移り、同年四月二十五日には禁裏《きんり》で元服を遂げたが、このあたりにどういう意義があるのかについては、本書の義嗣の項目もご覧いただきたい。義嗣の動向は、応永十四年の末頃から『教言卿記《のりときききょうき》』などに特記されるようになっているが、そこからこの四月までの半年の間に、急に取り立てられたという印象が強い。

しかし、義嗣元服の直後にあたる五月六日、義満は没した。これにより、義持・義嗣のどちらを後継者とするかが問題となり、義嗣ではないかとの噂もあったようだが、「管領勘解由小路（斯波義将）左衛門督入道

足利義持木像　栃木県足利市・鑁阿寺蔵

おしはからいて」(「椿葉記《ちんようき》」、村田一九八四) 義持が相続したという。重要な政治的決断に関与したのが斯波《しば》義将《よしゆき》だったのは、管領経験者のうち細川頼之《ほそかわよりゆき》が明徳三年(一三九二)、細川頼元《よりもと》が応永四年、畠山基国《はたけやまもとくに》が応永十三年に没しており、武家の重鎮として長老格の人物が、彼しかいなかったためと思われる。

義満には、義嗣を後継とする何らかの構想があったものと推測される。しかし、斯波義将の義持支持という判断は、おそらくは義満の勃興を支え、既得権益者と化した公武の重臣たちのなかで、決して少数派の意見ではなかっただろう。たとえば、公家側の最有力者としては、義満室で女院《にょいん》とされた北山院日野康子や、その弟で義満側近の中心人物だった日野(裏松《うらまつ》)重光《しげみつ》などを挙げることができる。義満最晩年の栄華をともに享受した姉弟であり、重光は、義持・義嗣、斯波義教《よしのり》(義将子息)とともに、義満の棺の引綱《ひきづな》を取った人物でもあった(『蔭凉軒日録《いんりょうけんにちろく》』)。義満は、義嗣を康子の猶子《ゆうし》にすることで、義嗣と日野家の関係構築を図ろうとしていた。しかし、何よりも重要なのは、重光・康子の妹が、義持の嫡男をすでに生んでいることである。将来の外戚《がいせき》関係を約束されていた日野家が、それを捨ててあえて義嗣を支持するメリットはない。

むしろ、公武の既得権益者たちのなかで義嗣後継により得をする人物は、義嗣側近を除くと、きわめて少なかったのではないか。義嗣の取り立てとは、それだけ義満最晩年に突如進展したことであり、義嗣と密接な関係を持つ勢力が育成されたり、義嗣と既得権益者たちとの関係が新たに構築されたりする時間は、ほとんどなかったわけである。このことは義持にとって、幸いだったといわねばなるまい。

義満との連続・非連続

義持初政の動きとして目立つのは、義満への太上天皇《だいじょうてんのう》の尊号《そんごう》辞退、北山殿《きたやまどの》の放棄、日明《にちみん》貿易の否定など、義満の政策を否定する動きである。この点から従来、義持の政治について、「義満からの転換」という点が重視されてきた。

実態解明が進展しつつある近年も、事実上、上皇として振る舞っていた晩年の義満とは異なり、義持が後小松《ごこまつ》上皇《じょうこう》・称光《しょうこう》天皇をこまめに補佐する臣下として振る舞っていたこと（石原二〇一五）、義満が北山殿でおこなっていた祈祷体制を義持は継承せず、祈祷や仏事の規模を大きく縮小していたこと（大田二〇一四）などが指摘されている。しかし、そうした検証のなかで、義満からの継承面にも注目が集まっており、最近では、義持が父義満の諸要素を「取捨選択」して継承した、という見方（桜井二〇〇一）が共通理解となりつつある。

また、「取捨選択」が論じられるなかで、とくに義満が「北山殿」に居を移し、その名で呼ばれた時期の要素に否定されたものが多く、それ以前、すなわち「室町殿《むろまちどの》」に住み、そう呼ばれた時期の要素に継承されたものが多いといわれている（桃崎二〇〇九、大田二〇一四、石原二〇一五）。

先述のように、義持が義満のもとで、右大将任官など義満の先例をある程度踏まえながら昇進してきたことを考慮すると、義満の治世前半から継承するところが多いというのも、たしかに納得できるところである。そののち、応永十九年（一四一二）、兵仗宣下《ひょうじょうせんげ》（現任武官でないのに、随身《ずいじん》を召し連れるのを勅許すること）を受けた後に、石清水放生会《いわしみずほうじょうえ》の上卿《しょうけい》（儀礼責任者）を務めたことなども、義満の先蹤《せんしょう》（先例）を追うものといえよう。

もちろん、通過儀礼的なものを済ませ、先代以来の近親・有力者も没した後の治世後半に個性がより強くあらわれだすのは、義満のみならず、義持を含む以後の室町殿でも同様である。また、たとえば年中行事研究で、義満の治世後半に萌芽的に形成されたものが義持期により制度化された、という文脈で理解されている（二木一九八五、金子一九九八）ように、義満の治世後半から継承されていく要素も決して見逃すわけにはいかない。今後は、足利氏歴代の個性や継承関係を丁寧にとらえつつも、それにとらわれすぎず、室町幕府や歴代を大きな視野でとらえるような検討が、改めて必要とされていくはずである。

二、外の戦乱、内の対立

義満によって構築された室町幕府の支配体制は、京都周辺の多くの国々では、京都に在住する諸領主たちが地域支配をおこなう体制として立ちあらわれていたが、そのような体制が、必ずしも同じように全国を覆ったわけではなかった。

東国には鎌倉府《かまくらふ》があって、そこに出仕する勢力は多かったし、九州の勢力も基本的には現地で割拠していた。また、本州中西部から四国にかけての「室町殿御分国《ごぶんこく》」のなかにも、東西の境界地帯や、南伊勢・大和・紀伊などの旧南朝勢力圏のように、現地勢力の力が強く残っている地域もあった（山田徹二〇一〇・二〇一五）。いうなれば、室町幕府にとって外部的ともいえるような地域が、「東」・「西」・「南」の三方面に、存在していたのである。

義持が治世をおこなった二十年のあいだ、室町幕府の勢威が直接的に及んだ地域――おおよそ東は遠江・三河、北は能登・越中、西は備中・備後あたりまでの三角形に含まれる範囲に、四国の大半を加えた地域――では、さほど大きな戦乱は起きず、一見すると非常に平和な時代であった。しかし、先に挙げた外的な地域では、対照的に次々と戦乱が発生し、それに対して幕府も無関係ではいられず、その対応に追われていくこととなる。

大和と伊勢

最初に大きな戦乱が生じたのが「南」、すなわち畿内近国南半の旧南朝勢力圏である。後小松天皇から皇子躬仁《みひと》親王（称光天皇）への譲位が取り沙汰されていた応永十七年（一四一〇）、南朝最後の天

後亀山天皇画像　京都市・大覚寺蔵

皇だった後亀山《ごかめやま》上皇が吉野へ出奔した（森一九九七）。二年後に躬仁親王は実際に即位したが、以後、この地域で混乱が目立ってくるのである。

応永二十一年、大和国で多武峰《とうのみね》（現在の談山《たんざん》神社）と宇陀《うだ》郡の沢《さわ》氏による紛争が発生し、沢氏に合力する動きもあったため、紛争は拡大する様相をみせた。これを受けて幕府は、使者を派遣して調停するとともに、官符衆徒《かんぷしゅと》二十六氏・国民《こくみん》二十八氏より起請文《きしょうもん》を取り、私戦を禁止した（「興福寺日次記《こうふくじひなみき》」「寺門事条々聞書《じもんのことじょうじょうききがき》」）（朝倉一九九三、大薮二〇一三）。

また、翌二十二年には、伊勢国司の北畠満雅《きたばたけみつまさ》が、所領問題をきっかけに幕府へ反乱を起こした（大薮二〇一三）。幕府からは一色義範《いっしきよしのり》・土岐持益《ときもちます》・京極持光《きょうごくもちみつ》・畠山満慶《はたけやまみつのり》などが派遣されて、七月には満雅の籠もる川上《かわかみ》城を攻略（『満済准后日記《まんさいじゅごうにっき》』「寺門事条々聞書」「東寺王代記《とうじおうだいき》」など）。十月に、鹿苑院《ろくおんいん》塔主《たっす》で僧録《そうろく》を司っていた鄂隠慧奯《がくいんえかつ》の取りなしにより、満雅は赦免された（『満済准后日記』）。

こういった混乱は、基本的に現地勢力の紛争に端を発しており、後年の北畠満雅の再蜂起とは異なって、後亀山ら旧南朝皇族を擁立した蜂起であるとの確証はないようである（北畠氏について、〈大薮二〇一三〉参照）。ただ、まったく関係がないとはいえないだろう。後亀山の出奔によって南北朝和睦の破綻が明確になったことで、この地域の現地勢力が独自の動きをみせるようになり、地域紛争が頻発するようになった、ということだろうか。

翌応永二十三年には、管領細川満元《みつもと》が交渉に立ち、後亀山の還御が実現した（『看聞日記《かんもんにっき》』）。この地域の紛争が本格的に再燃するのは、称光天皇が没し、伏見宮《ふしみのみや》系の後花園《ごはなぞの》天皇が即位した、正長元年（一四二八）以降のことである。

「御所巻」の危機

さて、ここで注目したいのは、北畠氏討伐のために軍勢を発向させた四月、京都で「御所巻《ごしょまき》」の危機という噂が生じていたことである。「御所巻」とは、諸大名の軍勢が将軍御所を取り囲む示威行動であり、これまでにも足利直義《ただよし》や細川頼之《よりゆき》などの実力者が、「御所巻」を契機に失脚していた。そしてこの数日後、この騒動が平和的に解決したとの記事が日記に記された際に、畠山・赤松《あかまつ》両氏が互いを訪問した、という内容が合わせて書かれている点に注目したい（『満済准后日記』）。文脈から察するに、京都に緊張をもたらしていたのは、この両氏の対立だったようである（清水二〇〇四）。

このうち赤松氏は、南北朝期にも南朝と関係のあった家であり、下って永享二年（一四三〇）以降には、北畠氏と関係が深いことが確認されるようになる（岡野二〇〇二）。もう一方の畠山氏は、南北朝期に摂津国中島《なかじま》、ついで河内国という南朝との最前線に配置された家であり、南北朝合一後には、紀伊国や大和国宇智《うち》郡を付与されて大和国の国人を編成する動きをみせていた。こうした点から推測するに、ともに旧南朝系の勢力との関係を構築しようとする志向をもつ畠山・赤松両氏の利害が、北畠氏討伐に際して何らかの問題をきっかけに対立し、紛争化しかけたということなのだろう。

畠山氏当主の畠山満家《みついえ》については、足利義教を諫めた諸事例から、「無為《ぶい》」――すなわち積極介入を避ける穏便な解決を政治信条としていた人物であるとされることが多い。たしかに後年の彼の言動をみると、そのような側面をもっていたこと自体は事実とみてよい。しかし彼は、分国に隣接し、自身の勢力が及ぶ大和国に対しては、幕府が関与を深めることをむしろ支持していた（大薮二〇一三）。要するに、自らの利害と関わる地域へは積極的な側面をもっていたのであり、逆に彼が東国や九州の問題に積極介入を好まないのは、自身の利害と関係が薄いためだったと考えられる。

このように、当時の大名たちはそれぞれ各方面に人脈と利害を有し、個々の具体的な案件に関して、独自の意見・立場をもつケースも多くあった。そして、大名たちは自身の利を守るためならば、軍事的な対立さえも辞さなかった。これまで、大名たちの「衆議《しゅうぎ》」が将軍権力を規制していた、という議論もあっただけに、この時期の大名たちが必ずしも一枚岩ではなかったという点について、とくに強調しておくことにしたい。

また、大名たちが個別的にもつ人脈によって、先述した「東」・「南」・「西」の諸地域のさまざまな問題が、京都政界の問題へと転化する危険性があった点にも、注意が必要である。たとえ遠国の争乱であっても、決して「遠い世界の出来事」「対岸の火事」とは限らなかったのである。

三、疑心暗鬼の京都政界

上杉禅秀の乱

次に紛争が生じたのは、「東」であった。応永二十三年（一四一六）、関東管領《かんとうかんれい》を輩出して鎌倉公方《かまくらくぼう》を補佐していた山内《やまのうち》・犬懸《いぬかけ》両上杉《うえすぎ》家のうち、犬懸上杉家の氏憲《うじのり》（禅秀《ぜんしゅう》）が、主君足利持氏《もちうじ》に対して反乱を起こしたのである。いわゆる、上杉禅秀の乱である（以下、主に『看聞日記』による）。

氏憲の謀反は十月二日。そののち鎌倉での戦闘に足利持氏が敗北し、彼は駿河に逃れた。十三日に一報が届いた際、義持は因幡堂《いなばどう》に参籠していたが、そこに諸大名が集まり、評定がおこなわれた。続報が入った二十九日にも評定がおこなわれたが、大名たちは互いを牽制しあい、「面々閉口して意見を申さず」といった状況であったという。しかし、そこで義持の叔父満詮（義満弟）が、烏帽子《えぼし》子である持氏を見捨てるべきではないと主張したことで、持氏を支援することが決定した。

義嗣、出奔す

続く十月三十日に、さらなる激震が走った。弟の義嗣が、突如姿をくらましたのである。京都の北西、高尾神護寺《たかおじんごじ》で遁世《とんせい》した義嗣を調べていくと、「野心《やしん》」が露見したのだといい、幕府内は大混乱に陥ってゆく。畠山満家は「義嗣の『野心』は確実なので、切腹させるべきだ」と主張したが、それに対して細川満元は、「もし諸大名が同心しているという人がいれば、どうなさるのか。討罰も大変ではないか。（義嗣側近を）問いただすのも無益である」と述べつつ、義嗣切腹にも反対し、大名たちの意見もまとまらなかったようである。

そして、語阿《ごあ》という人物を実際に取り調べたところ、斯波義教・細川満元・赤松義則《よしのり》の三人が義嗣に協力していたとの「白状」が得られた。このうち、斯波義教・細川満元の両人は、上杉禅秀の乱の報を受け取って義持に上申した人物であり、関東方面の取次を担当していたと考えられる。また、先にみたように、細川満元は後亀山の帰還に尽力しており、赤松義則は北畠氏と関係があった可能性がある。要するに、ここで挙げられた三名はそれぞれ、「東」・「南」という、現に乱が生じた、外的な地域と接点をもつ人物なのである。たしかに、このうち管領細川満元に関しては怪しい部分があるようにも思われるが（義嗣が関東方面ではなく、満元分国の丹波方面である北西に落ち延びていたことや、先述した尋問反対の意見などが気にかかる）、この語阿の「白状」によって三人が処罰されたわけではないようで、語阿がもっともらしい名を挙げて攪乱をはかっただけの可能性も残る。

このように混乱が深まるなか、関東の反乱が義嗣の働きかけによるものであること、義嗣が延暦《えんりゃく》寺《じ》・興福寺と連絡を取っていることなどを示す「回文《かいぶん》」（廻文）が、園城寺《おんじょうじ》から進上されたという。これが本物だったかどうかは不明だが、ともかくもこれを受けて義嗣は、拘禁されることとなった。

関東のほうは、翌二十四年の正月十日に足利持氏・山内上杉憲実《のりざね》らと幕府の援軍が鎌倉を攻略。氏憲らも自刃に追い込まれ、乱は落着した。しかし、京都の政権内部の疑心暗鬼は、そののちも解消しないまま続いていくのである。

義嗣殺害と富樫満成失脚

上杉禅秀の乱落着から一年が経った応永二十五年（一四一八）正月、またもや事件が発生した。義嗣が拘禁されていた林光院《りんこういん》から脱走し、それを受けて義持は、側近富樫満成《とがしみつなり》に命じ、義嗣を殺害させたのである（以下、『看聞日記』）。こののち、大名たちのうち、山名時熈《やまなときひろ》・畠山満慶・土岐康行《やすゆき》らが義嗣への与同を問われている。彼らが実際に処罰されていることを考慮すると、先の斯波義教ら三人と異なり、何らかのかたちで義嗣与同を疑われても仕方のないような事実が、発覚したのであろうか。

ところが十一月、今度は富樫満成が義持の怒りを受け、突如京都から姿を消した。彼には義嗣に謀叛を勧めたという疑い、そして義持愛妾の林歌局《りんかのつぼね》へ艶書《えんしょ》を送った疑いが懸けられていた。義嗣を追い込むのに重要な役割を果たした彼に対し、逆に義嗣への与同が問われたのである。大和国天川《てんかわ》（奈良県天川村）へ逃亡していた満成は、翌年二月、畠山満家によっておびき出されて殺害された。

事件の背景は？

謎がつきまとうこの事件の説明として、最も通説的と思われるのが、伊藤喜良の説である（伊藤一九九三）。富樫満成の義持側近という立場を強調する伊藤は、「富樫氏によって窮地に陥れられた有力な守護層の富樫氏への反撃」で、「彼によってきせられた義嗣与同者たる汚名を富樫に張りかえすことによって、義持の近臣であり、かつ大きな権限を有していた富樫満成を追い落とした」と理解する。この説明によると、「有力な守護層」の義嗣与同も、富樫満成の義嗣与同もともに冤罪であり、両者の抗争に「義嗣与同」というレッテルが利用されただけということになる。

一方、近年の桜井英治の推測も興味深い（桜井二〇〇一）。桜井は義嗣没落の真相について、「有力守護たち」が幕府の安泰のために——実際は擁立する気もないのに——義嗣をそそのかして出奔させた、との推測を提示しており、富樫の失脚は、彼がこのような事件の真相を暴きすぎたためではないか、と述べている。とくに前半部分は大胆すぎる推測に思えるが、「事件が組織の根幹を揺るがしかねないほど拡大する兆候をみせたとき、真相を追究することなく「うやむや」のまま闇に葬ってゆくのが中世の政治学である」と述べる点などは、鋭い指摘であるといわねばなるまい。

この二説はそれぞれに可能性の一つを示す重要な説明であるが、ここで筆者があえて強調しておきたいのは、先に確認したところともかかわる次の点——大名たちはそれぞれに人脈と利害をもつため、個々の案件に関しては異なる立場・動きを取りうる、という点である。

たしかに有力大名のあいだには、義嗣と関係をもつ者、（実際に義嗣を擁立する気があったかどうかは別にして）義嗣出奔に関与した者がいたかもしれない。しかし逆に、富樫満成との関係が深い人物も想定しえるし、極端なことをいえば、一部の大名と満成が連携して義嗣出奔に関与した可能性すらありえよう。大名層が一致団結して行動していた可能性は、数ある可能性のうちの一つにすぎず、無二の前提と考えるべきではない。

結局のところ、この一連の事件の真相は結局不明としかいいようがない。だが、重要なのは、その点なのかもしれない。先述の応永二十二年の危機では、畠山対赤松という対立軸が明確であり、その両者の妥協により危機は回避された。このような軍事的緊張は、南北朝期以来、多数確認できる。ところが、今回のものはそうではないのである。どういった対立の構図のもと、誰がどのような動きをしているのか、当事者たちにも明確にわかっていたかどうか。虚偽の情報が、意図的に流されることすらあったかもしれない。このようななかでの疑心暗鬼にこそ、事態の本質があったのではないかと考えられる。

そして、この政局の関係者のなかで、義持の信頼という一点のみを存立基盤にしていた富樫満成が、それを失って脆くも失脚してしまったのち、この一連の事件については、沙汰止みになった。桜井のいうような、「うやむや」のまま闇に葬るという判断が下されたものと考えられる。たしかに義持にとって、最大の脅威だった義嗣を葬り去ることができた意味は大きかっただろう。しかし、大名間の利害対立が政治的緊迫へ結びつく政治構造自体を克服できないまま、側近の重要人物を失う結末に甘んじざるをえなかったという点もまた、義持にとって重い事実だったのである。

四、義持と神仏

応永の外寇

次の大事件の報は、「西」からもたらされた。応永二十六年（一四一九）六月、倭寇《わこう》問題に業を煮やした朝鮮の軍が対馬を襲撃した、いわゆる応永の外寇《がいこう》である。

五月頃に「大唐国《たいとうこく》・南蛮《なんばん》・高麗等《こうらい》」の襲来に関する情報が日本に広まり、異国の襲来を予告するかのような怪異発生が各地の神社から報告されていたこともあって、この襲撃は一般には「大唐」、すなわち中国（明）の襲来と理解されていた。蒙古襲来の記憶が呼び起こされたために、「蒙古」襲来とする説も一部に出回っており、情報は非常に錯綜していたようである。ほかにもさまざまな噂が乱れ飛んでいたが、このことは異国襲来への関心の高さとそれによる社会的不安の大きさをよくあらわしていよう。

朝鮮軍は対馬宗《そう》氏と和してほどなく撤退したが、撤退を「神明の威力」とする理解が広くみられ、以後、神国思想が高揚したという（佐伯二〇一〇）。ほかならぬ義持も、二十二社に対する祈年穀奉幣《きねんこくほうべい》を、観応元年（一三五〇）以来、六十九年ぶりに再興するよう指示した（『看聞日記』）。また、この年の八月には、義持は自身三度目となる石清水放生会の上卿をつとめており、神祇への意識が高まったのは間違いないようである。

神仏への傾倒

義持は元来、伊勢・八幡・北野などの神々を尊崇すること篤く、禅宗をはじめとする仏教への関心が高かったことで知られている（清水二〇〇四、大田二〇一四）。

たとえば、伊勢神宮への参宮が足利将軍家歴代最多ということなどが注目されるが（山田雄司二〇〇四）、加えて注目されるのが寺社への参籠《さんろう》である。

すでに義持初政の段階から、多ければ年に五度ほど八幡・北野両社への参籠をおこなっており（ちなみに義満は治世後半に、年三度北野へ参籠していた）、「御所巻」の危機を越えた応永二十三年（一四一六）には、参籠先が因幡堂や清和院《せいわいん》へと広がっている（上杉禅秀の乱の報を、因幡堂参籠中に受け取った点については先述した）。また、応永の外寇のあった応永二十六年頃から参籠回数がさらに増加に向かい、病にたおれた翌二十七年を挟み、応永二十八年には、清水寺《きよみずでら》も参籠先に加わった。

『都名所図会』に描かれた北野天満宮　個人蔵

幕府内の対立と政情不安、異国襲来とそれに由来する社会不安などのほか、応永二十七年には大飢饉も発生している（清水二〇〇八）。自身の病も含め、不安材料が多いなか、義持は神仏への傾倒を強めていくのである。

実をいうと、足利義嗣殺害の少し後、叔父満詮が応永二十五年五月に、そして義満室の北山院日野康子も応永二十六年十一月に没している。桜井英治が「新将軍は前将軍の妻の死によってはじめて前将軍の呪縛から解放される」と述べている（桜井二〇〇一）ように、先代以来の親族や有力者の没したこの頃以後が、おそらく義持が最も自由に個性を発揮できた時期といってよいだろう。

そうしたなかで、たとえば、義持は日野康子遺領の大規模所領であった河内国十七ヶ所を継承すると、そのうちから葛原郷《くずはらのごう》を北野社に、上仁和寺《かみにわじ》を石清水八幡宮に寄進した（「筑波大学所蔵北野神社文書」「石清水文書」）。また、御料《ごりょう》所《しょ》のなかで三千貫と収入額の大きい河内国八ヶ所を北野社に、伊勢国香取《かとり》荘を伊勢神宮に寄進しており（「筑波大学所蔵北野神社文書」『満済准后日記』）、こうした神社を義持が重視していたことは明らかである。寺院への寄進も多く確認でき、義持の没後、彼によって寺社へと「非分《ひぶん》寄進」された諸人の所領が問題となったほどだった（『満済准后日記』）。義満の「北山殿」時代に比すべき義持の個性は、こういった点に顕著にあらわれているといえるだろう。

将軍職譲渡と出家

応永三十年（一四二三）三月十八日、義持は子息義量に将軍職を譲り、八幡参籠や参宮などを経た四月二十五日、等持院《とうじいん》で出家した（「花営三代記《かえいさんだいき》」『兼宣公記《かねのぶこうき》』など）。そののち、畠山満家・細川満元ら大名たちが等持院で太刀を進上したという。烏丸豊光《からすまるとよみつ》のように、これに合わせて出家した人物もいたが、大名層でそうした人物はみえない。ただしそれは、相応の年齢の主要大名たちが、これより以前の義満在世中に、かなり若い段階ですでに出家入道させられているからであり（山田徹二〇一六）、義持の人望のなさや、義持と大名たちとの関係の悪さがあらわれたものではない。

出家の年令は三十八歳で、義満にならったものである（義満の出家年令は、父義詮が没した年令に達したためだった）。また、将軍職譲渡・出家以後も義持は政務を執り続けたが、その点でも義満と同様である。ただし、義満に比べて、宗教生活の比重が高いことが指摘されており（桜井二〇〇一・二〇〇五、大田二〇一四)、先にも述べたように、その点にはやはり義持らしさがよく現れているといわねばなるまい。

五、晩年の義持

「東」と「西」の争乱

義持の出家したこの応永三十年(一四二三)前後から、「東」と「西」の地域で、新たに争乱の動きがあらわれてくる。

関東では、前年末に佐竹与義《さたけともよし》を殺害した鎌倉公方足利持氏が、この年に入って常陸小栗《おぐり》氏などの反対派の討伐へも乗り出した。小栗氏は、幕府が支援していた勢力である。この動きを受けて七月五日、義持の命によって畠山満慶・細川満元・斯波義淳《よしあつ》・山名時熈・赤松義則・一色義貫《よしつら》・今川範政《のりまさ》・大内盛見《もりはる》らが管領畠山満家邸に招集され、緊急会議がおこなわれた(ただし大内は参加していない。以下、『満済准后日記』)。この会議では、関東への使者派遣取りやめ、関東の「京方御扶持者共《きょうかたごふちのものども》」(室町幕府が支援している者たち)への支援継続という義持の意向について話し合われ、異議がない旨、上申されたという。

この件については、以後もしばらく京都―関東間の対立が続いたが、翌応永三十一年二月、持氏から告文《こうもん》(誓約状)がもたらされた。その内容には義持の意に沿わない部分もあったが、義持は告文が提出されたこと自体を評価し、和睦してよいと判断している。

最近は、これ以後の時期の両政権の融和・協調を重視する研究もあり（亀ヶ谷二〇一五）、たしかにそうした側面も軽視できない。しかし、和睦がなった直後に義持が、「将軍・御方御両所御運長久、東夷いよいよ猶《なお》上意のごとくし、天下ますます太平なる由」の祈祷をおこなうよう命じている（大田二〇一四）点などは興味深い。義持にとって持氏は意のままになる相手ではなかったし、常陸佐竹氏・甲斐武田《たけだ》氏など、鎌倉府との間で懸案となっていた問題も依然継続していた。また、越後上杉氏でも新たに紛争が発生しており（山田邦明一九八七）、「東」の脅威が払拭されたといえる状況ではなかった。

紛争は「東」のみならず、「西」にも生じた。応永三十一年末に九州探題渋川満頼《きゅうしゅうたんだいしぶかわみつより》が隠居して上京したが、その後継者渋川義俊《よしとし》は、翌年、少弐満貞《しょうにみつさだ》によって博多から追われている（黒嶋二〇一二）。この頃より、満頼の甥で義俊の従兄弟にあたる渋川満直《みつなお》が探題として活動することになるが、これ以後、義教の時代にも引き続く九州の争乱が始まるのである。

有力大名の「衆議」

こうした諸国の争乱について幕府の方針を決める際には、先にみた応永三十年（一四二三）七月五日の事例のような、有力大名層の会議が開かれたものと考えられている。この事例では、たまたま満済《まんさい》が参加して彼の日記に記されたためにその様子を知ることができるのだが、義持が「この件（使者派遣）については以前に皆へ尋ねたことだが、なぜそのときに使者派遣は無益であるという意見が出なかったのか」とぼやいていることを考慮すると、同様の諮問・会議が、この事例以前にもおこなわれていたと考えてよい。

管領の屋敷で会議をおこない、その結論を管領が義持に上申するというこのときの形式（桜井二〇〇三、吉田二〇一〇）は、義持の居所に大名たちが急遽集まって評定がもたれたという、上杉禅秀の乱のときとは異なるようであり、段階差をみてとったほうがよいかもしれない。大名たちが話し合うべき、共同の軍事行動や負担を必要とする諸問題が頻発する状況下で、そうした問題に対応するための大名たちの合意形成の回路が、このようなかたちで制度化されたのではないかと考えられる。

この形式は、大名間の意見・志向性の相違が、必ずしも義持の耳に入らない点に特徴がある（桜井二〇〇三）。もちろん、義持期におけるこうした諮問・会議に関する検出事例は少ないため、大名たちの意見を聞く手段がこの形式以外になかったと断言することは難しいが、たしかに義持に、利害を異にする大名たちの個別的意見から距離をとり、少数意見を大名たち自身に圧殺させようとする志向があった可能性はある。半世紀後に甥の足利義政《よしまさ》が、大名層の紛争に介入していくなかでその権威を失墜させてゆく点を考慮すると、このような志向も一つの無難な判断といえる側面はあろう。

しかし、このようなかたちで大名たちの「衆議」をおこなう場合、大名たちの負担を軽減する案（軍事出兵に消極的）のほうが多数派になりやすいのは事実であり、それでうまくいくのは、軍事積極策や負担配分策をさほどとらずとも、体制が安定している時代に限られる。まさに彼の生きた時代は、そのような室町時代随一の安定期であった。義持は、ここまでに述べてきたようなさまざまな不安材料を意識しながら政務にあたっていたと思われるが、それでも足利将軍家歴代のなかでは、最も恵まれた時代を生きた人物だったといわざるをえないのである。

義持の死

義持を最大の悲劇が襲ったのは、応永三十二年（一四二五）二月のことであった。愛息義量が、十九歳の若さで死没したのである。世間では、義嗣らの怨霊の仕業と噂されたという（『薩戒記《さっかいき》』）。義持が命じた祈祷の数は、この頃から急激に増加しているようであり（村尾一九八九）、後継者を失った不安がそうさせたものと思われる。

義持自身の死は、その三年後、応永三十五年の正月であった（以下、『満済准后日記』）。六日までは正月行事を順当にこなしていたが、風呂でかき破った臀部《でんぶ》（尻）の傷が発熱して腫れ上がり、座ることすらできない状態になってしまう。十六日には重篤になって死を覚悟したようで、翌十七日には後継者選定について、大名たちや満済らが談合をおこなっている。

義量の死後、鎌倉の足利持氏が後継に名乗り出るという事態になっており、後継者問題は大きな問題となっていた。しかし義持は、自ら後継者を選定しようとはしなかった。自らの男子誕生を、最後まで望んでいたためである。

義量の死後、祖父義詮《よしあきら》以来足利氏に伝えられている剣について、「もし子孫が続かないのならば、この剣を神殿に奉納する」「子孫が続くのであれば、奉納しない」という二つの鬮《くじ》を作成して八幡宮で引いたところ、後者を引きあて、その夜に男子を出生する夢をみたのだという。義持はそれを頼みにしており、だからこそ後継者指名をどれだけ求められても、自身に男子が生まれるという神意に背くものとみなし、拒否したのである（伊藤二〇〇八）。

最終的に、義持の死後、八幡宮神前での鬮引きで決定されることとなり、十八日に彼が没した後、実際に鬮が引かれ、同母弟の青蓮院義円《しょうれんいんぎえん》（足利義教）が後継者となった。このことはよく知られているところだが、このように改めて八幡神に神意を問う形式になったのも、義持の敬神志向が反映されたためであった。

石清水八幡宮　京都府八幡市

おわりに

以上、義持という人物について、最新の研究をふまえながら、筆者なりに描いてきた。しかしこのほかにも、御成《おなり》・参賀《さんが》などの年中行事（二木一九八五、金子一九九八）、朝廷儀礼の復興や財政構造の転換（早島二〇〇六・二〇一〇）、所領紛争に関する裁定・安堵・施行（榎原二〇〇六、山田徹二〇〇八、松園二〇〇八・二〇〇九、吉田二〇一〇、亀田二〇一三）などについてもそれぞれ研究があるが、今回十全に書くことができなかった点は数多い。とくに文化的な論点については、ほとんど触れることができなかった。

すでに、この時代を取り上げたわかりやすい一般向けの書物もいくつかあり（桜井二〇〇一、伊藤二〇〇八、清水二〇〇八、早島二〇一〇）、今後も増えていく可能性がきわめて高い。そうした諸書を手にとっていただければと願うところである。

（山田徹）

【主要参考文献】

朝倉　弘『奈良県史　一一　大和武士』（名著出版、一九九三年）
石原比伊呂『室町時代の将軍家と天皇』（勉誠出版、二〇一五年）
伊藤喜良『日本中世の王権と権威』（思文閣出版、一九九三年）
伊藤喜良『足利義持』（吉川弘文館、二〇〇八年）
榎原雅治「室町殿の徳政について」（『国立歴史民俗博物館研究報告』一三〇号、二〇〇六年）
大田壮一郎『室町幕府の政治と宗教』（塙書房、二〇一四年）
大薮　海『室町幕府と地域権力』（吉川弘文館、二〇一三年）
岡野友彦『中世久我家と久我家領荘園』（続群書類従完成会、二〇〇二年）
金子　拓『中世武家政権と政治秩序』（吉川弘文館、一九九八年）
亀ヶ谷憲史「足利義持期の室町幕府と鎌倉府」（『日本史研究』六三三号、二〇一五年）
亀田俊和『室町幕府管領施行システムの研究』（思文閣出版、二〇一三年）
黒嶋　敏『中世の列島と権力』（高志書院、二〇一二年）
佐伯弘次「応永の外寇と東アジア」（『史淵』一四七号、二〇一〇年）
桜井英治『日本の歴史12　室町人の精神』（講談社、二〇〇九年、初出二〇〇一年）

桜井英治『破産者たちの中世』（山川出版社、二〇〇五年）
清水克行『室町社会の騒擾と秩序』（吉川弘文館、二〇〇四年）
清水克行『大飢饉、室町社会を襲う！』（吉川弘文館、二〇〇八年）
早島大祐『首都の経済と室町幕府』（吉川弘文館、二〇〇六年）
早島大祐『室町幕府論』（講談社、二〇一〇年）
二木謙一『中世武家儀礼の研究』（吉川弘文館、一九八五年）
松園潤一朗「室町幕府「論人奉行」制の形成」（『日本歴史』七二六号、二〇〇八年）
松園潤一朗「室町幕府安堵の様式変化について」（『人文』八号、二〇〇九年）
村尾元忠「足利義持の神仏依存傾向」（『中世日本の諸相　下』吉川弘文館、一九八九年）
村田正志『村田正志著作集　第四巻　證註椿葉記』（思文閣出版、一九八四年）
桃崎有一郎「足利義持の室町殿第二次確立過程に関する試論」（『歴史学研究』八五二号、二〇〇九年）
森　茂暁『闇の歴史、後南朝』（角川学芸出版、二〇一三年、初出一九九七年）
山田邦明「守護と国人」（『新潟県史　通史編2　中世』、一九八七年）
山田　徹「室町幕府所務沙汰とその変質」（『法制史研究』五七号、二〇〇八年）
山田　徹「室町領主社会の形成と武家勢力」（『ヒストリア』二二三号、二〇一〇年）
山田　徹「室町時代の支配体制と列島諸地域」（『日本史研究』六三一号、二〇一五年）
山田　徹「室町大名のライフサイクル」（『生活と文化の歴史学7　生・成長・老い・死』竹林舎、二〇一六年）
山田雄司「足利義持の伊勢参宮」（『皇學館大学神道研究所紀要』二〇号、二〇〇四年）
吉田賢司『室町幕府軍制の構造と展開』（吉川弘文館、二〇一〇年）
渡辺世祐『関東中心足利時代の研究』（新人物往来社、一九九五年、初出一九二六年）

コラム

Column

足利義嗣

父　足利義満
母　春日局

生年　応永元年（一三九四）
没年　応永二十五年（一四一八）正月二十四日
院号　円修院（林光院）

室町幕府の三代将軍足利義満《よしみつ》には、義嗣という子がいた（四男か五男。一般に「よしつぐ」と訓《よ》まれるが、中世の一般的な訓みに従えば「よしつぎ」である）。

この薄幸の貴公子の経歴は、要約するとわずか四行だ。

最高権力者であった父義満の寵児《ちょうじ》として彗《すい》星《せい》のごとく現れ、栄華を極めかけたが、義満が急死すると社会に居場所がなくなり、上杉禅《ぜん》秀《しゅう》の乱に巻き込まれて死んだ。

彼の人生の要点は、それだけだ。

目立った事業を成し遂げたわけではなく、そもそも将軍家に生まれながら、将軍にもなれなかった。しかし、実は義嗣こそ義満の後継者であり、室町政権を理解するうえできわめて重要なキー・パーソンだった。

いや、義満の後継者は義嗣の兄の四代将軍義《よし》持《もち》であったはずだ、という反論があろう。確かに応永元年（一三九四）、義持は義満から将軍職を継承した。しかし将軍職は、義満がまとう数多くの属性の一つにすぎない。義嗣が継ぐのは、将軍さえ従える最高権力者＝「北山殿《きたやまどの》」という義満の地位であっただろう。足利義嗣を語ることは、義満が目指して未完成に終わった権力の最終形、いわば義満が構想した中世日本の完成形を語ることに等しいのである。

義満が構想した中世日本の完成形

貞治《じょうじ》六年（一三六七）に父義詮《よしあきら》が死んで将軍職を継いだとき、義満はわずか十歳だった。そこで一族の細川頼之《よりゆき》が管領《かんれい》として幕府の政務を執ったが、佐々木（京極）導誉《どうよ》・斯波義将《しわよしゆき》ら、ともすれば頼之と対立的な有力大名を統率できず、康暦元年（一三七九）に管領職を罷免《ひめん》されてしまう。いわゆる康暦の政変である。すでに成長し、数年前から将軍としての自覚を強めて行動していた義満は、時に二十二歳であった。義将が管領に就いたが、政変を機に義満は管領の後見を脱し、幕府の主導者となった。

将軍の地位、足利氏嫡流の血統、そして武家の棟梁としての強い自覚に裏打ちされた義満のカリスマ性は頼之の比ではなく、頼之時代に分解しかけた幕府を自分の下に再び結束させるべく、義満は将軍としての威厳・権力の維持向上に心血を注いだ。

ただしそれは、純粋な将軍権力の強化という形を取らなかった。急がば回れということか、彼は朝廷（北朝）の支配に着手したのである。彼の朝廷支配計画は康暦の政変の前年、永和四年（一三七八）の権大納言《ごんのだいなごん》・右大将《うだいしょう》（右近衛《うこんえの》大将《たいしょう》）就任から始まった。それまでの歴史上、右大将となった将軍は、鎌倉幕府の初代源頼朝《よりとも》と七代惟康《これやす》親王しかおらず、とくに武家社会では「右大将」は頼朝の代名詞だ。義満は明らかに、祖父尊氏《たかうじ》・父義詮ではなく、建久元年（一一九〇）に権大納言・右大将となった頼朝を再演しようとしていた。頼朝は幕府という前代未聞の組織と、それを一つの主要な要素とする新たな社会の創始者だ。とすれば、それに倣《なら》った義満もこの頃、新たな組織と社会の創造を目論んでいたことになる。

同じ年、義満は右大将の就任儀礼（拝賀《はいが》）をおこなうため、父義詮から受け継いだ京中の三《さん》条坊門《じょうぼうもん》の邸宅を引き払い、平安京から少しだけ北に出た北小路《きたのこうじ》室町の地に邸宅を築いた。立地にちなみ、この御所を「室町殿《むろまちどの》」と呼ぶ。そしてこの転居を境に、義満自身も「室町殿」という称号で呼ばれ始める（邸宅のほうは、称号と区別するため学術的に「室町第《むろまちてい》」とも呼ぶ。なお、邸宅を表す「第」を「だい」と訓《よ》む研究者が多いが、それは誤りで、断じて「てい」と訓むべきだ。廷臣の今出川《いまでがわ》家の邸宅「菊亭」は「菊第」「菊弟」とも記され、すべて「きくてい」と訓まれた。「亭」と同じ意味の「第」は「てい」である）。

それは、単なる邸宅にちなんだ名ではない。鎌倉幕府の将軍が「鎌倉殿《かまくらどの》」と呼ばれた事実に比肩すべき、新たな幕府の長の肩書きであった。

それは「将軍」と何が違うのか。誰もが抱いたその疑問の答えは、すぐに明らかになった。二年後の永徳元年（一三八一）、義満は内大臣に昇り、さらに二年後に左大臣となる。左大臣は廷臣の代表者（太政官《だいじょうかん》の首班）だ。義満は朝廷進出からほんの数年で、その地位に昇り詰めたのである。そして実際に朝廷行事を主催・差配し、自ら儀礼をこなし、朝廷の人事を完全に掌握した。その間、北朝の皇位継承問題にも介入し、崇光《すこう》天皇の子孫が皇位に就く可能性を完全に封じて、後光厳《ごこうごん》天皇（崇光の弟）の系統（後光厳—後円融《ごえんゆう》—後小松《ごこまつ》）を支持した。

義満は後円融天皇と同い年だが、二人が波長を合わせて協働した形跡は乏しい。義満は後円融に、陰に陽に圧力をかけ、精神に変調を来した後円融が自殺未遂の末に引退すると、摂政二《に》条《じょう》良基《よしもと》と組んで後小松天皇の朝廷を完全に支配した。その間、明徳二年（一三九一）には山陰地方の超有力大名・山名氏の反乱の制圧に成功し（明徳の乱）、幕府の支配も盤石となった。

　このように、義満の幕府支配と朝廷支配の強化は、並行して進行した。その理由は、南北朝の内乱の構造にある。この内乱は、建前上は二つの朝廷（北朝・南朝）の戦争だが、内実は幕府軍と南朝軍の戦争だ。そして、弱体な南朝が六十年も持ちこたえたのは、実は山名氏などの幕府内の不満分子が手を貸したからであった。

　つまり、南北朝内乱の解決が困難であったのは、朝廷統一と幕府統一という、二つの別個の問題が絡まり合っていたからである。それに対する義満の試みは、きわめて独創的だ。幕府代表（将軍）の義満が北朝代表（左大臣）を兼ねることで二つの問題を結合し、南北朝内乱を一つの問題に束ねたのである。

　山名氏を制圧した義満は、翌明徳三年に南朝を吸収し、南北朝を合一した。「室町殿」はこのとき、〝北朝と幕府の支配者〟から〝朝廷と幕府の支配者〟へと脱皮したのである。

　二年後の応永元年（一三九四）、義満は太政《だいじょう》大臣《だいじん》に昇り、将軍職を義持に譲ったが、なお「室町殿」として朝廷と幕府を支配した。それは日本の支配者に等しく、「将軍」義持は傀儡にすぎない。

　義満は応永二年に太政大臣を辞めて出家し、応永四年に京都の北西に隣接する「北山」に山荘を構え、移住する。この山荘を「北山殿《きたやまどの》」といい、しばらくして義満も「北山殿」と呼ばれ始める（室町第と同様、称号と区別して邸宅を便宜的に「北山第《てい》」と呼ぶ）。

そして、室町第に取り残された将軍義持が、「室町殿」と呼ばれ始める。とはいえ、義満は「室町殿」の称号を義持に譲ったにすぎず、実権を「北山殿」義満が手放した形跡はない。

この「北山殿」なる地位が何であったのか、確たる定説はまだない。

かつて、この時期の義満を、院政を敷く上皇（治天《ちてん》の君《きみ》）として捉えたり、また、義満が明《みん》の永楽帝《えいらくてい》と連絡を取って、応永九年に「日本国王」と認定された事実もあって、義満が天皇に取って代わろうとしたとする著名な説もある。

しかし今日では、義満の上皇待遇はあくまでも身分的な待遇にすぎず、「日本国王」も貿易利潤を目的とした明との朝貢《ちょうこう》貿易に必要な通交名義にすぎず、義満の行動は必ずしも天皇の地位を狙った証拠にならないと指摘されている。義満権力を院政や皇位簒奪《さんだつ》と見なす説は、過去の学説となった。

この頃の義満は、元将軍（将軍の父）であり、元廷臣筆頭（前太政大臣《さきのだいじょうだいじん》）であり、明の皇帝から封《ほう》じられた「日本国王」である。また、応永二年に出家して以降は、「天山道義《てんざんどうぎ》」と名乗る臨済宗夢窓《むそう》派の禅僧であり、同じ年に東大寺で受戒《じゅかい》してからは顕密僧《けんみつそう》（顕教《けんきょう》と密教《みっきょう》、つまり旧仏教に属する僧）の顔も持った。

彼は日本の貴人が持てるあらゆる顔を持ち、あらゆる組織・人を超越的に、一身に支配した。しかし、その史上初の義満の地位が一体何であるのか、新たな制度として宣言・明記されることは一度もなかった。世人はただ、とにかくその権力（地位）を「北山殿」と呼んだ。

義嗣が嗣ぐ予定であったのは、この「北山殿」の地位だろう。そしてそれは、当時義満を指して使われ始めた「公方《くぼう》」という地位でもあろう。

義嗣はこの頃「若公方《わかくぼう》」と呼ばれたが、兄の将軍義持が義満の生前に「公方」と呼ばれた形跡はない。「公方」は後に将軍と同じ意味になったが、それは義持以後、足利氏の家督が、将軍職に軸足を置く「室町殿」として固定化した後の話だ。義満段階の「公方」とは、これから完成されようとする（そして未完成に終わった）、新たな日本の支配者を意味した。

異常な昇進、そして親王へ

応永元年（一三九四）、ちょうど兄義持が将軍となった年に生まれた義嗣は、天台三門跡の一つ梶井門跡《かじいもんぜき》に入室《にっしつ》した。いずれ出家し、門跡（皇族や摂関家クラスの庶子が住持となる寺院）を相続するためである。それは最上流階級の庶子としてきわめて一般的な身の振り方であり、彼はそのまま生涯を終えるはずだった。

ところが応永十五年（一四〇八）、義満の気が変わった。同じ時代を生きた伏見宮貞成親王《ふしみのみやさだふさ》は、義満が梶井門跡から義嗣を「とり返し」たと伝える（『椿葉記《ちんようき》』）。その年の二月二十七日、突如として義嗣は記録に現れ、後小松天皇の内裏に参上する。元服以前の童姿《わらわすがた》で内裏の清涼殿《せいりょうでん》（天皇の日常の住居）に昇る、桁違いの特別待遇を「童殿上《わらわてんじょう》」という。義嗣は、平安後期の関白藤原忠実《ただざね》以来、実に三百年以上途絶えていたこの童殿上を遂げ、同じ日に叙爵《じょしゃく》（貴族の最下位＝従五位下《じゅごいのげ》の位階を得ること）されて、朝廷にデビューした。

六日後の三月四日、義嗣は正五位下《しょうごいのげ》に昇り、左馬頭《さまのかみ》に任官。その二十日後の三月二十四日、義満の北山第に行幸した後小松天皇から、「本家の賞《ほんけのしょう》（滞在先の邸宅を提供した褒賞）」として従四位下《じゅしいのげ》に叙され、四日後の二十八日に左中《さちゅう》将《じょう》（左近衛中将《さこんえのちゅうじょう》）に任官した。左馬頭は歴代将軍と鎌倉公方（東国を支配する足利氏）だけが、左中将に至っては将軍だけが就任できる特別な官職である。これらの就任歴は、その異常な昇進の速さと相まって、義嗣が今後、鎌倉公方以上の、将軍に類する特別な人生を歩むことを予告していた。

『義烈百人一首』に描かれた足利義嗣　当社蔵

二十六日後の四月二十五日、義嗣は内裏で元服した。時に十五歳。最上級の貴人としては遅い元服だが、二ヶ月前まで門跡で出家を予定していたのだから、仕方ない。そして同じ日に従《じゅ》三位《さんみ》に昇り、参議《さんぎ》となった。朝廷では、公卿《くぎょう》という位階か参議という官職を得れば、公卿という貴族の最上層扱いを受ける。通常、摂関家の嫡子でさえ、朝廷デビューから公卿昇進までに一年前後を要する（義満は七年、義持は一年あまりを要した）。それをわずか二ヶ月で果たした義嗣の昇進速度は、異常というほかない。

この速さで昇進を続ければ、義嗣は数ヶ月以内にでも中納言→大納言→大臣と昇進していったに違いない、と誰もが思うだろう。しかし、実はその可能性がないことが、近年、森幸夫氏が発見した当時の記録によって明らかになった。義嗣の元服は、実は応安四年（一三七一）の後円融天皇の元服を意識して、親王が元服する作法でおこなわれた。そして同じ日に、義嗣は後小松天皇の猶子《ゆうし》となり、「若君《わかぎみ》」という通称を「若宮《わかみや》」と改め、さらに後日の親王宣下が計画された。

猶子とは、養子と違って養育の実態がないものの、特定の人物と親子関係を結ぶことをいう。つまり元服を境に、義嗣は後小松天皇と義理の父子となったのである。皇族を意味する「宮」の呼称はその反映で、義嗣は今後、廷臣としてではなく、後小松天皇の子（親王）として人生を歩むと、天下に明示されたのであった。

義嗣の親王宣下計画は重大である。親王の身分はあらゆる臣下より尊い。つまりこの計画は、弟義嗣が兄義持を身分的に追い越す路線を、義満が確定させたことを意味する。

それでなくとも、義持には不安材料があった。二年前の応永十三年、義持がある件で父義満を怒らせ、恐怖のあまり義満の近臣（当時の義満の正室日野康子《やすこ》の弟）であった日野（裏松《うらまつ》）重光《しげみつ》の家に駆け込み、父への取りなしを頼んだことがあった。露骨な寵愛が惜しみなく注がれる義嗣とは対照的に、義持と義満の関係はいつも緊張していた。

義満の急死によりすべては闇の中へ

一体、この兄弟の関係は今後どうなるのだろう、と世人が訝ったのは当然で、「御このかみ（兄）をもおし（押）のけ（退）ぬべく、世にはとかく申あひし（「兄の将軍義持を押しのけて出世するに違いない」と世間はとかく噂した）」と『椿葉記』に記録されている。義持を押しのけて出世するとは、義満の後継者になるという意味だ（義嗣という名前が、いかにも義満の継嗣らしさを暗示している)。しかし、義持はすでに将軍だ。では、義嗣はどのようにして義満の後継者となるのか。

複数の可能性がありえたと思うが、いずれにせよ、それはすぐに、永遠に不明になった。義嗣が「若宮」となって十一日後の五月六日、義満が五十一歳で急死したからである。義満が自分の権力の最終形や、その中での義持・義嗣兄弟の位置づけについて、明記したり語ったりした形跡はない。

当時の記録を見ると、義満の側近の廷臣も、義満と比較的親しい廷臣も、義満の希望がどこにあるのかを推し量りながら行動している。ほとんど誰も、義満の構想を知らなかったと見るべきだろう。織豊期以前の中世最大の統一者であった「北山殿」義満は、生前も何者なのかよくわからず、その後の構想も胸に秘めたまま死んだのである。

ただ、その頃の義満が、自分の一家と天皇家を融合させる施策を重ねていたことは明らかだ。義嗣のデビューの二年前の応永十三年、後小松天皇の母の通陽門院《つうようもんいん》（三条厳子《げんし》）が没した。このとき、天皇が二度「諒闇《りょうあん》」（父母を喪《うしな》って喪《も》に服すること）を経験するのは不吉だ（過去にそれを経験した天皇が、不幸な末路をたどった先例がある）と義満が主張し、諒闇を回避するため誰かを後小松の「准母《じゅんぼ》」に立て、形式上の母とすることになった（ならば実母が死んでも母が死んだことにならない。考えてみればひどい話だ）。このとき准母となったのが、義満の正室日野康子である。翌年、彼女は女院《にょいん》（上皇に準ずる女性の最高位）という、天皇の母にふさわしい待遇を与えられて「北山院《きたやまいん》」と称した。

こうして〝天皇の母〟となった康子の夫義満

は、〝天皇の父〟に見える。現に、それにふさわしい法皇・上皇待遇を、義満はすでに北山殿に移住する前後から得ていた。

　実は前年（応永十二年）の段階で、義満は制度的に上皇となる手続き、すなわち太上《だいじょう》天皇尊号宣下《せんげ》を希望したが、若すぎる年齢（四十八歳）を理由に却下されるということがあった。康子が後小松の准母となるときも、再度義満は太上天皇尊号宣下を内心望んだが、何らかの理由で果たせなかった。康子の女院号は、義満の怒りを恐れた廷臣が穴埋めのつもりで、慌てて奉ったものである。

　これらの事実を発見した小川剛生氏が指摘するように、前例のない尊号宣下に、そもそも適齢などあるはずがない。朝廷は、義満を天皇経験者扱いする太上天皇尊号宣下だけは、頑として拒否したのである。

　もっとも、無力な朝廷の抵抗が義満の強権に屈するのは、時間の問題だっただろう。太上天皇（義満）と天皇准母（康子）の夫婦、そして親王である子（義嗣）。この三人の核家族に後小松天皇を押し込んで融合させ、太上天皇義満・天皇准母康子―後小松天皇―義嗣親王という家系を人為的に造りあげるのが、義満の構想であった。

　もとより後小松は、すでに応永八年に生涯唯一の男子である躬仁《みひと》（後の称光《しょうこう》天皇）を儲けていた。だから常識的には、後小松の次は躬仁が天皇に即位するだろう。しかし、数々の非常識を成し遂げてきた義満を甘く見ることに、私は躊躇を感じる。

　天命《てんめい》で禅譲《ぜんじょう》できる中国の皇帝制と異なり、天皇制は天皇家の血統を不可欠とする制度だ。だから天皇の血を引かない義嗣が皇位に就くはずがない。常識的にはそう考えるしかない。しかし、日本中世には時折、後醍醐天皇や義満のように、常識を歯牙にもかけず、やすやすと破壊してゆく権力者が現れる。とくに義満の場合、説明責任も何も果たさず、力（武力や人事権）を露骨に振りかざす形で権力を振るうという特色がある。「先例がない」「筋が通らない」という反論が、義満の権力の前に何の価値も持たないことは、多くの実例から明らかだ。その義満が、〝天皇の猶子〟という設定だけを拠り所として、たとえば〝躬仁が成長するまでの中継ぎ〟という名目で、義嗣親王の即位を押し切らないという確信が、どうしても持てない。

親王将軍誕生の可能性と挫折

憶測から事実に戻ろう。気になるのは、八歳の躬仁がいまだ親王宣下を受けていなかった事実だ（親王宣下は義満の死から三年後）。つまり義嗣は、後小松の〝子〟で唯一、親王宣下を受けており、待遇上は躬仁より先行していた。もっとも、南北朝期の天皇は即位当日か直前に親王宣下を受けたので、あらかじめ親王であるか否かは、即位とあまり関係がない。

では、義嗣の親王宣下は何のためなのだろう。そこで思い返されるのは、鎌倉幕府の親王将軍である。鎌倉幕府では将軍九代のうち、後半四代が親王将軍であった。しかもそれ以前の摂家将軍は、本来なら執権北条氏が親王将軍を望んだものを、後鳥羽《ごとば》上皇が拒否した結果の妥協にすぎない。また、初代の源頼朝からして、実は娘を天皇に嫁がせて親王を産ませ、幕府の将軍にその親王を立てようとしていたという、佐藤進一氏の有力な説がある。鎌倉幕府は常に、将軍が親王であることを望んできた。それは結局、天皇・朝廷との関係がこのうえなく明瞭に定められるからだと、私は推測している。源氏（足利氏）の武士自身が将軍となり、世襲する室町幕府のほうが、実は異常とさえいえるのである。

しかし、異常ではあるが、現に足利氏が摑んだ将軍職を手放すという選択肢はない。その現実と、親王将軍という理想型を両立させたいならば、〈足利氏が親王になる〉という選択肢は有力な解決案だろう。すでに前年、将軍義持は嫡子義量《よしかず》を儲けていたが、義満が圧力をかけて、義量にではなく義嗣に将軍職を譲らせる可能性は、決して低くない。

それでなくとも、現時点で「室町殿（将軍）」義持は、「北山殿」義満に支配される傀儡である。そして「北山殿」の地位が義嗣に継承されれば、室町殿義持やその子義量は、北山殿義嗣の下風に立つことになる。

しかも中世（というより前近代）では通常、序列・肩書において、嫡子である兄を、庶子である弟が追い越すことはない。しかし、現に義嗣は親王となり、兄義持を追い越す路線が確定していた。義持が兄である事実は動かないのだから、右から導かれる最も有力な結論の一つは、〈義持は嫡子でなくなる〉だろう。

いずれにせよ、現状のまま事態が推移した末に、義持にとって幸福な結末は待っていそうにない。義満が急死し、今後が将軍義持と諸大名の手に委ねられたとき、義持が既定路線の継続を望まなかったのは当然である。

そして諸大名も、義持に味方した。考えてみれば当然で、足利氏の朝廷進出は、すべて義満一人によっておこなわれた。そこに巻き込まれた足利一門や大名・地頭御家人は皆無で、彼らはみな、廷臣にはならなかったという意味で、幕府から一歩も出なかった。彼らには幕府以外に生きる場がないのであり、幕府の堅持こそ最大の利益であり、幕府の外で義満が熱中していた朝廷進出は、むしろ幕府にとって有害でさえあっただろう。

義満が死んだ二〜三日後、朝廷は生前の義満の希望を忖度《そんたく》して、故義満に太上天皇の尊号を追贈すると幕府に提案した。しかし、宿老で管領の斯波義将が主導する幕府は直ちに辞退し、将軍義持を義満の継承者として戴く体制で一致した。それは永徳元年（一三八一）の内大臣就任以降、義満が三十年弱を費やして積み上げてきた足利氏の朝廷進出、幕府と朝廷の癒着という既成事実を、すべて巻き戻す選択であった。

好きなように振る舞って先に逝った義満は、まだいい。気の毒なのは取り残された義嗣である。義満の権力の庇護なくして、朝廷に義嗣の居場所はない。そして、一度たりとも関わりを持たなかった幕府にもない。義嗣の居場所は、社会のどこにもなかった。

義満急死の一ヶ月後の六月七日、義持が北山第に入り、入れ替わりに義嗣が北山第を退去した。義持が北山第の主（義満の後継者）だと明示され、義持はしばらく「北山殿」と名乗った。しかし翌応永十六年、義持は三条坊門第《てい》に戻って元通り「室町殿」と名乗り、北山第はほとんど解体された。義満が目指した路線の物理的なインフラも捨てられたのである。

居場所を失った義嗣を、義持は比較的丁重に処遇した。義持は自分の御所と同じ三条坊門に義嗣の新邸を用意して住まわせ、物見遊山《ものみゆさん》や廷臣・幕臣宅への出行、寺社の参詣、参内など、しばしば二人で連れ立って行動した。義持自身は、人格的な意味での恨みを義嗣に対して抱いてはいなかった。また、義満が没した翌年の応永十六年には義嗣を権中納言に、二年後の応永十八年には権大納言の官職に昇らせ、義嗣は「押小路大納言《おしのこうじのだいなごん》」と呼ばれた。おおむね、義満の同母弟で「小川大納言《こかわのだいなごん》」と呼ばれた足利満詮《みつあきら》の処遇と同じであり、満詮と同様、幕府で（将軍の相談役という程度以上の）特段重要なポストに就くこともなく、無害な将軍連枝として生涯を終えるはずであった。

上杉禅秀と結び体制の転覆を謀る

しかし、応永二十三年十月の末、義嗣は近臣数人を伴って突如京都を脱出し、北西郊外の高雄《たかお》（栂尾《とがのお》とも。神護寺か高山寺か）に奔って、近臣ともども出家してしまう。報せを聞いた義持は驚いて帰京を促したが、義嗣は拒否した。

義嗣は出奔の理由を、「所領が足りず困窮していると義持に訴えたのに、聞く耳を持たれなかったので不満がある」と主張していたが、実は幕府は最初から反逆を疑っていた。

半月前、関東で上杉禅秀《ぜんしゅう》の乱が勃発し、関東管領上杉禅秀と鎌倉公方足利持氏《もちうじ》の全面戦争に入ったことが、京都に報じられていた。義持と諸大名が、駿河まで撤退した持氏を支援すると結論を下したのは十月二十九日、義嗣の出奔はその翌日である。禅秀と義嗣が密かに提携し、禅秀が関東で持氏を倒し、義嗣が京都で義持を倒す体制転覆を謀ったが、事態が決定的に禅秀の不利に傾いたのを見て、失敗を悟った義嗣が京都を脱出し、自暴自棄になった、というストーリーを誰もが思い描いた。

義持は侍所《さむらいどころ》を動員して義嗣を捕らえ、高雄と北山の間の仁和寺《にんなじ》に入れた後、相国寺林光院《しょうこくじりんこういん》に移して幽閉した。義持は同調者が義嗣の身柄奪還に動くことを警戒し、そのような動きがあれば、直ちに義嗣に腹を切らせるよう指示した。また、義嗣の近臣山科教高《やましなのりたか》・日野持光《もちみつ》らは加賀国へ流罪となり、流刑地への移送中に殺された。幕府ははっきりと反乱計画の存在を認定したが、義嗣近習の遁世者《とんせいしゃ》が反乱の加担者として管領細川満元《みつもと》・斯波義教《よしのり》・赤松義則《よしのり》ら有力大名の名を挙げたため、幕府は幕府自体の本格的な崩壊を避けるべく、追及をやめた。

しかし、義嗣だけは生き残れなかった。一年余りの幽閉の末、応永二十五年正月、義持は近習の富樫満成《とがしみつなり》の軍勢に命じて、相国寺林光院で義嗣を殺させた（自害ともいう）。

この件は、室町幕府の宿命的な欠陥を示して余りある。幕府は将軍と数人の有力大名が協議して運営する連合体であった。つまり、反乱者と名指しされた数人の大名こそ幕府の運営者であり、反乱者を追及すべき立場の者だ。彼らが事件のもみ消しに走ったのは当然である。

そもそも明徳の乱の山名氏、応永の乱の大内氏、嘉吉の乱の赤松氏のように、一つの大名が挙兵しただけなら反乱として成立するし、ほかの大名が討伐軍を組織できる。しかし、複数の大名が反乱を起こしたら、それを物理的に討伐可能な武力は誰にも編成できない。しかも、彼ら諸大名自身が幕府そのものなのだから、それはもはや幕府に対する〝反乱〟と呼ぶことさえできない。大名が複数結託すれば傷つかないし、無理に傷つけると幕府は立ちゆかなくなる。

しかし、義嗣は違う。幕府にとって不可欠の存在ではないし、そもそも幕府の一部でさえない。むしろ、義満が残した負の遺産であり、幕府のどこにも適切に位置づけられない余り物、いわば良性の腫瘍のようなものだ。しかしそれは、ともすれば反乱の求心点として祭り上げられ、いつでも悪性腫瘍に変わる可能性をともなう、潜在的な病巣であった。義嗣の処刑は、その危険性を確実に排除するために不可避と判断された。しかも義嗣は唯一、幕府自体を傷つけずに反乱未遂事件の責任を取らせて処刑できる人物であった。彼は現体制と反乱の板挟みになり、両者がともに生き残るためのスケープゴートになったのである。

義嗣が真に反乱の主謀者であったと考えると、中世の武士の行動様式に照らして合点がいかない。義持と戦う闘志があれば、かつての足利直義《ただよし》や後の持氏のように、自派を糾合して徹底抗戦し、抗戦が叶わなければ、かつての尊氏や後の義稙《よしたね》のようにどこまでも没落して再起を期しただろうし、刀折れ矢尽きれば自害しただろう。また、この段階で闘志が萎えたなら、投降しただろう。いずれにせよ、敵中を脱出しながら、戦いも逃げも降参もせず、さっさと出家だけ済ませ、京都のほど近くで、発見されるのを待つかのようにとどまるという行動は、中世的な反乱軍の首魁《しゅかい》らしくない。

義嗣の行動から伝わるのは、次のようなメッセージだ。反逆者として捕縛され殺されたくないので、京都を逃れて出家したが、かといって積極的にどうしたいという方策も意志もあるわけではない。ただ無罪だと主張し、無抵抗だとアピールしたい。いかなる反乱計画に巻き込まれたにせよ、そこに自分の積極性は微塵もないし、身の潔白以外、主張したいことは何もない、と。そしてその根底には、この窮地から逃げ出したい、すべて投げ出したい、という義嗣の心情が、はっきりと見える。だからといって、義嗣が真に潔白であったかは別問題だが、現体制と雌雄を決する計画と覚悟が彼の胸中になかったことは確かだろう。

義満に翻弄された生涯

顧みれば、北山殿義満の後継者としてのデビューといい、禅秀の乱にともなう落命といい、義嗣の人生の二つの要点はいずれも謎に満ち、ことの真相も、その歴史的意義も深い霧の中にある。ただ確かなのは、どちらの出来事でも、義嗣の主体性は皆無に近かったことだ。義嗣はただ栄華の頂点に引き上げられ、梯子を外され、反乱に巻き込まれ、殺された。彼の人生はまるで、意思を持たないマリオネットのようだ。しかし、それを彼自身の責に帰するのは苛酷にすぎる。他者にレールを敷かれ、その上を走るしかなかった義嗣の人生には、自助努力の余地がほとんどなかったのだから。

義満が彼を梶井門跡から取り返さなければ、彼は平凡な貴人として安穏に一生を終えられたはずだ。いや、むしろそのほうが、彼の人生は好転した可能性がある。

応永三十五年、すでに三年前に唯一の男子義量を喪っていた義持が没すると、周知の通り将軍職は、僧籍にあった四人の弟の中から籤《くじ》引きで選ばれた。その候補者の中に、梶井門跡の義《ぎ》承《しょう》がいた。義嗣が相続しなかったので、義承が梶井門跡を継いだのである。それはつまり、義嗣が梶井門跡にとどまれば、四分の一の確率で将軍になれる可能性があったということだ。

その当たり籤を引いた青蓮院《しょうれんいん》門跡の義円《ぎえん》、つまり足利義教は、義嗣と同い年であり、義嗣が元服して俗世の栄達を約束されたまさにその日、彼と入れ替わるように出家し、俗世で栄達する可能性を奪われた。二人の命運はあたかも明暗を分けたかに見えたが、それがむしろ義嗣の生命を奪い、義教に将軍職をもたらしたのは、皮肉というほかない。

義満は力と謀略と運に任せて権力の階段を急ぎすぎ、先例や常識を軽視した。社会常識と折り合いをつける努力も、新しい構想を語り、定義し、記録する努力も怠った。その結果、中世的権力の一つの終着点となったかもしれない義満の実験的な構想は、社会に共有されず、理解されず、根づかなかった。しかも義満は生前、義嗣に栄華だけを与え、権力を与えなかった。権力も構想も、すべて我が手中、我が胸中にとどめ、一族の誰とも、少しも分かち合わなかった。今後のシナリオも演出も、万一のときに誰が続行するのかも、スタッフの誰も知らないし、予測もできない実験的演劇のワンマン監督に、義満は似ている。義嗣はその実験的演劇のワンマン監督の犠牲者といってよい。

義満がなぜそう振る舞ったかは追究の余地があるが、そこには〝一族を信用できない〟という足利氏・室町幕府の根本的な問題が通底しているような気がしてならない。初代尊氏は、弟の直義と幕府を二分する内紛を繰り広げ、最後は直義の命を失わねばならなかった。また、その成立から滅亡まで、一度として幕府と対立しない世代がなかった関東の独立行政府＝鎌倉府の主である歴代鎌倉公方は、二代義詮の弟基氏《もとうじ》とその子孫だ。また、八代義政は弟の義視《よしみ》にいったん将軍職を約束しながら反故にして実子義尚《よしひさ》に与えようとしたため、応仁の乱を招いた。室町幕府とは、よくよく将軍の弟のうまい処遇を確立できなかった幕府だ（僧籍にあった者を除けば、平穏無事な人生を貫いたのは義満の弟満詮くらいである）。

将軍の弟を持て余し、合従連衡する有力大名に将軍が振り回され続ける室町幕府の体質の根源は、実はすべて尊氏・直義兄弟の（どちらかといえば弟直義が主導した）室町幕府の創立過程に遡る。室町幕府はその体質を根治せず、ごまかし続けて滅亡を迎える。義嗣はそのような組織で将軍の弟として生まれてしまった、あまりに不幸な犠牲者であった。

（桃崎有一郎）

【主要参考文献】

石原比伊呂「足利義嗣の元服」（『東京大学史料編纂所研究紀要』二二号、二〇一二年）
石原比伊呂「北山殿行幸再考」（『年報中世史研究』三七号、二〇一二年）
今谷　明『室町の王権―足利義満の皇位簒奪計画―』（中央公論新社、一九九〇年）
小川剛生『二条良基研究』（笠間書院、二〇〇五年）
小川剛生「足利義満の太上天皇尊号宣下」（『藝文研究』一〇一号、二〇一一年）
小川剛生『足利義満』（中央公論新社、二〇一二年）
田中義成『足利時代史』（講談社、一九七九年、初出一九二三年）
佐藤進一『日本の中世国家』（岩波書店、二〇〇一年、初出一九八三年）
桃崎有一郎「足利義満の公家社会支配と「公方様」の誕生」（『ZEAMI』四号、二〇〇七年）
桃崎有一郎「足利義持の室町殿第二次確立過程に関する試論―室町殿の同時代的・歴史的認識再考―」（『歴史学研究』八五二号、二〇〇九年）
桃崎有一郎「足利義満の首府「北山殿」の理念的位置」（桃崎有一郎・山田邦和編『室町政権の首府構想と京都―室町・北山・東山―』文理閣、二〇一六年）
桃崎有一郎『室町の覇者　足利義満―朝廷と幕府はいかに統一されたか』（筑摩書房、二〇二〇年）
森　幸夫「足利義嗣の元服に関する一史料」（『古文書研究』七七号、二〇一四年）

第五代　足利義量

――「大酒飲み将軍」の真実

生年　応永十四年（一四〇七）七月二十四日
没年　応永三十二年二月二十七日
院号　長得院

父　足利義持
母　裏松栄子

官位の変遷
応永二十四年（一四一七）十二月一日に正五位下・右近衛中将／同三十年三月十八日に征夷大将軍／同三十一年正月十二日に従四位下／同十月十三日に参議／同三十二年正月十二日に正四位下／康正三年（一四五七）二月二十七日に贈従一位左大臣

大酒飲み将軍？

室町将軍家の菩提寺である京都の等持院《とうじいん》には、足利歴代将軍の木像がいまも安置されている。それぞれの木像がどれほど当人に似ているのかという問題は残るものの、これにより私たちは、とりあえず彼らの風貌を知ることができるし、そこからうかがえる彼らの内面に自由に思いをめぐらすこともできる。ところが、まことに残念なことに、その歴代木像のなかに、本章の主人公・五代将軍義量《よしかず》の姿はない（ほかは十四代義栄《よしひで》を除いて、全将軍がそろっている）。

義量は、応永三十年（一四二三）、父である四代義持《よしもち》のあとを継ぎ、十七歳にして将軍となる。しかし、それからわずか二年、十九歳にして世を去る。この間、実質の政務は引き続き父義持が見ていたので、将軍在職中に彼の個性をうかがわせるような政策はまったく見られない。また、ほかの個性的な将軍たちとは異なり、義量にはそのキャラクターを想像させるようなエピソードもほとんど伝わっていない。木像もない、逸話もない。ついでにいえば、花押《かおう》（サイン）も残されていない。早世したこともあって、歴代将軍のなかで義量は珍しいほど、その素顔がわからない人物なのである（わずかに栃木県足利市の鑁阿寺《ばんなじ》にのみ、江戸時代に作られた義量の木像が残されている）。

そうしたなかで、ほぼ唯一残された彼の逸話として知られているのが、つぎの『花営三代記《かえいさんだいき》』に載った奇妙なエピソードである。

応永二十八年（一四二一）六月、四代将軍義持は同朋衆《どうぼうしゅう》の毎阿弥《まいあみ》を通じて、「大御酒甚だもって然るべからず」として、息子義量の大酒飲みを戒めている。しかも、義持は周到にも義量の近臣たちに対して、今後、義量の部屋での飲酒を禁じるとともに、許可なく酒を持ち込むことまでも一切禁止しているのだ。しかし、それでもまだ不安だったのか、加えて義持は近臣たちに、この命令を守る旨の起請文《きしょうもん》（神仏への宣誓書）を書くことまで命じており、実際、翌日には畠山持清《もちきよ》以下三十六名の近臣たちの起請文が義持のもとに提出されている。

当時、義量はまだ十五歳（現在の満年齢では、なんと十三歳！）。これが事実とすれば、義量は若年にして父親から飲酒を厳禁されるほどの大酒飲みだった、ということになる。しかも、義持は異例にも、近臣たちから義量に酒を飲ませないという起請文まで取り集めているのだから、これが本当なら、彼はよほど手のつけられないアルコール依存症だった、ということになるだろう。

足利義量木像（部分）　栃木県足利市・鑁阿寺蔵

なかには、この義量のアルコール依存は、政務を父に牛《ぎゅう》耳《じ》られ、鬱屈した感情がそうさせたものと、かなり踏み込んだ解釈をしている研究者もいる。しかし、実は義量が大酒飲みだったという史料は、この『花営三代記』以外にはまったく見当たらないのだ。はたして、彼は本当に大酒飲み将軍だったのだろうか？

一、父義持の禁酒令

生涯続いた部屋住みの身

義量は、応永十四年（一四〇七）七月二十四日、四代将軍義持の嫡子として生まれる（『教言卿記《のりときききょうき》』）。母は正室の裏松栄子《うらまつえいし》。生まれたときから将軍家の跡取りの座を約束された彼の履歴は華やかで、同二十四年十二月一日には十一歳で元服、正五位下・右近衛中将《うこのえちゅうじょう》に叙任《じょにん》。同三十年三月十八日には、わずか十七歳で室町幕府の五代将軍に就任している。義持は義量が将軍に就任するや、元からの義量の近臣たちに加えて、奉公衆《ほうこうしゅう》（将軍近習）のなかから新たな人物を選抜し、近臣層を拡充している。これ以前から、義量は「御方《おかた》御所様」と呼ばれていたために、このときに形成された近臣層は、「御方衆」と呼ばれることになる。

しかし、このとき四代義持はまだ三十八歳で、隠居するには早い年齢であった。これは、先代義満《よしみつ》が三十七歳で将軍職を嫡子義持に譲った例にならったものとされ、義持も義満同様、将軍職を降りた後も政治の実権は握り続けた。事実、将軍職継承後も義量は、父義持の三条坊門《さんじょうぼうもん》御所内の東《ひがし》小御所《こごしょ》に住み続けており、新たに別御所を造立することはなかった。「御方」とは、貴人の子女の住む部屋の意だが、義量は「御方御所様」の名のとおり、生涯、義持の邸内で部屋住みの身だったのである。なお、将軍継承後も義量の官位は順調に昇進を続け、同三十一年正月には従四位下、十月には参議《さんぎ》。翌年正月には正四位下に叙されている。

禁酒に対する義持の固執

さきの義持の禁酒令は、この義量への将軍職移譲の二年前の出来事である。しかし、実は義持の禁酒令は、このときが初めてというわけではなかった。さらに遡ること二年前の応永二十六年（一四一九）十月九日、義持は相国寺《しょうこくじ》・建仁寺《けんにんじ》など五山《ござん》の禅僧たちに、寺内に酒を持ち込むことを禁じる命令を出している（室町幕府追加法一五四条）。

建仁寺山門　京都市東山区

「葷酒《くんしゅ》山門に入るを許さず」（臭気の強い菜や酒は寺内持ち込み禁止）というのは、義持が命じるまでもなく禅寺の古くからの戒律なので、それ自体は異とするには当たらない。また、この時代、そうは言いながらも、現実には禅寺内での飲酒は一般的に許容されていた。だから、この義持の命令も、それだけを見れば、一般的な倫理規範や努力目標を掲げただけのもので、とくに強制力をもつものとは考えられなかったようだ。

ところが、同二十日、義持は、この禁酒令が何ら守られていないことに怒り、ここでも相国寺の僧侶たちに断酒を誓約する起請文を書かせている（『看聞日記《かんもんにっき》』）。さらに翌年五月には、南禅寺の高僧、玉畹梵芳《ぎょくえんぼんぽう》が突如寺内から追放させられている。理由は、玉畹が禁を破り、「飲酒」したことにあった(『同』)。どうやら、義持の禁酒令は単なる倫理規範や努力目標では終わらず、違反者への罰則まで想定された極めて厳格なものだったようだ。

さらに、五山寺院を対象とした第一次禁酒令の五か月後、応永二十七年二月に、義持は京都郊外の嵯峨に巨大な禅寺、宝幢寺《ほうどうじ》を復興する。その落慶供養は公武の貴顕を招いた壮大なもので、「見物せざる人、世にはあらじ」とまでいわれる規模であったが、この落慶供養の場で、義持は第二次禁酒令を発する。義持は落慶供養の期間中、嵯峨一帯に「酒禁制」を命じたのである(『同』)。ここに義持の禁酒令は、五山寺院に限らず、その場に立ち寄る一般人にまで、その適用を拡大したことになる。

そして、その三か月後の五月には、ついに義持は五山寺院のみならず禅宗寺院全般に禁酒を命じる。第三次禁酒令である。実際、このときを境に京都郊外の伏見の小庵でも酒の持ち込みが停止されていることが確認できる(『同』)。義持が義量とその近臣たちに禁酒を命じるのは、これより十三ヶ月後のことである。

ここまで述べれば、おわかりだろう。義量に対する禁酒命令は、義量個人の酒好きが嵩じたためというよりも、その父義持の、異常なまでの禁酒に対する固執が生み出したものだったのである(ただし、史料中には義量の「大御酒」とあるので、義量自身、少々度を越した飲み方をする傾向があったことは否めないだろう)。禁酒を命じるさいに起請文を取り立てる手続きなども、相国寺に対する第一次禁酒令の対応と同じである。義量とその近臣に対する禁酒命令は、義持の一連の禁酒令の一環をなすもので、第四次禁酒令とでも称すべきものだったのである。

以上のように、足利義持は応永二十六年から二十八年にかけて、断続的に厳格な禁酒令を発しており、しかもその対象は、五山寺院（第一次令）／一般禅宗寺院（第三次令）／義量とその近臣（第四次令）と、適用範囲を拡げている。では、いったい、なぜこのような施策がとられたのだろうか？

二、応永末年の社会史

怒濤のごとく襲いかかる変事

延々三十五年の長きにわたった「応永」年間は、とくに目立った大きな争乱もなく、室町期を通じても稀有な安定期であった。平均すると、中世日本では三～四年に一回、災異や代替わりを理由に改《かい》元《げん》を行っている。義量は中世人としては珍しいことに、その人生にいちどの改元も経験せず、「応永」の年号しか知らずにその生涯を終えたのだった。しかし、その応永年間も最後の八～九年になると、それまでの平穏を打ち破るかのように、怒濤のごとく変事が襲いかかる。

まず、応永二十六年六月には、朝鮮軍が倭寇《わこう》討伐を目的に対馬に襲来する（応永の朝鮮襲来）。これは、規模としては辺境地域の一紛争にすぎなかったが、当時の京都には尾ひれがついて伝わり、都は一時、かのモンゴル襲来を思わせるかのような恐慌状態に陥る。

さらに、その翌二十七～二十八年は、寛正の大飢饉とならぶ室町時代の二大飢饉のひとつ、応永の大飢饉が起こる。飢饉の原因はそれ以前からの天候不順にあったが、とくに応永二十七年は、四～五月（新暦）にほとんど雨が降らない一方で、秋になると一転して豪雨が続く最悪の異常気象の年であった。このため、琵琶湖の湖水は干上がり、七月（新暦）には誰もが「天下飢饉」と認めざるをえない状況になっていた。明くる二十八年には、田畑を捨てて飢民となった人々が都に押し寄せ、京都は餓死者で充満。それが原因となって、続けざまに疫病までもが猛威を振るった。

「徳政」としての禁酒

こうして、突然、降ってわいた外圧と天災に義持は恐怖した。元来、彼は神仏への依存傾向が強い人物だったが、この頃からさらにその度合いを増してゆく。そもそも古代～中世の為政者は、代替わりや天災が起きたときは、つねに民衆にその「徳」を示す施策、すなわち「徳政《とくせい》」を行わねばならないと考えられていた。

徳政は、時には債務破棄（「徳政令」）というかたちで表される場合もあったし、時には雑訴興行《ざっそこうぎょう》（裁判の励行）、時には所領返付というかたちで表されることもあった。しかし、なかでも重視されたのが、仏神事の興行（仏教・神道を盛り立てること）である。もともと信仰心の篤かった義持は仏神を崇め、「徳政」を実現することで、未曾有の国難に対処しようとしたらしい。

とくに彼の場合は、数ある仏教宗派のなかでも禅宗への共感が強く、禅宗を「わが宗」とまで呼んで憚らない人物だった。そんな彼が、五山寺院を対象に第一次禁酒令を出したのは、応永二十六年十月。最後の義量とその近臣への第四次禁酒令を出したのが、応永二十八年六月の出来事だった。その発令時期は、応永の朝鮮襲来から大飢饉の終息までの混乱期にちょうど重なる。どうも彼の一連の禁酒令は、こうした外圧や飢饉に対処するための「徳政」の一環として打ち出されたものだったようだ。

もとより、平安時代以来の「徳政」政策のなかで、過差《かさ》禁令（質素倹約と風紀取り締まり令）の一環として、禁酒令が出されることはままあった。しかし、義持の禁酒令にみる過度な厳格さや、禅宗関係者をターゲットにしたその施策は、むしろ彼個人の偏頗な信仰心に起因する側面が大きかったといえるだろう。禅宗への信仰の篤かった彼は、おそらく禅宗的な禁欲主義の実践を周囲に強制することで、宗教的な理想を実現し、この難局を打開しようと努めたのだろう（ただし、義持個人はまったく快楽主義的人物で、一方で禁酒令を出しながら、自身は酒浸りの生活を送っていたのだが……）。

その後、義持は応永三十年三月になって、まだ十七歳の義量に将軍職を譲る。これまでの流れのなかで考えると、この将軍職移譲も、ただ父義満の例にならっただけとは考えがたい。そこには、代替わりを行うことで庶政一新を図ろうという「徳政」的な発想もあったにちがいない。現に、彼は将軍職引退の一ヵ月後、周囲が止めるのも聞かず出家を強行し、より仏道への帰依を深めることになる。安定期から一転して混迷の淵に落ち込んだ応永末年の室町社会は、こうして擬似的な代替わりに国難突破の期待をかけることになったのである。

不幸な終焉

しかし、義持や周囲の期待に応えるには、義量の身体はあまりに虚弱であった。史料からその病歴だけをたどってみても、応永三十一年正月には疱瘡《ほうそう》を病み、それでも無理して管領邸に出かけたために、数日後には再び床に就いてしまう。二月初旬には、それもどうにか快癒（『兼宣公記《かねのぶこうき》』）。しかし、五月初旬に再び発病し、御所内で病気平癒の祈祷が行われている（『満済准后日記《まんさいじゅごうにっき》』）。同中旬には大館亭に赴いていることから、これも二週間ほどで平癒したようだ。しかし、翌月上旬には「痢病《りびょう》」を発し、義持もあまりの頻度に怨霊《おんりょう》によるものではないかと疑い、護持僧《ごじそう》に邪気退散の祈祷を命じている（『満済准后日記』）。そして翌年二月七日にまた発病し、このときはあまりに重篤であったため、平癒の祈祷のため近習三十五人が連なり、京都の七仏廻りを敢行している。

また、父義持は内々に近臣赤松持貞《もちさだ》に命じて、東寺に八万四千の塔婆《とうば》を寄進して、義量の無事を祈っている。このとき寄進された多数の塔婆は、いずれも義量の肘から中指までの高さを模して造られていたという（『花営三代記』）。しかし、周囲のさまざまな祈祷の効果もなく、ついに同二十七日に義量は死去する。

死因は「内損」（内臓機能障害）とされたが、直後から叔父義嗣の怨霊が原因ではないかとの噂が絶えなかった（『薩戒記《さっかいき》』）。七年前、先代義満に寵愛されていた義嗣《よしつぐ》は、その政治的求心力が危険視され、父義持によって殺害されていたのだ。また、義持は前年に石清水八幡宮を弾圧し、神人《じにん》数十人を殺害していた。そのため、こんどの義量の死は、その神罰ではないかという声も聞かれた。

義持には男子は義量しかいなかったため、彼と正室栄子の悲嘆はことさら大きかった。義量の住んだ三条坊門御所内の東小御所は、その後、義量生前の生活を哀惜するかのように、生母栄子が入居することになり、義量近臣の「御方衆」の多くも、栄子の御座所付きの近習として再配置された。その後、室町幕府は四年間にわたり将軍職を空位とし、政治は僧体のまま義持が見ることとなる。こうして皮肉なことに、将軍職が義量に移譲された後も彼の死によって社会不安は改善されることはなかった。数多の課題の解決は、けっきょく次の将軍義教《よしのり》の時代に持ち越されることになったのである。

ちなみに、この後、新将軍となった義教は人心一新を企図し、前時代を否定する政策をとるようになる。彼は裏松栄子が永享三年（一四三一）八月に死去すると、それを待っていたかのように、かつて義量を支えた「御方衆」のメンバーに、次々と弾圧を加えはじめる。義持にあの禁酒の起請文を提出した畠山持清は、すでに義量の死の直後に出家していたが、その子息は裏松義資《よしすけ》（義量の従兄弟）とともに義教によって謀殺され、さらに所領没収の憂き目に合う。そのほか、かつて義量近習として、葬儀ではその棺に従った伊勢氏・畠山庶流・大館氏・中条氏の一族もそれぞれ、その後、理由にならない理由で次々と粛清される運命をたどることになる。

（清水克行）

【主要参考文献】

青山英夫「足利義量〈御方衆〉考」（『上智史学』三三号、一九八八年）
家永遵嗣「足利義教初政期における将軍近習の動向」（『室町幕府将軍権力の研究』東京大学文学部、一九九五年）
伊藤喜良『足利義持』（吉川弘文館、二〇〇八年）
清水克行「足利義持の禁酒令について」（同『室町社会の騒擾と秩序』吉川弘文館、二〇〇四年、初出一九九九年）

清水克行『大飢饉、室町社会を襲う!』(吉川弘文館、二〇〇八年)
清水克行「足利義持の二つの徳政」(藤木久志編『京郊圏の中世社会』高志書院、二〇一一年)
吉田賢司『足利義持』(ミネルヴァ書房、二〇一七年)

第六代 足利義教

――幕府絶頂期の将軍の旅

生年　応永元年（一三九四）六月十四日
没年　嘉吉元年（一四四一）六月二十四日
院号　普広院

父　足利義満
母　藤原慶子

官位の変遷
正長元年（一四二八）三月十二日に従五位下・左馬頭／同四月十四日に従四位下／永享元年（一四二九）三月十五日に参議・左近衛中将・征夷大将軍／同二十九日に従三位・権大納言／同八月四日に右近衛大将／同十二月十三日に従二位／同二年正月六日に右馬寮御監兼任／同十月十七日に従一位／同四年七月二十五日に内大臣／同八月二十八日に左大臣／同十二月九日に淳和奨学両院別当兼任／嘉吉元年（一四四一）六月二十九日に死去にともない贈太政大臣

将軍の旅

六代将軍義教《よしのり》は、室町幕府の将軍の中では数々の挿話に彩られた人物であろう。くじ引きで選ばれた将軍、湯起請《ゆぎしょう》を多用した神秘政治、大名家への介入、激情、冷酷、その挙句には赤松《あかまつ》一族による暗殺。厄介な人物というイメージが強いが、一方では訴訟処理への熱意や対明通交《たいみんつうこう》の復活など、政治への積極さが評価されている面もある。そうした強権性や二面性については、さまざまな論著で言及されており、筆者も別稿で検討したことがあるので、ここでは義教の行動のなかでも、あまり検討されていない「旅する義教」について考えてみることとしたい。

室町幕府の将軍というと、戦乱の中で京都を離れることを余儀なくされ、諸方を右往左往した印象が強いかもしれない。関東に生まれ、幾多の戦乱をくぐり抜けて京都に幕府を築いた初代尊氏《たかうじ》はいうまでもなく、二代義詮《よしあきら》も少年期を過ごした鎌倉から京都に移ったのちも、離反者たちに追われ、近江や播磨に逃亡することを経験した。応仁の乱を経ると、近江への出陣中に没した九代義尚《よしひさ》や、流れ公方と呼ばれる十代義稙《よしたね》（義材《よしき》）をはじめ、どの将軍も京都から離れた地で長い時間を過ごすことを強いられた。

一方、三代義満《よしみつ》は、幼少期こそ南朝に京都を占領されて播磨まで下向したり、南朝攻撃のために出陣したりしたこともあったが、政治状況が安定したのちは軍事的な事情によって京都から出ることはなかった。四代義持《よしもち》から八代義政《よしまさ》までの将軍はそのようなことを経験することはなかった。

しかし、義満から義政に至る将軍たちは、さまざまな名目で旅に出かけている。表1は、夭折し

第六代　足利義教

義満	
至徳2年8月	春日社
至徳3年10月	天橋立
嘉慶2年9月	駿府（富士見物）
康応元年3月	厳島社
康応元年9月~10月	高野山
明徳2年7月	兵庫
明徳2年9月	南都
明徳4年5月	丹後九世戸・若狭高浜
明徳4年9月	伊勢神宮
応永2年2月	伊勢神宮
応永2年4月	春日社
応永2年5月	天橋立
応永2年9月	丹後九世戸・若狭高浜
応永4年10月	春日社
応永6年3月	伊勢神宮
応永7年10月	伊勢神宮
応永8年9月	兵庫（朝鮮船着岸）
応永9年3月	伊勢神宮
応永9年8月	兵庫（遣明船帰航）
応永9年10月	伊勢神宮
応永10年8月	西大寺
応永10年10月	伊勢神宮
応永10年11月	粉河寺
応永11年4月	高野山
応永11年4月~5月	兵庫（遣明船帰航）
応永11年7月	兵庫（遣明船出航）
応永12年4月	丹後九世戸
応永12年4月	兵庫（遣明船帰航）
応永12年6月	尼崎
応永12年8月	兵庫（遣明船出航）、西大寺
応永12年10月	伊勢神宮
応永13年5月	兵庫
応永13年5月~6月	兵庫（遣明船帰航）
応永13年6月	尼崎（遣明船出航）
応永13年8月	兵庫
応永13年10月	伊勢神宮
応永14年4月	伊勢神宮
応永14年5月	丹後九世戸
応永14年7月	兵庫（遣明船帰航）
応永14年8月	西大寺
応永14年9月	兵庫
応永15年2月	兵庫（遣明船出航）
応永15年4月	伊勢神宮 長谷寺

義持	
応永16年6月	伊勢神宮
応永17年3月	伊勢神宮
応永17年4月	高野山
応永19年9月	伊勢神宮
応永21年8月	丹後九世戸智恩寺
応永21年9月	伊勢神宮
応永23年9月	春日社・東大寺
応永24年8月	春日社
応永24年9月	伊勢神宮
応永25年9月	伊勢神宮
応永26年9月	伊勢神宮
応永28年2月	伊勢神宮
応永28年3月	伊勢神宮
応永28年9月	伊勢神宮
応永29年9月	伊勢神宮（後小松上皇の代参）
応永30年3月	伊勢神宮
応永30年11月	伊勢神宮
応永31年3月	伊勢神宮
応永31年12月	伊勢神宮
応永33年3月	伊勢神宮
応永33年9月	伊勢神宮
応永34年9月	伊勢神宮

義教	
永享元年9月	春日社
永享3年2月	伊勢神宮
永享3年4月	高野山
永享4年3月	伊勢神宮
永享4年8月	兵庫（遣明船出航）、播磨坂本
永享4年9月	駿府（富士見物）
永享5年3月	伊勢神宮
永享6年5月	兵庫（遣明船帰航）
永享7年9月	伊勢神宮
永享13年3月	伊勢神宮

義政	
享徳元年3月	春日社
寛正6年9月	春日社・興福寺
文正元年3月	伊勢神宮

表1　室町公方の旅行

た義量《よしかず》と義勝《よしかつ》を除いた四人の将軍が出かけた旅を一覧にしたものである（石清水《いわしみず》〈京都府八幡市〉や園城寺《おんじょうじ》〈大津市〉など、京都周辺への参詣は多数に上るので省略した）。これをみると、四人に共通する旅行先が認められる一方で、旅という観点から見た四人それぞれの個性が見えてくる。

四人に共通する旅行先は、伊勢神宮《いせじんぐう》（三重県伊勢市）と春日社《かすがしゃ》（奈良市）である。表1には掲げていないが、石清水参詣とあわせると、天皇家、藤原氏、源氏の祖霊神への参詣は欠かさなかったということであろう。高野山《こうやさん》参詣も、義政を除く三人が行っている。高野山安養院《あんよういん》（和歌山県高野町）には、義詮によって父尊氏遺骨の一部と真影《しんえい》（肖像画）と位牌、母赤橋登子《あかはしとうし》の遺骨が納められて以来、代々の将軍の父母の遺骨が分骨されているから、高野山参詣が尊氏夫妻への供養を目的としていたことはまちがいないだろう。とくに、義持、義教は執政開始直後に訪れているから（義持の執政開始は義満没後の応永十五年〈一四〇八〉）、襲職にあたっての父祖への挨拶という意味が込められていたのであろう。

それぞれの将軍の個性は、次のようになろう。義満については、東西への多数の旅が最大の特徴である。嘉慶二年（一三八八）の富士見物が鎌倉府《かまくらふ》への、康応元年（一三八九）の厳島《いつくしま》（広島県廿日市市）参詣が大内《おおうち》氏への牽制という政治的目的をもっていたことはよく知られた話である。また、たび重なる兵庫への下向が目を引く。これは、明や朝鮮からの来日船や、遣明船の出航・帰航を見物するための旅であるが、厳島参詣も含め、瀬戸内海航路への高い関心を見て取ることができよう。

丹後の九世戸《くせど》（天橋立《あまのはしだて》〈京都府宮津市〉）への旅も繰り返されている。最初の訪問は至徳三年（一三八六）

である。当時は山陰諸国に分国をもつ山名氏の勢力が最大に達した時期であったから、当初の目的は山名氏への牽制だったと考えていいだろう。政治的意図で訪れた地の景勝が気に入り、その後、訪問が繰り返されたということであろう。そうした遊覧的なものも含め、義満の旅への旺盛な好奇心を見て取ることができよう。

続く義持の旅行先で注目されるのは、伊勢参詣の多さである。ほかの将軍たちも伊勢参詣は繰り返しているが、義持の場合は群を抜いて回数が多い。ことに応永二十年代末からは、正室裏松栄子《うらまつえいし》の参詣も含めると、年二度のペースである。義持は石清水や北野社《きたのしゃ》への頻繁な参籠でも知られているが、しばしば指摘されるように、後継者となる男子が義量一人で、それも病弱ということが、義持・栄子夫妻に神仏への傾倒を促したのであろう。

義政については、義満と逆で、ほとんど京都から出ないことが特徴といえよう。石清水にこそ年に一度参詣しているが、ほかは春日に三度、伊勢に一度参詣しているだけで、旅への意欲を示していない。東山殿《ひがしやまどの》の造営に熱中した義政の嗜好性の一端が示されているように感じられる。

以上の三人に比べると、義教の旅に対する姿勢は、これといった特徴を欠いているかもしれない。だいたいは将軍として恒例となっている旅行先を訪れただけのように見える。それだけに、永享四年（一四三二）の富士見物旅行は異彩を放っている。この旅は、当時関係の悪化していた鎌倉公方持氏《もちうじ》に対する示威行動であると評価されている。私は、それに加えて代始めにあたっての武威の顕示という意味もあったと考えているが、ともあれ、この富士見物旅行が軍事デモンストレーションであったことはまちがいなかろう。しかし、この旅行がどのような規模、企画で行われたかはあまり検討されていない。

また、この富士見物の直前に、義教は播磨に下向し、のちに嘉吉の乱で義教の命を奪うことになる赤松満祐《みつすけ》の接待を受けている。富士見物の直前に播磨に下向したことの意味は何なのか、富士見物とは無関係なのだろうか。以下では、義教の一生の中でも、大きなイベントであったに違いない、永享四年の二つの旅を可能な限り具体的に再現するとともに、その意味を考えてみたい。

一、富士見物の参加者

数多くの参加者たち

義教の富士見物旅行は永享四（一四三二）年九月に行われた。まず、この旅行団がどのくらいの規模だったのか、誰が参加したかを見ておこう。

『富士御覧日記《ふじごらんにっき》』は、この旅行団の規模を、「駿河の府中に義教の輿を停めたころ、後はまだ藤枝にいた。行列は五里ほども続いていた」としている。言葉どおりに解釈すれば、二十キロにも及ぶ長大な行列だったことになる。誇張も含まれるかもしれないが、藤枝（静岡県藤枝市）と府中（静岡市）の間の高草山《たかくさやま》（標高六〇〇メートル）に登れば、藤枝と府中の両方を眺めることができる。当時としては驚目のイベントだろうから、この頂から行列の先頭と最後尾を同時に見ようとした者はおそらくいただろう。

『富士御覧日記』は、義教一行を迎えた今川《いまがわ》家で開催された歌会の記録で、今川家で作成されたものと考えられる。『群書類従《ぐんしょるいじゅう》』紀行部に、連歌師宗長《そうちょう》の書写奥書をもつ写本が収録されているが、その奥書には、「諸大名、御供衆、其外の外様衆、奉公、奉行衆」が参加していたとある。義教一行の京都出発を記した『看聞日記《かんもんにっき》』九月十日条にも「武家諸大名は大略参る」とある。義満の時代の明徳三年（一三九二）に営まれた相国寺《しょうこくじ》供養の際の行列を詳細に記した史料を参考にすれば、富士見物の旅行団は、近習の奉公衆《ほうこうしゅう》や奉行人《ぶぎょうにん》たちを従えた義教の一団を全体の主役としながら、随行する各大名もまた、それぞれの家臣たちを従えた一団を成していたと考えられる。いわば、行列は多数の大名行列の複合体のようなものだったのであり、断続的に行進していたのであろう。そうだとすれば『富士御覧日記』の記述も、実態からかけはなれているわけではないのかもしれない。

足利義教画像　京都市・法観寺蔵　写真提供：京都国立博物館

では、具体的に誰がこの富士見物旅行に加わっていたのだろうか。

史料の上に明記された参加者は意外と少ない。『看聞日記』には、公家としては飛鳥井《あすかい》雅世《まさよ》、高倉《たかくら》永《なが》藤《ふじ》・永豊《ながとよ》父子、正親町三条実雅《おおぎまちさんじょうさねまさ》、それに歌人の常光院尭孝《じょうこういんぎょうこう》が参加したことが記されるが、武士については「武家諸大名大略」とされ、具体的な名前は記されない。ほかの史料でも『富士御覧日記』に、義教とともに和歌を詠んだメンバーとして山名時熙《やまなときひろ》、一色持信《いっしきもちのぶ》、細川持春《ほそかわもちはる》、細川持賢《もちかた》、山名熙貴《ひろたか》の名前が見え、『満済准后日記《まんさいじゅごうにっき》』に、土岐持頼《ときもちより》（伊勢守護）が義教に随行して旅に出ることの挨拶に、満済のもとを訪れたことが記されている程度である。それでも、一色持信や山名熙貴のような義教側近の奉公衆だけでなく、山名時熙や土岐持頼のような守護クラスの武士も旅行に加わっていたことはうかがえる。

また、『看聞日記』には、侍所《さむらいどころ》の赤松満祐が留守を勤めたとしているから、平時、在京している守護や奉公衆たちの多くは、義教の旅行に参加していたと考えられよう。『富士御覧日記』の宗長奥書は、当時の様子を正しく伝えたものとみていいだろう。

旅程を復元する

次に、旅程を見てみよう。義教の富士見物旅行を記録した史料としては、前述の『富士御覧日記』のほかに、飛鳥井雅世の『富士紀行《ふじきこう》』と尭孝の『覧富士記《らんふじき》』がある。二人とも歌人として義教に随行しているので、記述も道中に詠じた歌の記録が中心となっている。必ずしも旅の全体像がわかるものではないが、実際に旅に加わった者が記したものとして貴重な史料といえる。また、旅の同行者ではないが、九条満家《くじょうみついえ》の日記「満家公引付《みついえこうひきつけ》」に義教一行の簡単な旅程が記されており、日々の昼食場所

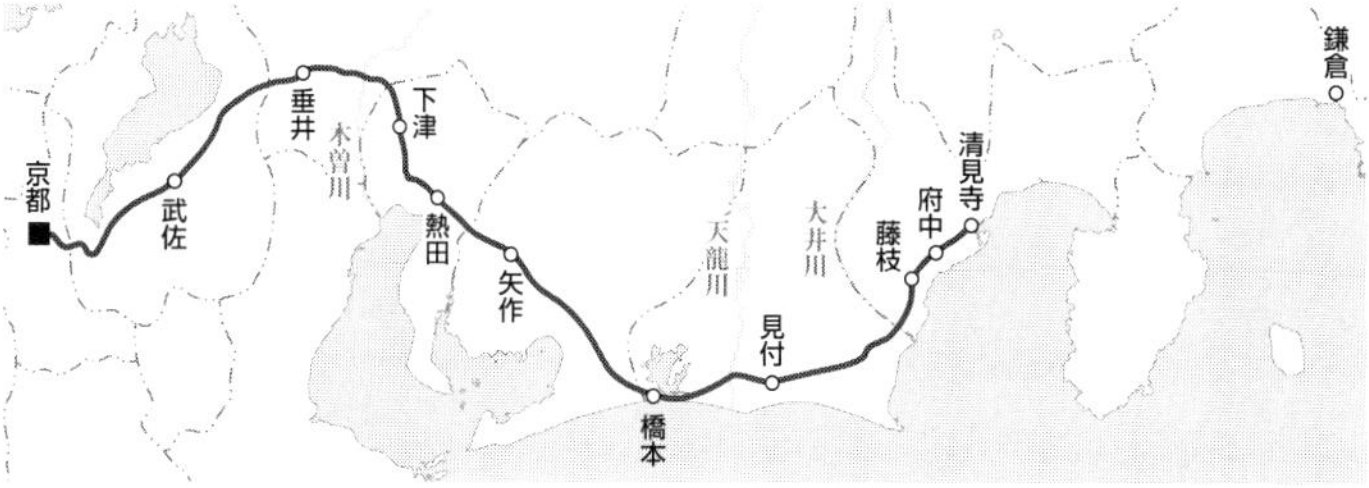

図1　富士見物旅行の旅程

や宿泊場所、それぞれの場所で世話した大名が判明する。さらに、尾張で義教が立ち寄った妙興寺《みょうこうじ》（愛知県一宮市）には、義教を迎えるための用意に要した経費を記した注文が残されている。それらを総合して、この旅行の旅程を復元すると、図1のようになる。

出発から尾張へ

京都出発は九月十日の明け方だった。この日の辰の初めごろ（午前七時過ぎ）、醍醐寺《だいごじ》にいた三宝院《さんぼういん》満済は、一行の旅立ちを山科《やましな》の四宮河原《しのみやがわら》で見送っている。その日の昼食は近江の草津《くさつ》（滋賀県草津市）、宿泊は武佐《むさ》（同近江八幡市）で、いずれも近江守護六角満綱《ろっかくみつつな》の差配で行われた。この日の歩行距離は十三里である。

十一日は、未明の暗いうちに武佐を出発し、小野《おの》（同彦根市）で昼食、これは京極持高《きょうごくもちたか》の差配だった。午後は不破関《ふわのせき》（岐阜県関ケ原町）を通過し、苔に覆われて崩壊寸前の状態にある関屋を眺めている。この日進んだのは十四里で、美濃の垂井《たるい》（同垂井町）に宿泊、美濃守護土岐持益《もちます》の差配であった。

十二日もまだ暗いうちに垂井を出発、杭瀬川《くいせがわ》と長良川《ながらがわ》にはさまれた低湿地帯である現在の大垣市付近を通過するときには、田の上にかけられた木道を歩み進んでいる。この木道は「長橋」と呼ばれ、都人には歌枕《うたまくら》として聞こえたものだったらしく、堯孝は「数ならぬみの長橋なからへて渡るも嬉しかかるたよりに」（大した者でもない私が、長生きして美濃の長橋を渡る機会に恵まれたことは嬉しいことだ）と詠じている。この日の昼食も土岐持益の差配によって墨俣《すのまた》（大垣市）でとり、尾張の下津《おりづ》（愛知県稲沢市）で宿泊している。この日の進んだのは十里である。下津は尾張の守護所が置かれていた町で、数日前から下向していた尾張守護で管領の斯波義淳《しばよしあつ》の差配だった。

熱田宮参詣

十三日は三河の矢作《やはぎ》（愛知県岡崎市）まで十二里（直線距離で四十五キロ）の行程である。雅世は「夜ふかくたち侍る」として、

夢路をも　急ききにける　旅なれや　月に仮ねの　夜をおりつまで

と詠んでいる。そして、萱津《かやつ》（同あま市）で石橋氏（足利家一門の石橋氏か）より一献の接待を受けたのち、熱田神宮（名古屋市）に到着した。そして、

あさ日さす　なるみの上野　塩こえて　露さへ共に　干潟とそなる

と詠んでいるから、熱田で日の出と干潮を目にしたのであろう。この日はユリウス暦十月七日、日の出は午前六時過ぎ、熱田と鳴海《なるみ》（名古屋市）の間で渡渉できるような干潟が現れ始めるのは七時ごろである（図2）。下津─熱田間は約十五キロ、萱津での休憩も考えると五時間は要したはずである。

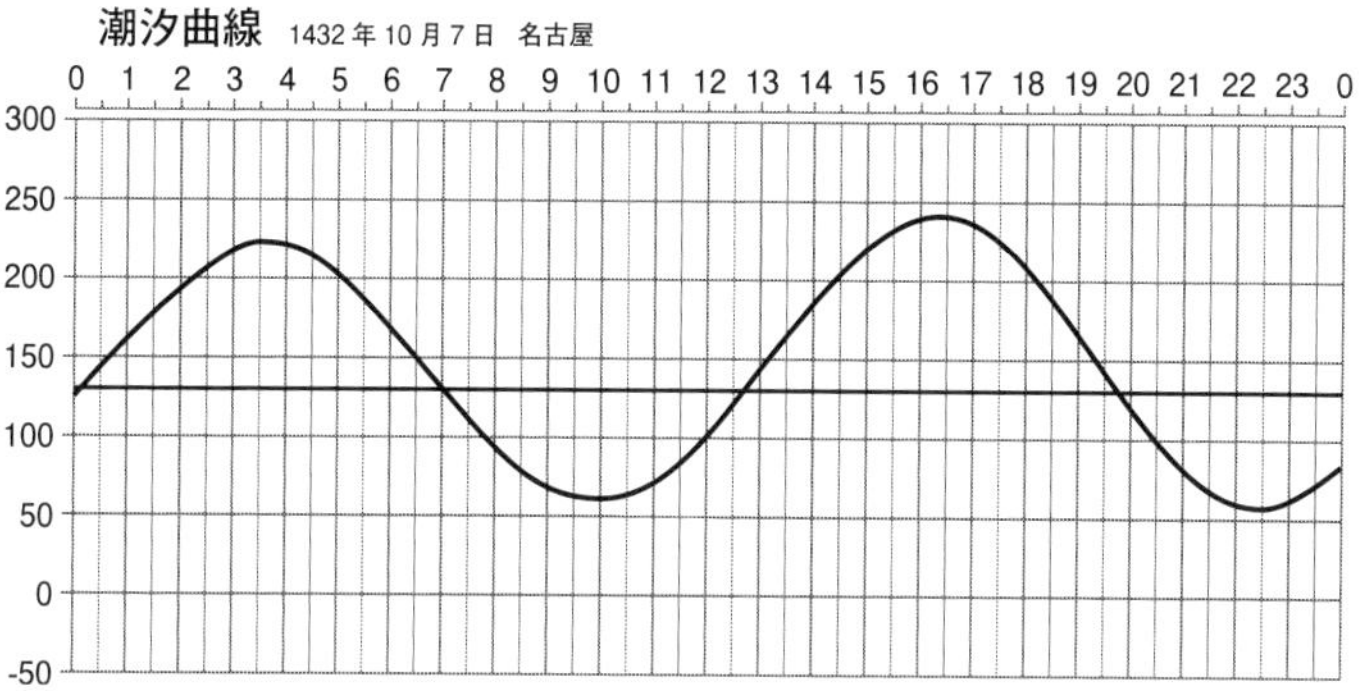

図２　永享４年９月31日の鳴海付近の潮位　海上保安庁の公開ソフト潮汐推算による。現在の名古屋港の基準水面を潮位０とする。グラフ上で130cm程度以下となると、当時の鳴海では干潟が出現していたと推定される。

したがって、下津を出発したのは午前一時か二時頃だったと推定される。

　この異常に早い出立はなにゆえなのだろうか。中世の東海道通行では、鳴海干潟の通過のため、満干潮にあわせて早立ちすることはよく行われていたが、この日の鳴海干潟の渡渉可能時間は正午ごろまでであるから、行程的にはもう少し遅い出発でもよかったはずである。どういうことだろうか。この日の一行の行程を見てみよう。

　義教は熱田でかなりの滞在時間をもったようである。熱田宮に参詣し、斯波義淳が用意した食事をとったのち、さらに、熱田宮の前にある時宗《じしゅう》道場円福寺《えんぷくじ》に立ち寄り、ここで時宗の僧たちと連歌会を催している。

　同行した堯孝は、熱田宮参詣記事を書くにあたって、日《や》本武尊《まとたけるのみこと》が東国平定の帰路に尾張にとどまり、東国平定に携行した草薙《くさなぎ》の劔が熱田宮に奉納されているとの『日本《にほん》書紀《しょき》』の故事に触れている。これは堯孝一人の心のうちにのみあったのではなく、居合わせた人々の間でも言葉で交わされた事柄だっただろう。鎌倉公方持氏への示威行動として富士に赴いている義教やその周辺としては、征夷大将軍が熱田宮に参るということは、日本武尊の東国平定を想起させるものであり、これ自体が持氏への強烈な示威であると認識していたのではあるまいか。そう考えれば、熱田参詣がこの旅の中できわめて重要なイベントだったことがわかるだろう。当然、熱田では十分な滞在時間を確保することが必要だったのであり、そのために異常に早い出発となったものであろう。

さて、この日の潮位《ちょうい》を考慮すると、午前十一時半ごろには熱田を出発しなければ鳴海干潟を歩いて渡り切ることができない。熱田滞在は四時間程度と推定される。熱田からこの日の目的地の矢作《やはぎ》（愛知県岡崎市）までは約三十キロで、八～九時間を要する。堯孝は矢作に到着するまでの道すがら、十三夜の月を愛でる歌を詠んでいるから、行路中に暗くなったものと思われる。矢作到着は午後七時か八時くらいになっていたかもしれない。この夜の差配は、尾張守護斯波氏一族の持種《もちたね》だった。長い道中の一日であったが、さらに矢作に到着した夜、堯孝と雅世は正親町三条実雅の宿泊所を訪れ、通過した名所を題材とした和歌を詠んでいる。

三河から駿河へ

十四日は今橋《いまはし》（愛知県豊橋市）までの八里である。この日の昼食は山中《やまなか》（同岡崎市）、宿泊は今橋で、いずれも三河守護一色義貫《よしつら》の差配だった。翌十五日、橋本《はしもと》（静岡県湖西市）まで五里である。短い距離であるが、途中に通過する遠江の潮見坂《しおみざか》は東海道を都から東へ旅してきた者が、最初に富士山や遠《えん》州灘《しゅうなだ》を目にする場所である。数々の歌や紀行文でも取り上げられてきたビューポイントなのである。義教もここで昼食をとり、歌を詠み、随行者たちもこれに和する歌をつくっている。また、宿泊地の橋本もまた、浜名湖《はまなこ》に面した著名な歌枕の地である。そうしたわけで、この日は先を急かず、眺望を楽しむ時間がゆったりととられたのであろう。

十六日はまだ暗いうちに橋本を発ち、引間《ひくま》（同浜松市）で吉良義尚《きらよしなお》の用意した昼食をとったのであるが、途中から雨が降り始めた。そのせいというわけではあるまいが、この日に進んだのは六里で、遠江国府の見付《みつけ》（同磐田市）に宿泊した。宿泊の差配は遠江守護斯波義淳だった。十七日は雨の中での出発となったが、日の上るころには止んだらしい。そして藤枝まで十一里の道を進み、義教は鬼巌寺《きがんじ》（現在の鬼岩寺〈同藤枝市〉）に宿泊した。

義教が宿泊した鬼巌（岩）寺　静岡県藤枝市

富士見物

十八日は、五里進むと駿河府中に到着である。義教は今川範政《のりまさ》の用意した「富士御覧の亭」に入り、早速に歌会をもっている。堯孝によれば、義教は「あまた」の歌を詠んだという。運よく冠雪した富士がはっきりと見えたようで、範政は、「雪をいただく富士を見ていただきたく、念じておりましたが、昨日の雨は富士の頂では雪

二十一日	府中出発	藤枝泊
二十二日	藤枝出発	見付泊
二十三日	見付出発	橋本泊
二十四日	橋本出発	矢作泊
二十五日	矢作出発	下津泊
二十六日	下津出発	妙興寺通過　黒田　墨俣
二十七日	垂井出発	武佐泊
二十八日	昼頃帰京	

表2　義教帰路の旅程

となり、今日は白く積もっています。富士権現も公方様のお出でをお待ちになっていたようです」などといっている。そして、作った歌が奮っている。

君がみむ　けふのためにや　昔より　つもりはそめし　不二の白雪

歯の根も浮くような追従歌に義教がどう反応したかはわからないが、義教も間近に目にした富士の眺めを喜んだのは確かなようで、この日は夜を徹して、満月を少し過ぎた月の光に浮かぶ富士を眺めながら歌の会が続けられた。十九日の夜明けごろ、寒気に堪えない義教は「綿帽子」を着込んだというが、それでも朝日を浴びて赤く染まった富士や、まもなく出てきた笠雲を頂く姿を眺めて、なおも詠歌が続けられた。

さすがに疲れが出たか、十九日はとくに外出することはなく、面々は富士を眺めながら一日を送っている。二十日は府中より東へ四里進んで清見寺《せいけんじ》（静岡市）まで出かけた。ここは薩埵山《さったやま》の急崖が海岸線まで迫る東海道随一の難所で、平安時代より清見関《きよみのせき》が設けられていた。東国の入り口ともいえる地点であるが、ここが義教の旅の到達点である。一行は清見寺に詣でたのに続けて、舟で海に漕ぎ出し、海人の潜《かず》きや三保《みほ》の松原《まつばら》（静岡市）を見物している。接待主の今川範政は、次のような和歌を詠んで義教の治世をたたえた。

吹風も　おさまる御代は　きよみかた　戸さしをしらぬ　浪の関守

義教一行の近づくのを聞き、持氏は攻撃されるかと怯えていたというが（『満済准后日記』）、その持氏に最も近づいた前線で、義教やその周辺はあえて遊興を演じ、義教の治世の盤石であるところを誇示して見せたのである。

一行はその日のうちに府中に戻り、翌日には帰路についている。往路と同じ所に宿泊しながら西へと進み、二十八日の昼ごろに京都に到着している。

迎える側の事前の用意

以上で見てきたように、義教の富士見物旅行は、多数の大名、奉公衆たちを従えた大集団だったことに加え、熱田や清見関ではイベントも設定された旅行であった。迎える側の事前の用意はさぞかし大変であったろうと推測されるが、『覧富士記』によれば、道中の食事、宿泊などの応対はよく整えられていたという。『富士紀行』にも、道は事前に準備して、よく整備されていたと記されている。『富士御覧日記』の宗長奥書には、いかにしてこれだけの経費をまかなったのかという疑問が記され、さらに諸大名の宿泊した宿所には風呂湯殿、酒樽、羹《あつもの》などの用意があったと当時を知る僧から聞いた、と述べられている。

「九条満家公引付」に記されるように、宿泊や食事の準備は基本的に、それぞれの国の守護が担当した。『看聞日記』の七月二十日条には、駿河守護今川範政が駿河に、九月三日条には、斯波義淳が義教を迎える準備のために遠江に下って行ったことが記されているから、道中の諸国に分国をもつほかの大名たちも、それぞれの分国に下って義教を出迎えたものと思われる。

旅行中に義教の立ち寄りがあった寺院においても、入念な準備がなされていた。義教を迎えた側の用意の様子を記した貴重な史料が、尾張の守護所下津に程近い妙興寺に伝えられている。妙興寺は、富士見物旅行中の義教を描いた肖像画を所蔵する寺として知られるが、義教の来訪に備えて行われた普請《ふしん》の経費支出記録も伝えられている。それによれば、普請は八月十九日から始められた。具体的な工事としては、八月末から九月二十四日にかけて断続的に壁塗が行われたこと、「木破夫」を雇って木工事も行ったことがわかる程度で、詳しいことはわからないが、一行を迎えるために、かなりの時間をかけて修繕がなされたらしいことはうかがえる。

さて、義教肖像画に記された瑞渓周鳳《ずいけいしゅうほう》の賛によれば、義教は富士見物の帰路に妙興寺に立ち寄り、半日を過ごしたという。そして、そのときの様子を長禄二年（一四五八）になって描いたのがこの肖像画だという。『富士紀行』などで旅程を確認すると、義教が帰路に下津に宿泊したのは九月二十五日で、翌日は垂井まで進んでいるから、妙興寺を通過したのは二十六日のはずである。ところが、妙興寺の普請記録の記載はこれとは異なっている。

普請記録によれば、妙興寺には義教の京都出発に先立つ九月五日に斯波義淳、七日に大蔭宗松《だいいんそうしょう》、八日に仲方中正《ちゅうほうちゅうしょう》の来訪があった。大蔭宗松は山名時熙と親しい京都栖真寺《せいしんじ》の禅僧、仲方中正は初代蔭凉軒主《いんりょうけんしゅ》に相当する義教側近の禅僧である。いずれも義教を迎える準備にぬかりがないか、その検分にきたものであろう。そして十二日に、義教は宗松と中正を伴って妙興寺を訪れたと記されている。この日付は先に見たように、『富士紀行』などに記された義教の往路の妙興寺付近通過の日と一致する。一方、普請記録によれば、帰路の二十六日に妙興寺を訪れたのは宗松と中正だけで、義教の御成《おなり》があったとは記されていない。

つまり、瑞渓の賛と普請記録では義教の妙興寺御成が往路であったか、帰路であったかのずれがあるのだが、瑞渓の賛が二十六年後に伝聞情報によって作られたものであるのに対し、普請記録は、その場に立ち会った関係者がリアルタイムで記したものである。普請記録に従って、義教の御成は往路でのことと考えておくのが妥当だろう。

＊　　＊　　＊

以上、永享四年九月の義教富士見物紀行を、諸史料によって具体的に再現してきた。この旅の政治的意義については通説に従うものであるが、旅程を詳細にみることによって、旅行団の規模や、迎える側の整然とした用意の様子を知ることができた。また、熱田宮参詣や清見関での遊興の意味を浮き上がらせることもできたと思う。

二、播磨下向

日程を推定する

義教は、富士見物の前月に播磨まで旅行をしている。このこと自体あまり知られていないようなので、まず事実関係を整理しておこう。

永享四年（一五六二）六月二日、播磨守護赤松満祐が三宝院満済のもとを訪れた。そして義教は八月に兵庫に赴き、そのついでに播磨まで足を伸ばして明石《あかし》（兵庫県明石市）や書写山《しょしゃざん》（同姫路市）を見物したいとの意向であることを伝えている。この年、義持時代には中断されていた遣明船の派遣が計画されて、八月には龍室道淵《りゅうしつどうえん》を正使《せいし》とする遣明船が兵庫から出航している。義教の兵庫行きがこれを見送るためのものだったことはまちがいない。それに引き続いて播磨まで行きたいというのである。

義教の播磨旅行が実行されたのは八月後半である。『満済准后日記』八月十七日条には義教が兵庫に下向したとあるが、二十五日条では、申《さる》の刻の初めに「兵庫ならびに播磨」より帰ってきたとある。「九条満家公引付」でも、十七日に「兵庫ならびに播州」へ下向、二十五日に「兵庫ならびに播州」から帰京したとなっている。

この間の義教の日程を明記した史料はないが、『満済准后日記』によれば、十九日の申刻に遣明船が兵庫を出航しているから、この日は兵庫にいたはずである。また、この時代の山陽道の旅行記録を参考にすれば、京都から播磨守護所の坂本《さかもと》（姫路市、書写山麓）までは、片道三泊は必要である。当時の宿の位置や一日の進行距離を勘案し、さらに目的地には二泊したとして義教の兵庫・播磨旅行の日程を推定すれば、次のようになる。

十七日：京都を出発、摂津北部の宿に宿泊／十八日：西宮《にしのみや》（兵庫県西宮市）に宿泊／十九日：午後、兵庫で明船出航を見送り、大蔵谷《おおくらだに》（明石市）に宿泊／二十日：坂本に到着／二十一日：書写山見物、坂本に宿泊／二十二日：坂本を出発、大蔵谷に宿泊／二十三日：西宮に宿泊／二十四日：摂津北部の宿に宿泊／二十五日：申刻の初めに京都に到着

このように考えれば十七日出発、二十五日帰京という日程は納得がいくだろう。

播磨国内に課された負担

さて、義教を迎える側の対応はどうだっただろう。実は、義教周辺の人物が書いた日記には、義教の播磨旅行に関する記述はほとんど見いだせない。最も詳しいのは、東寺《とうじ》領播磨国矢野庄《やののしょう》の年貢算《ねんぐさん》用状《ようじょう》である。矢野庄の算用状は、南北朝中期から応仁の乱直前までの百年間のものがほぼ完全に残されており、現地で消費した経費も記録されている。そのため、播磨での事件史記録という一面ももっている。また、中央の政治状況が地方社会に及ぼした影響も知ることもできる。矢野庄の年貢算用状は、東寺内部の寺僧組織である供僧方《くそうかた》と学衆方《がくしゅかた》のものが残されており、両者を合計すると現地で消費した経費が算出できる。以下、それによって義教を迎えた播磨国内の対応ぶりを見てみよう。

義教の播磨訪問の意思が示されると、早速、現地ではこれを迎える準備が始まった。六月八日には、播磨の坂本に義教の宿所を建設するため、材木の運搬要員（材木持人夫）三十五人が矢野庄に懸けられた。現地の代官と赤松氏の在国奉行の交渉で、これは三十人に減免されたが、まもなく宿所建設の要員の徴発が播磨国内の荘園に命じられた。矢野庄では、はじめ名主《みょうしゅ》や沙汰人《さたにん》たち全員に課されたが、これも交渉によって一日につき三人ずつに免ぜられた。人数は免ぜられたものの、その食糧は荘園側

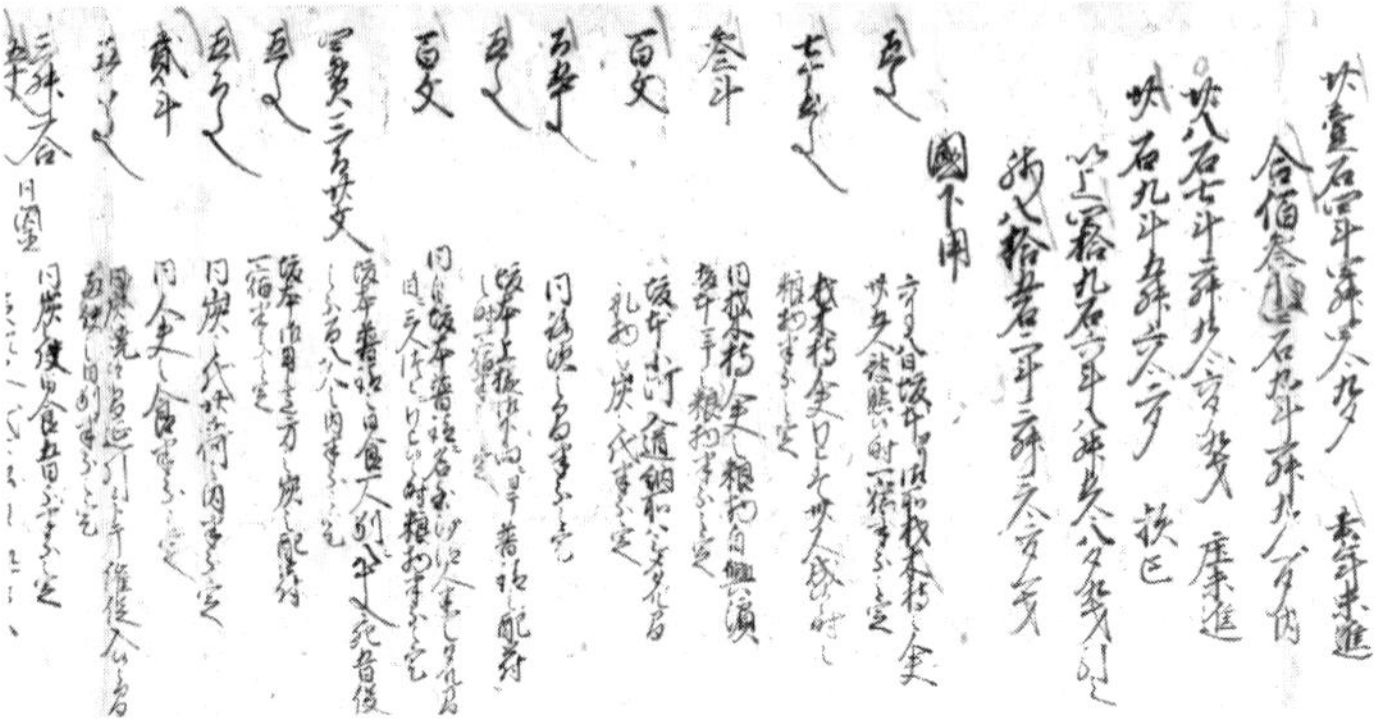

永享５年５月日付播磨国矢野庄供僧方年貢等算用状（部分）「国下用」の項に「坂本上様御下向」などと見える 「東寺百合文書」 京都府立京都学・歴彩館蔵

の負担である。一人につき一日一升ずつ、計二一六人分三石六升が負担されているから、工事は三十六日間続けられた計算になる。炭や竹も国内から調達された。竹は造作のための材、炭はさまざまな工事に必要な燃料か。それらを坂本まで運ぶ要員もその食糧も荘園側の負担とされた。

七月末になると、義教に先立って赤松満祐が播磨に下っている。そして、いよいよ義教が播磨にやって来る段になると、さまざまな役が播磨国内の荘園に懸けられている。

まず、義教一行が加古川《かこがわ》の橋を渡るのに必要な人夫が国内に課された。矢野庄は実員ではなく、六十人分の雇い賃に相当する二貫文を負担している。人夫にどのような働きが期待されたのかは明らかでないが、加古川は播磨第一の大河である。橋は常設のものであったとしても、舟をつないだ上に板を渡した船橋《ふなはし》だった可能性が高い。多くの馬や荷を渡すには、歩行による渡渉も避けられず、そのために多くの人夫が必要だったのではあるまいか。

義教の坂本滞在にあたっては、矢野庄からは柿、ナスなど食品のほか、薪、糠のように食事の用意に必要なもの、沓、草鞋などの履物、ほかに藁や薦も負担している。また、義教一行の荷物を運ぶための要員（御持夫）や、滞在を終え、帰京していく一行を兵庫まで送る要員（送夫）も播磨国内の荘園から集められたのだった。矢野庄では御持夫は代銭、送夫は実員で提供している。

富士見物といい、播磨行きといい、義教の訪問を受ける側は数か月をかけて入念な準備をしたのである。沿道諸国では守護だけでなく、そこに所領をもつ荘園領主も本来自分たちの取得分であるはずの年貢の一部を拠出した。もちろん、荘園の住民たちも労役の負担を求められたのである。

義教と満祐

永享四年（一四三二）八月と九月に相次いで行われた義教の播磨下向と富士見物の具体的な実施状況を見てきた。富士見物が鎌倉府の持氏への示威行動だったことは本稿でも確認したところであるが、では播磨下向はどのような目的、意図があったのだろうか。元青蓮院門跡《しょうれんいんもんぜき》の義教としては、ただ天台の一大寺院、書写山円教寺《えんきょうじ》を見ておきたかっただけだ、という解釈もありうるが、冒頭に見たように、義教は旅というものにさほど関心を示した将軍ではない。あるいは、義教の頭の中には、康安元年（一三六一）、幕府内の政争に敗れた細川清氏《きようじ》が南朝の楠木正儀《くすのきまさのり》らとともに京都を占領した際に、父義満が赤松則祐《のりすけ》に守られて播磨に逃れ、数か月間を赤松氏の本城白旗城《しらはた》（兵庫県上郡町）で過ごしたことがあったのかもしれない。しかし、義満の播磨下向は、あくまでも敗走であって、倣うべき嘉例ではない。

富士見物旅行を半月後に控えたタイミングであえて、播磨まで旅行した義教は何を意図していたのだろうか。ポイントは、二つの旅が連続している点にあるように思う。

義教が富士見物に出かけることについては、大名たちの間には反対する意見があった。とくに宿老の畠山満家《はたけやまみついえ》は、持氏を刺激することを恐れ、強く反対していた。『看聞日記』によれば、そんな中で義教の意向を支持したのが赤松満祐だったという。義教にとっては、満祐は自らの意志貫徹を後押ししてくれる強い味方だったのである。

しかし、一つ困った問題があった。満祐は内裏警衛や京都の治安維持を担う侍所頭人だったため、義教の富士見物には同行せず、その間、京都の留守を預かるべき立場にあったのである。先にみてきたように、義教の旅を受け入れる側は、通過諸国も含め、守護、荘園領主、住人とも相応の負担を強いられるものだった。富士見物を最も強く後押しした者が、自らは下向には加わらず、また旅を受け入れる側ともならない、ということがほかの大名たちに容認されるところとなろうか。満祐にもしかるべき負担は引き受けさせなければ、せっかくの満祐の意見も説得力をもちえないのではないか。そんな考えから、義教は播磨行きを思いたち、満祐もこれを受け入れたのではないだろうか。

日頃、義教から政治上のさまざまな諮問を受けていた満済にも、この件に関して相談がなされた様子はなく、義教自身の発案でなされたものと思われる。この播磨行きがなければ富士見物の話しも進まなかったのであり、赤松満祐こそは義教の富士見物旅行の最大の協力者であったといえよう。

室町幕府の最盛期

　しばしば、性格の峻烈さ、冷酷さが指摘される義教であるが、その執政の始まる当初には、奉行人機構を整え、徳政《とくせい》の思想にもとづいた裁判の親裁を行うなど、精力的な政治を行っている。富士見物旅行は、確かに対立する鎌倉公方持氏への示威行動ではあった。しかしそれは、軍事攻撃を受けるのではないかと恐れたという持氏の意に反し、あえて文化性、遊覧性を演出する形で行われた。平和性を強調することによって、その権力の盤石ぶりが誇示されたのである。これは、義教が平素から幕府御所の内外で連歌会を頻繁に催し、主要な大名や公家たちとの結束の固さをアピールしていたのと響きあうものであろう。また満祐との連携にも、強権よりもむしろ環境づくりの周到さが感じられるだろう。

　考えてみれば、将軍がくじ引きで選ばれえたというのは、誰が将軍であっても幕府は倒れないという安心感があってのことであり、それだけ幕府という体制が安定していたことの証しである。義教は、室町幕府の最も安定していたときに将軍となったのである。富士見物旅行は、まさに室町幕府の絶頂期に行われたイベントだったといえるのではないか。歌人たちによって、一行の規模の大きさや、旅のための事前準備のみごとさが称えられているが、これは将軍、守護、荘園領主や荘園現地の人々の、それぞれの任務や役割についての合意のうえに成り立ったものだったのである。

　そんな調和状態の頂点にいた義教が苛酷な為政者に変貌していったのは、永享五年から七年にかけての山門騒動が、根本中堂《こんぽんちゅうどう》の炎上という最悪の形で決着したことが大きいと思うが、それについては別稿を参照されたい。義教の変貌とともに、義教と赤松満祐の関係も変化していく。富士見物旅行の立役者であった満祐が、九年後、自ら義教の命を絶つことになろうとは、義教も、満祐本人も予想すらしなかったことであろう。

（榎原雅治）

【主要参考文献】

臼井信義　『足利義満』（吉川弘文館、一九六〇年）
榎原雅治　『中世の東海道をゆく』（中央公論新社、二〇〇八年）
榎原雅治　『シリーズ日本中世史3　室町幕府と地方の社会』（岩波書店、二〇一六年）
桜井英治　『日本の歴史12　室町人の精神』（講談社、二〇〇一年）
森　茂暁　『室町幕府崩壊』（角川学芸出版、二〇一一年）
山田雄司　「足利義持の伊勢参宮」（『皇學館大学神道研究所紀要』二〇号、二〇〇四年）

第七代　足利義勝

——束帯姿の幼き将軍

生年　永享六年（一四三四）二月九日
没年　嘉吉三年（一四四三）七月二十一日
院号　慶雲院

父　足利義教
母　裏松（日野）重子

官位の変遷
嘉吉元年（一四四一年）八月十九日に従五位下／同二年十一月十七日に正五位下・左近衛中将・征夷大将軍／同三年正月五日に従四位下／同七月二十三日に死去にともない贈従一位・左大臣

産湯と夜泣き

足利義勝《よしかつ》は、室町幕府の歴代将軍のなかでも最も影の薄い一人であろう。八歳のときに、父義教《よしのり》が赤松満祐《みつすけ》邸で暗殺されたのをうけて、にわかに室町殿となるものの、その二年後には夭折してしまう。もし、義勝の名前が人々の記憶にとどまっているとしたら、その短命ゆえであろう。義勝自身の主体的な行動として知られる事柄はほとんどなく、どのような言葉を肉声として発したかすら記録されていない。

そうしたわけで、人物像も描きにくいのであるが、誕生したときの状況については、歴代将軍のうち、おそらく最も詳しい記録が残されている（『御産所日記《ごさんじょにっき》』）。これは、義勝の生まれたのが、室町幕府が最も安定し、礼式も整えられた時期にあたっていたためである。

義勝は、義教が公方《くぼう》となって六年目に生まれた。異母姉は四人いたが、男子としては第一子である。永享六年（一四三四）二月九日の未明、義教の側室の一人、裏松《うらまつ》（日野）重子《しげこ》が待望の男子を生んだ。名は「千也茶《ちゃちゃ》」とつけられた。伝え聞いた三宝院満済《さんぼういんまんさい》は、「祝 着 歓喜《しゅうちゃくかんき》、まず感涙《かんるい》を催《もよお》す」と喜んでいる。昼前には、関白二条持基《にじょうもちもと》以下、多数の人々が室町御所に訪れて、祝いを述べている。当時、出産は室町御所の中で行われることはなく、将軍側近の館を「産所《さんじょ》」に指定して、そこで出産するのが通例だったが、千也茶も波多野元尚《はたのもとひさ》の屋敷で生まれている。出産後まもなく、義教は産所に赴き、自ら臍《へそ》の緒を切り落したのである。

十一日、義教は再び産所を訪れ、お湯始めを行っている。義教は柄杓《ひしゃく》で生まれたばかりの我が子に、三度、湯をかけてやった。義教には、こののち十人近い男子が生まれているが、義教自身が産所に足を運んだのはこのときだけだという。千也茶が、いかに義教の喜びを受けて生まれてきたかが知られよう。

同じ日、「御胞衣《おんえな》蔵《おさめ》」という行事が行われている。胞衣（胎盤）を洗浄して土中に埋めるという風習は、地域によっては最近まで残っていたとのことであるが、足利家でも行われていたようである。その手順は、まず、政所執事《まんどころしつじ》の伊勢貞国《さだくに》が胞衣を洗い、ついでこれを酒に三度、酢に一度浸した。それを三尺の白布で包み、その上を赤の絹で包んだ。

足利義勝木像　栃木県足利市・鑁阿寺蔵

次に、宋銭《そうせん》の太平通宝《たいへいつうほう》三十三枚と、筆一本、墨一丁とともに壺に納め、これを貞国と医師の和気郷成《わけのさとなり》が白直垂《しろひたたれ》を着て、吉方に出かけて埋めた。筆や墨を胞衣といっしょに埋める風習も、かつては日本各地に見られたようで、学問の上達を願う意味が込められていた。女子の場合は、糸と針が埋められたとのことである。中世の日本では、宋銭を中心とする中国銭が大量に使われていたが、太平通宝はさほど多く流通していたとは考えられていない。それにもかかわらず、義勝の胞衣とともに太平通宝が埋められたのは、「太平」の文字が好まれたためであろう。このあたりには将軍家らしさが表れているのかもしれない。

生まれたばかりの千也茶は、夜泣きがひどかった。醍醐寺からは宗観《そうかん》、義賢《ぎけん》らの僧が召されて、夜泣き封じの祈祷を連夜行っている（『満済准后日記《まんさいじゅごうにっき》』）。周囲は心配も困惑もしたのであろうが、この夜泣きが、史料から知られる千也茶、すなわち義勝の唯一の肉声である。

五日夜の祝いは、十三日に管領細川持之《もちゆき》の差配で行われ、義教と正室正親町三条尹子《おおぎまちさんじょうただこ》が産所を訪れた。ここで式三献《しきさんこん》の酒宴と鳴弦《めいげん》が行われた。同様の祝賀行事は、十六日に斯波義郷《よしさと》、二十一日に畠山持国《もちくに》、二十七日には山名時熙《ときひろ》の差配で行われた。そして三月三日、千也茶は産所を出て方違《かたたが》えのために畠山持国邸に一泊したのち、翌日、伊勢貞国邸に入っている。そのまま伊勢邸で養育され、室町殿として室町御所に迎えられるまでの八年間をここで過ごした。

誕生祝いのトラブル

千也茶の誕生は、めでたいばかりではなかった。産所で祝賀行事が行われていた最中の十四日、公家・武家・僧侶たちを震撼させる事態が発生していた。千也茶の生母は裏松（日野）重子である。そのため、人々は室町御所や産所とともに裏松邸にも祝詞を述べに訪れていた。ところが、義教はこれに激怒する。所領没収、蟄居などの処分を受ける者も多数出た（『看聞日記《かんもんにっき》』『満済准后日記』）。人々は驚愕するが、義教には義教の理屈があった。

実は、千也茶が生まれたその日のうちに、義教は、生まれた男子を正親町三条尹子の猶子《ゆうし》とすると決めている。義教は、籤で選出されて室町殿となるとまもなく、義満、義持と同様に、裏松家から最初の正室として宗子《むねこ》を迎えている。これは、義持正室の裏松栄子（宗子のおば）の差配によるものだったが、義教は、裏松家の将軍家の閨房《けいぼう》への介入を嫌っており、当主の義資《よしすけ》（宗子の兄）も遠ざけられていた。夫婦の関係はすぐに冷却化し、永享三年七月二十七日に栄子が没すると、後ろ盾を失った宗子は廃され、義教寵愛の側室尹子が新たな正室となった。しかし、皮肉にも最初の男子を生んだのは、宗子の妹で、側室となっていた重子だった。義教の内心は複雑なものであったろうが、千也茶を尹子の猶子とすることによって、世継ぎと認めたのである。

したがって義教にいわせれば、千也茶の嫡母は尹子であり、裏松家に祝賀に行く謂れはない、ということであろう。足利将軍家では、生母と別に嫡母を置くことはこれまでにも例があった。義満の生母は紀良子（石清水八幡宮検校《けんぎょう》善法寺通清《ぜんぽうじつうせい》の娘）であるが、義詮の正室渋川《しぶかわ》幸子が嫡母とされた。義持の生母は藤原慶子（醍醐寺坊官《ぼうかん》の娘）であるが、嫡母は裏松業子《なりこ》とされた。いずれの場合にも、嫡母が世子の母として遇せられ、生母は無視に近い扱いを受けた。義教としては、先例に沿って事を進めている、という理屈で押し切るつもりだったのだろう。しかし、良子や慶子と異なり、重子の生家は義満以来、権勢を誇った堂上公家《とうしょうくげ》の裏松家である。義教の思惑どおりに進むはずはなかった。

公家たちの間での動揺が収まらない中、同じ年の六月、裏松義資は自邸で就寝中のところを何者かに襲われて落命した。さらに、この事件は義教の指図によるものだと噂したとの嫌疑で、義教側近の公家高倉永藤《たかくらながふじ》が失脚し、薩南の硫黄島《いおうじま》（鹿児島県三島村）に流罪となった（『看聞日記』）。

足利義勝木像（部分）　京都市・等持院蔵

義教が裏松家を嫌悪していたのは確実だが、それだけでここまで苛酷な措置を行うのか、理解しがたいものがあろう。裏松家への参賀者の処罰が行われてまもない二月二十二日、義教の側室の西御方《にしのおんかた》（洞院満季《とういんみつすえ》の娘）が室町御所から放逐されている。また、別の側室の上臈局《じょうろうのつぼね》（尹子の妹）は、しばらく前より物怪《もののけ》に取りつかれていたという（『看聞日記』）。

詳しい記録を欠くが、千也茶の誕生によって小御所《こごしょ》（足利将軍家の大奥）では、力関係の変化が生じ、それにともなういざこざが起きていたのではあるまいか。その下地があったところで起きた裏松邸参賀が、もともと好悪の激しい義教をいたく刺激したのではないか。真相は不明だが、少なくともこの一件が、周囲に義教の偏執性を強く印象づけることになったのはまちがいないだろう。千也茶の誕生は、思わぬ波紋を広げていたのである。

健やかな成長

義勝の生前の姿は等持院の木像に刻まれているが、見る者に奇妙な印象を与える。見るからに幼い容貌と、それに不釣り合いな束帯《そくたい》姿。もとより等持院の木像が本人を実写したものであったという確証はないが、十歳で世を去った義勝が、実際にこんな装いをした場面があったのだろうか。その可能性を探ってみたい。

義教が殺害されたのちの、千也茶の短い人生を見てみよう。嘉吉元年（一四四一）六月二十四日に父が赤松邸で横死すると、その二日後、伊勢貞国邸で養育されていた千也茶は室町御所に迎えられ、足利家の後継者となることが管領以下の大名たちによって確認された。八月十九日には、儒者たちの勘進《かんじん》にもとづいて後花園《ごはなぞの》天皇より義勝の名が与えられ、あわせて従五位下に叙せられた。装束、髪型などはまだ童形のままであったが、これ以後は「室町殿」と呼ばれるようになる。

同年十一月、幕府で評定始が行われた。室町殿が代始めや年始に行う政務始めの行事である。「童体」なので延期しては、という意見もあったが、義勝を成人に見立てて評定始は行われた。大名たちの前に義勝は姿を現したのである。しかし、あくまでも「童体」であって、成人装束に身を包むような状態ではなかった。

義勝が元服したのは翌年十一月七日のことである。元服の際、冠をかぶせるのが烏帽子親《えぼしおや》であるが、足利家の先例を見ると、義持のときは父義満《よしみつ》、義量《よしかず》のときも父義持が烏帽子親となっている。元服時に父親がすでに死去していた義満は管領細川頼之《よりゆき》、義勝の弟義政《よしまさ》は管領細川勝元《かつもと》が烏帽子親になった。義教のときは、父義満はとうの昔に死去し、管領畠山満家《みついえ》もすでに出家していたので、その嫡男持国が烏帽子親となった。つまり原則は父親、父親不在の場合は管領もしくはその代理が烏帽子親を勤めるのが慣例なのである。

ところが義勝の場合は、父は死去、管領畠山持国は出家、その男子はまだいないという状況であった。窮余の策ということであろう、関白二条持基が烏帽子親となって義勝の元服が行われた。あわせて征夷大将軍に任ぜられ、内裏への昇殿《しょうでん》も許された（『康富記《やすとみき》』『公名公記《きんなこうき》』）。

では、等持院木像の束帯姿は、このときの装いを再現したものだろうか。おそらくそうではないだろう。昇殿は許されたものの、義勝が参内した記録はない。実際に昇殿するには拝賀《はいが》と呼ばれる儀礼を経る必要がある。天皇への挨拶儀礼であるが、その中には舞踏《ぶとう》と呼ばれる身体的習得の必要な作法もあり、九歳の義勝ではまだ無理であると判断されたのであろう。また、元服のときの衣装は狩衣《かりぎぬ》か直衣《のうし》であり、朝廷の儀礼服である束帯を着ることはない。もし、義勝が束帯を身に着けたことがあるとしたら、元服よりのち、死去するまでの十ヶ月ほどの間である。

その年のうちに武芸の学び始めである弓始、馬始が行われ、儒者の清原業忠《きよはらのなりただ》からは儒学の入門書である『孝経《こうきょう》』の伝授がなされた。健やかに成長していたとみていいだろう。翌年になると、管領畠山持国邸への御成《おなり》も行われたが、これには生母裏松重子が同行した。義教が横死すると、尹子はその日のうちに出家し、重子が将軍の母として振る舞うようになっていたのである。しかし、この年も参内したという記録はない。

晴れ姿

六月になると、義勝は室町殿として大きな仕事を果たさなければならなくなった。朝鮮王の使節が来日したのである。護衛には費用もかかるため、はじめ、管領たちは義勝の年少を理由に入京を断ろうとしたのだが、義教の弔問のためだという朝鮮側の説明を受け、入京を認めざるをえなくなった。同月十九日、使節は入京し、室町殿で義勝と対面した（『康富記』）。このときの義勝の装束がどのようなものだったかは不明であるが、朝鮮使節団は五十騎に及び、楽隊も従えていた。幼少の室町殿をいかに威厳あるように見せるか、幕府や朝廷の要人たちは知恵を絞ったはずである。

朝鮮使節に対面する場合、室町殿がどのような装束であったか、残された史料からはわからない。ただ、永享十一年（一四三九）正月、室町御所で義教に対面した朝鮮使節は、冠をかぶり、石帯《せきたい》を付けていたという（『建内記《けんないき》』）。石帯とは帯に付ける飾りの石のことであるが、日本の装束で石帯をつけるのは束帯だけである。このときの朝鮮使節の姿の記憶をもつ者は、義勝にそれに見劣りのしない装束を着けさせることを考えただろう。参内経験のない義勝が束帯姿となったとすれば、この朝鮮使節を応接したときをおいてはないだろう。そして、その可能性は十分あっただろうと思う。

朝鮮使節の訪問から一月足らずのちの七月十二日、義勝は急病を発し、二十一日に没した。死因は落馬とする説もあるが、これは後世の史書に見える記事によったものにすぎない。当時の武家《ぶけ》伝奏《てんそう》万里小路《までのこうじ》時房《ときふさ》の日記『建内記』には、発病から死に至るまでの経過が記されているが、下痢、発熱から始まり、大量の下血があったことが記述されている。赤痢《せきり》であったことはまちがいないだろう。

死去の日、時房は日記に「聡敏利性、後栄憑《たのみ》あり」と記している。前年二月、千也茶（九歳）を養育している伊勢貞国から、「読書始はいつ頃がいいか」と問われ、「義持様のときは十一歳でした。

千也茶様の器量と先例を勘案して決めるのがいいでしょう」（『建内記』）と答えた清原業忠が、その年十二月には、『孝経』を教授し終え、「これからは四書《ししょ》をお授けしたい。まず『大学《だいがく》』から始めたい」と語っている（『康富記』）ところを見ると、義勝は業忠から「覚えのいい、教えがいのある少年」との評定を受けたということになろう。時房の言は形式的な悼辞というわけではないのだろう。

束帯姿の木像は、聡敏であったという満九歳の少年義勝が、自らの役割を自覚したうえで目いっぱいに威厳を示そうとした姿をよく表しているのかもしれない。それは一月後に突然の死が待っているとは知るはずもない、一世一代の晴れ姿だったのである。

（榎原雅治）

第八代　足利義政

――父への過剰な憧れ

生年　永享八年（一四三六）正月二日
没年　延徳二年（一四九〇）正月七日
院号　慈照院

父　足利義教
母　裏松（日野）重子

官位の変遷
文安三年（一四四六）十月十五日に従五位上／同四年二月七日に正五位下・侍従／同五年十二月二十六日に左馬頭／同六年四月二十九日に征夷大将軍／同八月二十七日に従四位下・参議・右近衛中将兼任／宝徳二年（一四五〇）正月五日に従三位／同三月二十九日に権大納言／同六月二十七日に従二位／享徳二年（一四五四）三月二十六日に従一位／同四年八月二十七日に右近衛大将兼任／長禄二年（一四五八）七月二十五日に内大臣／同四年八月二十七日に左大臣／寛正五年（一四六四）十一月二十八日に准三宮／延徳二年（一四九〇）二月十七日に死去にともない贈太政大臣

芳しくない評価

義政《よしまさ》といえば、東山に銀閣《ぎんかく》（現在の慈照寺《じしょうじ》銀閣）を建て、東山文化を花開かせたことでよく知られている。一方で、自身の優柔不断さから後継者を決めることができず、応仁・文明の乱を勃発させた張本人であるとか、政治に興味を失い、退廃的な生活を送って幕政を混乱させたとか、さらには、妻で実力者であった日野富子《ひのとみこ》の尻に敷かれていたなど、マイナスのイメージで語られることも多い。

これは現代の歴史学が作り出したイメージというわけでもなく、山鹿素行《やまがそこう》によってまとめられた歴史書『武家事紀《ぶけじき》』でも散々な評価をされているように、江戸時代前期にはすでにこのようなイメージが定着していたようだ。しかし、近年では、応仁・文明の乱前の義政はむしろ意欲的に政治をおこなっていたことが明らかにされ、それがかえって重臣層との軋轢を生み、乱の原因ともなったといわれており、義政の人物評価も新たな展開を迎えている。

そこで本稿では、主として少年期から青年期の将軍として独立していく時期に焦点を当て、政治方針や文化の面から、義政の個性の一端を浮かび上がらせてみたい。なお、義政は成長にともない義成《よししげ》→義政へと名乗りを変えるが、煩雑になるため、本稿では基本的に「義政」の名で統一することにする。

一、難しい政治情勢と不意の将軍就任

前途多難な将軍就任

義政は永享八年（一四三六）正月二日、六代将軍足利義教《よしのり》の子として生まれ、幼名は「三寅」、のちに「三春」と呼ばれている。将軍の嫡子は政所執事《まんどころしつじ》をつとめた伊勢氏の屋敷で育てられるのが慣例となっているが、義政には同母兄の義勝《よしかつ》がいたため、母裏松《うらまつ》（日野）重子《しげこ》の一族である公家の烏丸資任《からすますけとう》の屋敷で育てられた。庶子であったため、この時期の義政に関するエピソードは伝えられていない。

さて、通常ならば、ほかの足利将軍家の子弟と同様に京都の有力寺院に入室し、僧侶として平穏な生活を送るはずであったが、幼少期の義政を悲劇が襲う。嘉吉元年（一四四一）六月二十四日、父義教が、播磨守護赤松満祐《あかまつみつすけ》によって殺害されてしまったのである（嘉吉の乱）。このとき義政は、わずか六歳であった。現任の将軍が家臣に殺害されるという大事件で社会が混乱するなか、大名たちの合議によって義教の跡は同母兄の義勝が継ぐことに決まり、翌年十一月十七日に元服し、征夷大将軍に任じられた。

ところが、義教を討った満祐も嘉吉元年九月に討伐され、これでようやく幕府も安定するかと思われた矢先、再び義政を悲劇が襲った。兄義勝が、将軍に就任してわずか一年後の嘉吉三年七月二十一日に、十歳の若さで急死してしまったのである。これにより、義政の運命は大きく転換していく。義勝の死により、後継者として白羽の矢が立てられたのが、当時、いまだ三春を名乗っていた八歳の義政だった。義政が後継者として選ばれた理由としては、やはり義勝の同母弟という血統のたしかさが最も重視されたのであろう。義政が後継者となることは、管領畠山持国《はたけやまもちくに》邸での重臣たちの合議で決定した。

さて、後継者として決まった直後から、義政は足利将軍家の家長をさす「室町殿」と呼ばれるよう

足利義政木像　栃木県足利市・鑁阿寺蔵

になった。これにともない、父義教や兄義勝の居所であり当時の幕府政庁でもあった室町第（当時の用語としては室町殿と出てくるが、足利将軍家の家長としての室町殿と区別するため、本稿では室町第と表記する）に移るのが既定路線だったと思われるが、この後しばらく、それまで暮らしていた烏丸資任の高倉亭にそのまま居住することになる。

室町第を避け高倉亭にとどまったのは、母重子の意向も強く働いたようである。このときの室町第には狐や「化生の妖物」（怨霊）が多く出没していたためと噂されていた。当時の人びとは義勝の死は足利持氏《もちうじ》・一色義貫《いっしきよしつら》・赤松満祐ら、義教との対立によって命を落とした人物たちの祟りによるものと信じており、義勝の死をひどく悲しんだ重子が、そのような怨霊・祟りがうずまく室町第を避けたのは当然ともいえるが、義教・義勝と二代続いた凶事を嫌ったとも理解できよう。

このように、ひとまずは義政を後継者とすることが決定した直後の嘉吉三年九月二十三日、後花園《ごはなぞの》天皇の土御門《つちみかど》内裏が南朝皇胤の金蔵主《きんぞうす》・通蔵主《つうぞうす》や後鳥羽《ごとば》院の末裔と称する鳥羽尊秀ら後南朝勢力（南北朝合一後に南朝の再建を図った皇胤や遺臣たちのこと）、さらには公家の日野有光らの急襲を受け、土御門内裏が全焼するとともに、三種の神器のうち神璽《しんじ》と宝剣が奪い取られてしまうという大事件が起きた（禁闕《きんけつ》の変）。首謀者たちは、義勝の死による幕府権力の混乱をみごとに突いたのである。夜半の襲撃により内裏は焼亡してしまったものの、幸い、後花園は女房姿で燃えさかる内裏から無事に脱出し、宝剣もすぐに発見された。首謀者たちもすぐに討たれ、神璽が行方不明になったことをのぞけば事なきを得たものの、代替わりを果たした直後の義政にとっては、前途多難な船出となったのである。

改名にまつわるエピソード

義勝の跡を継ぎ、室町殿と呼ばれるようになった義政であったが、いまだ幼かったこともあり、当初は畠山持国をはじめとする諸大名の合議により、幕政がおこなわれた。義政が元服したのは宝徳元年（一四四九）四月十六日のことで、同月二十九日には征夷大将軍に任じられている。

元服に先立つ文安三年（一四四六）十二月十三日、義政は幼名三春から「義成」と名乗りを変えた。このとき、後花園天皇が宸筆を染め、天皇による命名という形式が取られており（「足利家官位記」）、これは、足利氏当主の先例に従ったものとされている。なお、「成」の字が選ばれた理由として、「義成」にはどちらも「戈」の字が含まれていることが重視されている。この背景としては、足利義満《よしみつ》の武徳が重ねられているという。つまり、義満は戊戌《ぼじゅつ》の年に生まれ、戊戌にはどちらも「戈」の字を含んでいるため、武威によって天下が定まる兆しだというのである（『臥雲日件録抜尤《がうんにっけんろくばつゆう》』）。これは相国寺の僧・瑞渓周鳳《ずいけいしゅうほう》が聞いた話であり、事実かどうかは定かではないが、少なくとも政権に近い禅僧たちは義満のような武威を期待していたのである。もちろん、義教が横死し、義勝が夭死するという状況が背景にあったことは間違いない。

さて、義成と名乗ってしばらく経った享徳二年（一四五三）六月十三日、彼は名乗りを義政と改めた。改名に関して、かつては義政は武よりも文を好み、「戈」に象徴されるような武人的な名前よりも、仁政をおこない文事を重んずる人間になりたいとの願望をこめての改名という評価もあった。しかしこれは、義政側に積極的な理由があったわけではなく、後花園天皇の第一皇子である後の後土御門天皇の諱《いみな》（実名）が成仁《ふさひと》に決まったことによる改名である。古来より、諱を口にすることは忌避されており、とりわけ天皇候補者の諱が決定すると、その字を使用していた者は憚って改名するのを慣例としていた。つまり、義政はその慣例に従ったのである。

ところで、義政は将軍への任官と同時に判始をおこない、以後、花押を据えた文書を発給できるようになった。現在のところ、義政が発給した文書は八〇〇通以上確認されている。これは一〇〇〇通を超える初代尊氏《たかうじ》や二代義詮《よしあきら》に次ぎ、三代義満に匹敵する数だという。南北朝内乱にともない、感《かん》状《じょう》や知行宛行状《ちぎょうあてがいじょう》などたくさんの文書を発給する必要があった尊氏や義詮の時代に比べ、義満以後の時代になると、幕府の安定化や奉行人奉書の整備等により将軍の発給文書は減少していった。ところが、義政期に増加するのは、私的な書状の形式を取る御内書《ごないしょ》の発給が飛躍的に増加したためとされている。

しかし、その後の将軍たちの文書が数多く残されているというわけではなく、比較的多く残っている義晴《よしはる》や義昭《よしあき》でも五〇〇通を超えるぐらいとされていることから考えても、やはり義政の発給文書は多い。もちろん、政治情勢や文書の伝来環境等も考慮しなければならないが、ここでは発給文書の多さを義政政治の特徴のひとつとして注目しておきたい。

二、意欲的な政治と父・義教の先例

重臣の合議から将軍親政へ

義政が将軍となったのちも、彼が若年であったため、幕政は諸大名たちの合議によりおこなわれていた。しかし、長ずるにつれて義政は将軍親政の意志をもちはじめ、それにともなって近臣層が政治に介入してくることになった。

とくに知られているのが、いわゆる「三魔《さんま》」と呼ばれる、今参局《いままいりのつぼね》（御今）、有馬元家《ありまもといえ》、烏丸資任の三人である。それぞれの来歴をみると、今参局は将軍の近習で奉公衆大館《おおだち》氏の出身で義政の乳母《めのと》（従来、義政の愛妾といわれてきたが、現在は乳母とするのが有力である）、有馬元家は赤松氏の庶流でこれまた将軍の近習、烏丸資任はすでに述べたように、幼少期の義政を自邸で養育した人物であり、いずれも義政と近しい者たちである。このうち、とりわけ今参局の動きがよく目立つ。

義政の初政期における政治的事件としてよく知られているのが、尾張守護代職への介入問題である。兄義勝の時代、素行不良を理由に織田郷広《おださとひろ》が尾張守護代職を更迭され、代わって弟敏広《としひろ》が守護代をつとめていたのだが、宝徳二年（一四五〇）、突如義政は郷広を守護代に再任しようとした。その背景に今参局の画策があったとされている。

さすがにこれには、織田氏の主人で尾張守護の斯波氏が反発し、管領の畠山持国も義政に抗議するなどしている。さらには翌年九月に、義政の母重子が京都から出奔して嵯峨五大尊堂に籠居し、義政を諫めたため、ひとまずこの件は落ち着いた。しかし、義政の初政期からすでに近臣層と重臣層との対立がみられている点は、注目しておきたい。

実際、この頃の今参局は大きな影響力を持っていたようで、「曽《かつ》て室家の柄を司り、その気勢焰々近づくべからず、その所為、殆《ほとん》ど大臣の執事の如し」とまで評されるようになり（『碧山日録《へきざんにちろく》』）、康正元年（一四五五）正月には、先ほど述べた三魔が幕府政治を牛耳っているとの落書《らくしょ》が掲げられるという事件にいたっている。

しかし、今参局の権勢は長くは続かなかった。義政の妻日野富子が流産すると、富子の流産は今参局の呪詛によるものと噂されるようになり、ついに重子や重臣らが義政に訴えると、さしもの義政もこれには抗することができず、今参局を召し捕ると、近江沖島（滋賀県近江八幡市）に配流とすることが決定された。局は配流される途中に自害したとされる。

さて、今参局の失脚の後、有馬元家は同年十二月に同族赤松則尚《のりひさ》の反乱に連座して出家・遁世し、のちに述べるように義政の居所が高倉亭から室町第に移ると烏丸資任も目立った動きが見えなくなるなど、「三魔」による義政への口入は見られなくなる。しかし、これによって重臣層の合議体制が復活したわけではなく、引き続き義政による親政がおこなわれ、「三魔」に代わって同じく近臣の伊勢《いせ》貞親《さだちか》が台頭していくことになる。

重視された父義教の先例

「三魔」を諷刺する落書が掲げられた康正元年（一四五五）正月から約半年後の八月二十七日、義政は右近衛大将《うこんえのたいしょう》に任ぜられた。右近衛大将への任官は、古く源頼朝《よりとも》の例にさかのぼる武家にとっての重要事項であり、足利将軍家でも重視されていた。そのため同職への任官は、義政の親政確立の大きな画期と評価されている。

とりわけ、親政化を推し進める義政にとって、重視すべきは父義教の先例であった。

足利将軍家では、家にとって大きな功績を残した将軍の例を「佳例《かれい》」とし、官位の昇進や儀礼等でその所作等を準えることが常となっていた。そのなかで、絶大な権力を打ち立てた三代義満の例はとくに重視され、「鹿苑院殿佳例」と呼ばれるなど、将軍たちの行動規範になっており、もちろん、義政も例外ではなかった。

しかし、義政の特長として、義満のみならず父義教の先例を意識して踏襲していることは注目される。義教も強大な権力を打ち立てたことで知られており、当然、義教の先例は足利将軍家の佳例となる可能性は十分にあったのだが、嘉吉の乱で臣下に討ち取られて横死するという凶事に見舞われていたため、義教の跡を継いだ義勝以来、義教の先例は「凶例《きょうれい》」とされ、忌避されていたのである。たとえば、すでに明らかにされているように、義勝の元服および将軍宣下に関する儀式はすべて義持の先例にのっとっておこなわれている。これ以前に、後継者が途絶えた義持の先例は凶例とされ忌避されていたのだが、ここにいたって佳例として復活したことになる。なお、その背後には義教政治に反発する管領畠山持国の意向があったとされている。

義政も、当初は義満や義持の先例にのっとって行動していることが確認できるが、享徳二年（一四五三）頃から諸儀礼に義教の例を用い始めていたことが指摘されており、康正元年には義満・義持の例とならんで、はっきりと「嘉例」（佳例）として認識されていたことがわかる（『康富記』）。幕閣の中に義教の先例を復活させようという動きは見られないため、これは義政の意向と考えてよいだろう。なお、若年期の義政は祖父義満の先例を重視していたとの指摘もされているが、当初は父義教の先例が凶例と認識されていたことなどをふまえると、むしろ消極的な選択だったと考えるべきだろう。

ところで、義政が意識していたのは儀礼等の先例だけではない。長禄二年（一四五八）には、「近日の御成敗、普光院御代のごとくたるべし」との宣言が出された。「普光院」とは義教のことで、政治方針も義教の政策を踏襲する方向に踏み出すことになったのである。実際、義教に重用され、五山禅院と将軍との取次をつとめていた蔭凉軒主《いんりょうけんしゅ》季瓊真蘂《きけいしんずい》をこの年正月に復帰させ（季瓊真蘂は赤松氏庶流の上月《こうづき》氏出身であったため、嘉吉の乱後に連座して引退していた）、義教が定めた法令の遵守を五山に命じていることなどが明らかにされている。さらにこの年、赤松遺臣が禁闕の変で奪われていた神璽を吉野の後南朝勢力から奪還した功（長禄の政変）により、赤松政則《まさのり》を当主として赤松氏の再興が認められているなど、義教が殺害され、その後の幕府政治に暗い影を落とした嘉吉の乱を清算し、それ以前の時代にもどすかのような動きが見られることも見逃せない。

それと軌を一にするかのように、長禄二年二月には相国寺と鹿苑院に不知行荘園の返付命令を出し、さらに翌月には、寺社本所領荘園の返付命令を出し、あわせて公正な審理・裁判をおこなうことを誓っている。なお、これらの政策は代始め徳政と理解されている。

さらにこの前後には、乱立する関所を撤廃して流通の促進を図ったり、近臣の伊勢貞親に軍事に関する諸権限を集中させ、軍事制度の改革を図るなど、次々と意欲的な政策が実行されている。

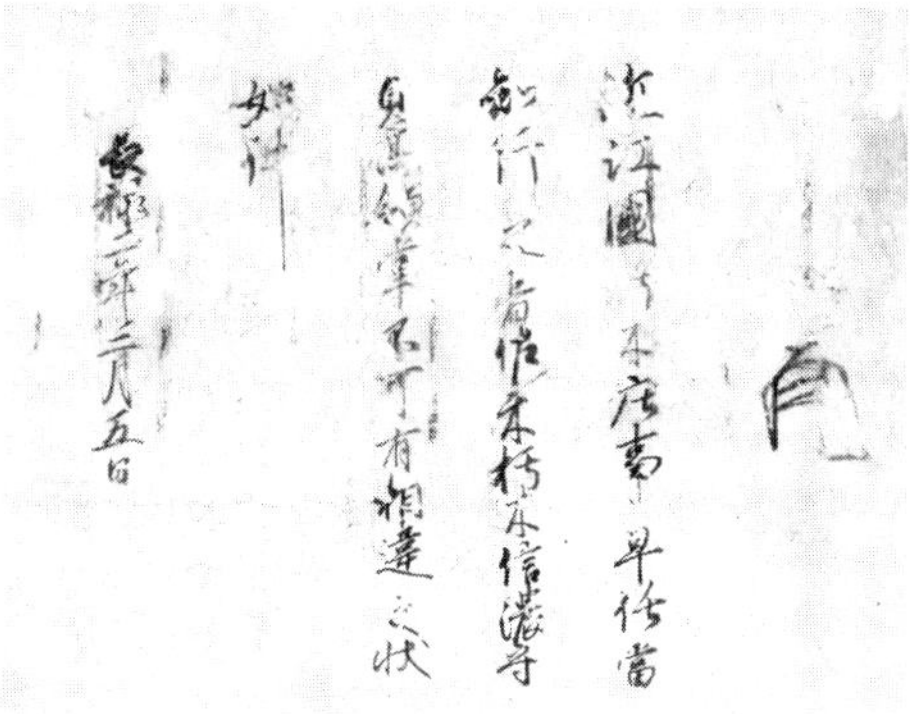
長禄２年３月５日付け足利義政御判御教書　「朽木家古文書」　国立公文書館蔵

また、先ほど尾張守護代職への介入について述べたが、義政はこの頃から大名家への介入を強めていく。たとえば、それまで義政との関係が良好であった畠山義就《よしひろ》が、大和や南山城での合戦で「上意」を勝手に使用して軍勢を動かしたことから義政の信頼を失い、義就と対立していた一族の政長《まさなが》に家督を与えた。同じく管領家の斯波家も、斯波家中の勢力争いや義政の関東政策などが影響して当主義敏が義政と対立し、一度は義敏の子義寛《よしとお》が家督に立てられるものの、寛正二年（一四六一）に義政の命で家督の座を追われ、新たに渋川義鏡《しぶかわよしかね》の子義廉《よしかど》が斯波家の家督として取り立てられている。父義教も大名家の家督に介入し、自己の都合のよい人物を据え、将軍権力の増大を図ったことで知られているが、義政の行動もそれに倣ったものと考えてよいだろう。

さらに、「武」よりも「文」を好んだというイメージの強い義政だが、この時期には関東の足利成氏《しげうじ》征伐や大和をはじめとする畿内征伐など、盛んに出兵している。これらの出兵は父義教もおこなっており、やはりこれも義教の実績の再現を夢見たものと解釈できる。

以上の事例からは、一般的にイメージされるような政治に無関心な義政像は決してうかがえない。また、義政の政治的自立を考えるうえで、これらの政策が立て続けに実行された長禄年間、とりわけ長禄二年が画期となっていたということはもっと重視されてもよいだろう。

多大な負担を強いた室町第再建

長禄年間の動向として、もうひとつ見逃すことができないのが、長禄二年（一四五八）十一月から始められた室町第再建である。

すでに述べたように、兄義勝の死後、後継者に決まった義政は母重子の意向もあり、怨霊が跋扈する室町第に移ることを避け、慣れ親しんだ烏丸資任の高倉亭にとどまることを選択した。長禄二年十一月には高倉亭の山水庭園が完成し、この時期にいたっても義政は高倉亭で満足しているものと思われていた。しかし、二日後に義政が下した決定に、人びとは驚愕した。義政は突如、義勝以降、主がいなくなり荒廃していた室町第の再建を命じたのである。これにより、高倉亭の山水庭園造営は徒労に終わることになった。

再建は急ピッチで進められ、翌三年十一月には再建なった室町第に義政が移り、高倉亭は母重子に与えられた。とはいえ、これで作事が終わったわけではない。ただでさえ、再建にあたって守護出銭《しゅごしゅっせん》というかたちで造営資金の供出を求められ、負担を強いられた諸大名たちであったが、引き続き亭内に会所《かいしょ》や泉殿《いずみどの》、泉水を造るために、諸大名たちは名水や銘木を運び込むために動員されるなど、さらなる負担にさらされたのである。

守護出銭は、もともと諸大名から将軍に対する贈与という性格を持っていたため、分担方法などは諸大名の合議で決定されていたが、この時期には義政近臣の伊勢貞親や季瓊真蘂らが決定し、諸大名に割り振るかたちに変化していった。このため、諸大名たちは近臣層に対して徐々に不満をもつようになっていく。さらに、室町第の造営費用をまかなうためであろうか、室町第の作事始の祝儀を諸寺社や諸門跡《もんぜき》に対して要求するなどしている。

ちなみにこのとき、後花園天皇から義政を諫める有名な漢詩が届けられている（『長禄寛正記』）。

残民争採首陽蕨（残民争いて首陽《しゅよう》の蕨《わらび》を採る）
処々閉炉鎖竹扉（処々の炉を閉じ竹扉《ちくひ》を鎖《とざ》す）
詩興吟酸春二月（詩興吟ずれば酸なり春二月）

満城紅緑為誰肥（満城の紅緑誰が為に肥えん）

意味は、「残った民は争うように蕨を採っている。あちこちで竃は閉ざされ、竹でできた扉も閉ざされている。詩を楽しもうとして口ずさんでみても、痛ましい春二月である。町中の花や青葉はいったいだれのために咲き誇っているのだろうか」ということになる。

実は、義政が室町第の再建および庭園の整備に熱心になっていた頃、世間では長禄・寛正の飢饉といわれる、ひどい飢饉にみまわれていた。全国的に不作・飢饉・疫病が蔓延していたようで、「世上の三分の二が餓死に及んだ」とか、「骸骨《がいこつ》ちまたに満ちて」（『長禄寛正記』）と描写されるような惨状であった。すなわち、後花園天皇はこのような状況を憂えて、先述のような漢詩を義政に贈ったのである。義政はこれに応えて、一度は工事を中止したとされる。しかし、結局は工事が再開され、寛正五年（一四六四）に新たな室町第が完成した。完成した室町第を見て、季瓊真蘂は絶賛している。

以上見てきたように、強行に進められた室町第の再建は、義政の庭園趣味の発露と理解されることが多いが、決してそれだけではあるまい。室町第再建の指令が出されたのが、「近日の御成敗、普光院御代のごとくたるべし」と宣言された長禄二年であるということをふまえると、父義教に対する思慕から、室町第への移住を考えたのであろう。この点については、また次節で述べることにする。

三、父への憧憬とその破綻

室町第の美術と後花園上皇の御幸

前節までは、義政の前半生における政策や政治姿勢の特徴をみてきた。そこでは、成長するにしたがい、父義教の先例や政治姿勢が重視されていく状況が確認できた。とにかく先例が重視される室町将軍家であるから、義政が父義教の例を踏襲しているのは、ある意味で当然といえるのかもしれない。そこで本節では、それ以外の点で見え隠れする義教の影響を見てみたい。

まず、義政によって再建された室町第の美術についてみていきたい。すでに述べたように、義政は長禄二年（一四五八）十二月に突如室町第の再建を指示し、翌年末に移住。紆余曲折がありながらも、寛正五年（一四六四）に室町第は完成した。再建にあたっては父義教への思慕の可能性を指摘したが、なによりその邸内を飾った建築・美術にも義教の影響がつぶさにうかがえる。

まずは、泉殿の造営についてみてみよう。泉殿は庭に泉を施した寝殿造《しんでんづくり》の建物で、造営のようすは『蔭涼軒日録』に詳しい。それによると、造営は長禄四年四月に始まり、同年十二月五日には移徙《わたまし》（引っ越し）をしている。このとき完成していたのは建物のみであったようで、内装はまだ完成していなかったようだ。

同月七日からは障子絵の賛詩《さんし》の作成が始められている。このとき義政は、義教の泉殿にあった瀟《しょう》湘八景《しょうはっけい》障子絵の賛詩を記した人物を季瓊真蘂に尋ねており、ここから義政の泉殿が義教の泉殿を強く意識していたことが指摘されている。障子絵については、かなり細部までこだわっていたようで、賛詩を書く色紙の色まで義教の例に准拠するよう望んでいたようだ。実際には、かなり古いことなの

後花園天皇画像　京都市・大應寺蔵

で確かなことはわからなかったようだが、色紙の色にまで徹底的にこだわる姿には驚かされる。

ところで、室町第の再建とセットで考える必要があるのが、室町第への天皇（上皇）の行幸（御幸）である。義政の時代には、寛正五年（一四六四）八月二十三日に後花園上皇が室町第に御幸した。

このときの御幸行事は、義満時代の後円融天皇行幸ではなく、義持や義教の時代の行幸（御幸）と共通することが多いことが明らかになっている。とくに、永享九年（一四三七）の義教の室町第への後花園天皇の行幸は、直前の義教への兵仗《ひょうじょう》宣下《せんげ》（外出時に随身を召し連れることへの勅許）に対する返礼であったが、寛正五年の御幸も、直前の義政への兵仗宣下に対する返礼であることが指摘されている。では、先ほど泉殿の障子絵でみたような、内装等の面ではどうだろうか。結論から先に述べると、やはりこれも義教の先例をとかく重視しているようである。

室町第舞十二間の障子絵制作（以下、舞絵制作）を例にとってみよう。舞十二間（二十四畳大の部屋）は「泉之西殿」にあり、舞絵制作は寛正三年六月より始められた（『綱光公記』）。舞絵制作にあたっては、実際に舞人たちに舞を演じさせたが、このとき制作のために参考にされた「舞御覧目録」は永享九年の行幸時のものと推定されている。とりわけ採桑老《さいそうろう》という舞曲については、義政は「永享九年」の例に従って、四天王寺の舞人から採桑老四帖を伝授させている（『綱光公記』）。永享九年の行幸にあたっても採桑老の伝授はおこなわれたが、そのときは不完全な伝授であったため、義政はすべて伝授させて、父義教の事業の欠を補い、その後継者であることを示したのではないかという指摘もされている。

このように、造形に対してひどくこだわりを見せる姿は、従来、義政の趣味や芸術的要素で語られることが多かった。もちろん、義政が芸術に対して深い造詣を持っていたことは間違いないが、少なくとも室町第の再建や後花園上皇の御幸時に見せたこだわりは、父義教の先例を意識してのことだった点を忘れてはならないだろう。

義教の肖像画を収集する

つぎに、もっとも注目されるのが、寛正三年（一四六二）に義政が諸寺に命じて、収蔵されている義教の肖像画を集めさせていることである（『蔭凉軒日録』）。現在、義教の肖像画として知られているのは、愛知県一宮市の妙興寺所蔵の一幅、京都市法観寺所蔵の一幅（口絵参照）、東京大学史料編纂所所蔵の一幅の三幅ぐらいであるが、このときは数十幅というとてつもない数の肖像画が集められている（なお、季瓊真蘂が所持していたものが最も面影を写していたという）。

この年は、義教の没してから二十一年後にあたる。このころには義政が義教の墓所・相国寺の普広院にしばしば参詣していたり（『蔭凉軒日録』）、翌年から作成が始まった禅林寺《ぜんりんじ》（永観堂《えいかんどう》。京都市左京区）

所蔵の「融通念仏縁起絵巻《ゆうずうねんぶつえんぎえまき》」（国重要文化財）が、義教の二十三回忌に合わせて追善のために義政が企図したと考えられていることなどからすると、あるいは二十三回忌を意識しての行動とも考えられる。しかし、それにしても数十幅という数には驚かされる。

そもそも、たとえば義持が父義満の肖像画に賛を書くことなどはあっても、父親の肖像画を収集するということは、ほかの将軍たちには見られない、義政特有の行動であった。このことからすると、やはり義政の父義教に対する思慕は相当なものがあったといえよう。

父義教への憧憬の果てに

以上、三節にわたって義政の前半生をみてきた。そこでは明らかに、義政が政治的に自立していく過程の中で、父義教の先例に固執している姿をみることができた。また、それと対を成すかのように、積極的な政治をおこなっていたことが確認でき、巷間でイメージされていたような政治に無関心といわれた姿はみえない。

多かれ少なかれ、為政者は父祖の政治や先例に立ち返ることがあるが、それにしても義政の場合はその傾向が強い。義教が死んだのは義政がわずか六歳のときのことである。このことを考えると、より内面的に、幼少のころに死んでしまった父親への憧れが作用していたとも思われる。そしてこれが、ほかの将軍には見られない、父親の肖像画を収集するような行為ともつながっていたのかもしれない。

では、義教を意識した義政の政治方針は、その後の人生や政治情勢にどのような影響を与えたのだろうか。積極的で、しかも専制的な側面を出し始めた義政の政治は、結果として室町第の再建や軍事行動の連発により諸大名の負担を増大させ、疲弊させていった。さらに、側近の重用による政治の不公正、大名家の紛争における定見のなさなども相まって、徐々に諸大名の信頼を低下させていった。これが、幕政の主導権をめぐる細川勝元《かつもと》・山名宗全《そうぜん》の争いやそれにともなう諸大名たちの去就を含む複雑な政治情勢、将軍家のみならず畠山氏や斯波氏をはじめとする大名家の家督争いなどが絡み合い、十一年間という長きにわたって続いた応仁・文明の乱の一つの原因ともなったのである。それを考えると、結果として義政の政治は失敗だったといわざるをえない。

義政がつくらせた銀閣（観音殿）　京都市・慈照寺

義教の方針を踏襲し、強い将軍、強い幕府を目指していた義政の政治は、なぜ破滅へと向かっていってしまったのか。そこには義教と義政の個性の違いがあったのではないだろうか。とくに軍事行動や大名家への介入にそれがよくうかがえる。たとえば、関東に対する軍事行動では、足利持氏《もちうじ》が幕府への敵意をあらわにすると、義教は周到に用意を重ねたうえで軍勢を派遣し、短期決戦で決着を付けた（永享の乱）。しかし義政は、持氏の子成氏が反旗を翻すと準備不十分なまま戦端を開いてしまい、しかも有効な

足利義政の墓　京都市・相国寺

手を打つことができず、引きどきをつかめないまま状勢が泥沼化し、三十年にもわたる享徳の乱を引き起こしてしまっている。

また、大名家への介入をみても、義教は支持する対象を決めると最後まで方針がぶれることはなく一貫している。対して義政は、畠山氏の場合も斯波氏の場合も、家督をすげ替えたにもかかわらず、その時々の政治情勢に左右されて支持する対象を変えてしまい、幕政の混乱を招いている。そこには義政の単純で優柔不断な一面が見え隠れし、それが自身の求心力を失わせる大きな要因となった。これが義教との決定的な違いであった。つまり、義教に憧れまねをしようとしても、単純さや優柔不断などにより徹底することができなかったのであり、これは義政の政治的能力の甘さといってよいだろう。これには、幼くして室町殿になり、苦労知らずで育ってしまったことも影響していようか。

なお、従来、応仁・文明の乱後の義政は政治に興味を失ってしまったと理解されることが多かったが、乱後も権力を手放さず、最後まで権力志向を失っていなかったことが、近年では明らかにされつつある。たとえば、政務放棄や隠遁志向のあらわれとされてきた東山山荘の造営も、かつて三代義満が「室町殿」義持のうえに立つ「北山殿」になって公武に君臨した姿を再現しようとしたのではないかという、注目すべき見解も出されている。実際それは、「東山殿」義政、「室町殿」義尚《よしひさ》というかたちで実現したが、このような二重権力状態は結局義尚との対立を招いてしまった。そこには、権力の分掌関係があいまいで、義尚への権力移譲が中途半端だったことが大きく作用しているようだ。義政個人の政治的甘さは、彼の最晩年まで影を落とすことになったのである。

（丸山裕之）

【主要参考文献】
家永遵嗣「「三魔」―足利義政初政期における将軍近臣の動向」（『日本歴史』六一六、一九九九年）
石原比伊呂「義政期の将軍家と天皇家」（同『室町時代の将軍家と天皇家』勉誠出版、二〇一五年）
榎原雅治『シリーズ日本中世史3　室町幕府と地方の社会』（岩波書店、二〇一六年）
木下聡編『足利義政発給文書（1）』（戦国史研究会、二〇一五年）
呉座勇一『応仁の乱』（中央公論新社、二〇一六年）
桜井英治『日本の歴史12　室町人の精神』（講談社、二〇〇九年。初版二〇〇一年）
末柄　豊「東京大学史料編纂所所蔵足利義教像について」（『MUSEUM』五七五、二〇〇一年）
末柄　豊「応仁・文明の乱」（『岩波講座　日本歴史8　中世3』岩波書店、二〇一四年）
髙岸　輝『室町王権と絵画』（京都大学出版会、二〇〇四年）
田端泰子『足利義政と日野富子』（山川出版社、二〇一一年）
水野智之『名前と権力の中世史』（吉川弘文館、二〇一四年）
百瀬今朝雄「応仁・文明の乱」（『岩波講座　日本歴史7　中世3』岩波書店、一九七六年）
吉田賢司『室町幕府軍制の構造と展開』（吉川弘文館、二〇一〇年）

コラム

Column

足利義視

父　足利義教
母　家女房

生年　永享十一年（一四三九）閏正月十八日
没年　延徳三年（一四九一）正月七日
院号　大智院

誕生から還俗まで

応仁元年（一四六七）八月、応仁の乱が開戦して三ヶ月がたち、京都内が焦土と化し、いまだあちこちで戦いが繰り広げられているなか、一人の貴人が少ない供を連れて、京都から伊勢へと密かに下っていった。この貴人こそ、応仁の乱の当事者の一人とされる足利義視《よしみ》である。この翌年に京都に戻った義視は、西軍に身を投じて、東軍方にいた兄足利義政《よしまさ》と敵対することとなる。兄義政の跡を継いで、室町幕府の次期将軍となるはずであった義視が、なぜこのようなことになってしまったのか。

義視は六代将軍足利義教《よしのり》の十男で、七代義《よし》勝《かつ》・八代義政の弟にあたる。

母は義勝・義政と異なり、義教の正室正親町《おおぎまち》三条尹子《さんじょうただこ》に仕える女房であった小宰相局《こさいしょうのつぼね》で、細川持春《ほそかわもちはる》（細川一族、幕府御供衆《おともしゅう》）の屋敷において、永享十一年（一四三九）閏正月十八日に誕生した（「御産所日記《ごさんじょにっき》」）。ほかの兄弟（義勝・義政以外）同様に、幼少の頃に寺に入れられており、義視は浄土寺《じょうどじ》に入室して、義尋《ぎじん》と名乗っていた。

浄土寺にいた頃の義視については、史料上から動向が確認できないため、ほとんど不明である。多くの兄弟がいるため、今後俗世には僧侶としてのみ関わるであろうと考えるのが自然なので、おそらくは仏道修行に励んでいたと思われる。

　しかし、義視を取り巻く状況は徐々に変わっていく。義視には、わかっているだけで十人の兄弟がいたが、長兄の義勝をはじめ、その

『義烈百人一首』に描かれた足利義視　当社蔵

多くが年若くして死去してしまい、寛正五年（一四六四）の正月を迎えたときに生存していたのは、将軍となっている義政、僧侶となっていたが、義政の関東政策によって長禄二年（一四五八）に還俗して伊豆堀越《ほりごえ》にいた政知《まさとも》、そして義視のみとなっていたのである。

　将軍である兄義政は、前年の寛正四年に実母裏松《うらまつ》（日野《ひの》）重子《しげこ》が亡くなり、自身も三十代にさしかかろうとしていたため、後継者について考えねばならなかった。しかし義政には、子供は生まれるものの、男子はみな早世してしまっていた。これから生まれても、成長する頃には自分は相当の年齢になっているか、死去してしまっているかもしれない。全く生まれない可能性もある。そのため、弟の中で唯一生存している義視に白羽の矢を立てたのである。つまり、義視を養子として跡継ぎにし、自分に息子が生

まれなければそのまま。もし生まれても、息子が成長するまで中継ぎとして将軍を継いでもらおうとしたのである。政知は義政の庶兄であるため、これは年下の義視でなくてはならなかった。

そして寛正五年十二月二日、その日がやってくる。義視は、義政の命を受けて還俗して俗人に戻り、将軍の次期候補者となったのである。さらに、その後わずか一年余りで、従五位下左《じゅごいのげさ》馬頭《まのかみ》から従二位《じゅにい》権大納言《ごんのだいなごん》にまで順調に官位を昇進させており、将軍就任は秒読み段階となっていた。

しかし、義政は肝心の将軍職をなかなか譲ろうとしなかった。大名との関係など政治的情勢もあったであろうが、その最大の理由は、年齢の問題であろう。在世中に将軍職を譲った義《よし》満《みつ》・義持《よしもち》は、それぞれ三十七・三十八歳のときに移譲している。義政は寛正五年時点で二十九歳であり、この二つの先例からすれば、もう八、九年は在職し続けるつもりであったと思われる。実際に、息子義尚《よしひさ》に将軍職を譲った文明五年（一四七三）は、義持と同じ三十八歳のときである。また義政は、寛正六年には東山山荘《さんそう》建設の構想を実行に移しつつあったので、将軍で居続けたほうが都合がよかったのだろう。

応仁の乱の当事者として

義視は、応仁の乱における当事者の一人である。かつては、将軍後継者の座をめぐって、義政の弟義視と、義政の子（後の九代将軍義尚）およびその母日野富子《とみこ》が争い、義視が細川勝元《かつもと》を、富子が山名持豊《やまなもちとよ》（宗全《そうぜん》）を頼みにしたことが、応仁の乱の原因の一つとなったとされていた。しかし現在では、それは直接的な原因ではなく、あくまで大名間の対立が応仁の乱の本質であったとされており、また、東西両軍に現将軍義政と次期将軍義視とが分かれたのは、両者の間に起きた軋轢が背景にあったことが指摘されている。

前述のように、もともと義視が還俗したのは、その時点で男子のいなかった義政が、自分の後継者に据えるためであった。翌年義政に男子が生まれると（後の義尚）、その誕生儀礼などはいずれも将軍世嗣として行われているが、それに義視が不満を唱える様子もなく、中継ぎとしてではあるが、これ以後も義視が次の将軍になるのは既定路線のままであった。では、なぜ義視は義政と敵対することになってしまったのか。

まず前提として、当時の幕府の政策と有力大名の対応に、義視が巻き込まれていたことが指摘されている。すなわち、幕府管領となる家柄の、三管領家の一つである斯波氏では、義政の命令で義敏《よしとし》から義廉《よしかど》へと当主が交替していたが、伊勢貞親《いせさだちか》と結びついた義敏の工作により、今度は義廉が退けられそうになる。そこに、義廉に味方した山名持豊が、義視と結びつくことにより打開を図って、結果、伊勢貞親は失脚することとなる。そして、これ以後も斯波義廉・山名持豊は義視との関係を構築していく。

その後、有力大名間の関係が決裂して、細川勝元派と山名持豊派とに分かれて戦端が開かれる。これが応仁の乱である。乱の当初は、勝元が義政・義視・富子・義尚を御所ごと確保していたため、義視は勝元方の総大将として行動し、振る舞っていた。しかし前述のように、義視は斯波義廉や山名持豊との関係が深かったため、勝元から疑念を抱かれていた。

そして開戦して三ヶ月が過ぎ、西軍の大攻勢が始まる八月に、勝元方によって義視は室町御所から締め出され、冒頭でみたように、義視はわずかな供とともに京都を脱して、伊勢へと向かった（『経覚私要鈔《きょうがくしようしょう》』）。義政は翌年になって、義視へ京都へ戻るようたびたび促し、九月に義視はようやく京都に戻るが、義政に対して日野勝光《かつみつ》（富子・良子《よしこ》の兄）を「邪徒《じゃと》」であるとして、遠ざけるよう進言し、義政の気分を害することとなる。また、かつて義視の排除を図った伊勢貞親も復権しつつあった。そのため、義視は立場を失っていく。

義視は十一月に再び京都を抜け出して、今度は比叡山《ひえいざん》へ移った。このとき、義視は誅伐されるのではないかと恐れていたため、「雑人《ぞうにん》」、つまり一般庶民のように徒歩で移動していたという（『後法興院記《ごほうこういんき》』）。義視はここで、ついに西軍へと身を投じ、総大将として迎えられることとなる。西軍諸将は義視を「公方様《くぼうさま》」として扱い、ここに東西に幕府が並立する状態になった。西軍の「公方」となった義視は、関東の反義政勢力である足利成氏《しげうじ》と和睦交渉をするなど独自の活動もしているが、基本的には、従来の幕府体制に則った形で政策を行っている。一方義政も、義視を「朝敵」として討つように諸将に命じている。

まとめると、義視が義政と袂を分かつことになったのは、次期将軍という政治的立場を持ったために、有力大名間の争いの中で山名・斯波義廉に頼られて関係を取り結ぶことになったことが、乱の開戦後に自身の政治的立場を失わせることにつながってしまったこと、それを取り戻そうと日野勝光を排除しようとして、かえって義政の怒りを買い、ますます自身を追い詰めることになってしまい、窮した義視が西軍諸将を頼ってしまったからといえよう。また、独自に西軍諸将との交渉パイプを持っていた日野勝光・富子兄妹の動きも、義視の政治的判断を狂わせ、誤らせた一因であった。

兄義政との関係

義視は、応仁の乱で兄義政と政治的な行き違いが生じ、東西に分かれて戦うことになったが、義政との個人的な関係はどのようなものであったのか。

義視が還俗する前の、浄土寺義尋といっていた時期の義政との関係は不明であるが、還俗後は、宴の席で義視と義政とが一緒に酒を飲む姿がよく見られる。

応仁の乱が起こる前年の、文正元年（一四六六）九月に起きた文正の政変では、義視を誅するように述べた伊勢貞親の訴えを、義政は聞き入れずに貞親を追放している。貞親は、この頃の義政の第一の側近であったが、山名・細川ら諸大名の反発もあって、義政は貞親を処罰し、義視には全く何のとがめも与えなかった。この時点では、内心はさておき、義政は義視の立場を重んじていたといえよう。

応仁の乱中に、義視が西軍方に回ったことを知った義政は激怒し、義視とその御供をしていた公家の官位を剥奪し（『公卿《くぎょう》補任《ぶにん》』）、朝廷に依頼して、義視を朝敵として誅伐せよとの後花《ごはな》園《その》上皇の院宣《いんぜん》を出させている（『大乗院寺社雑《だいじょういんじしゃぞう》事記《じき》』）。義視と義政との関係は、このとき最悪の状態であった。

東西両軍の首魁である山名持豊・細川勝元が文明五年に相次いで死去すると、両軍の間に和平の話が持ち上がるようになる。義視と義政との関係も修復に転じ、義視の娘が義政・富子の猶子《ゆうし》として、将軍家ゆかりの尼五山《あまござん》の一つ曇華《どんげ》院《いん》に入室している（『親長卿記《ちかながきょうき》』、この娘は後述の聖寿《しょうじゅ》のこと）。

応仁の乱終結後、後述のように義政は義視を赦免するが、義視は美濃に留まったまま上洛しようとしなかったし、義政も義視を京都に呼び寄せようとはしていない。乱中に将軍職はすでに義尚に譲っていたため、義視の扱いに困る部分があったこともそうだが、やはり一度こじれた仲は、なかなか戻らなかったのだろう。

延徳元年（一四八九）三月に義尚が死ぬと、翌四月に義視と息子義稙《よしたね》（当初の名は義材《よしき》、次いで義尹《よしただ》）は上洛するが、義政はなかなか二人に会おうとしなかった。しかし半年後に、病気で危篤状態になってから奇跡的に回復した義政は、ようやく二人に会っている（『蔭凉軒日録《いんりょうけんにちろく》』）。

死の淵に立ったことで、これまでのわだかまりが少し減ったのだろう。義政は、その翌年正月七日に死去している。

義政が死去して二週間後に行われた法事に赴いた義視は、「もともと義政と自分との兄弟仲は良かったのだが、間にいた人（伊勢貞親などのことであろう）が色々申したことによって疎遠になってしまった」と、相国寺蔭凉軒主亀泉《きせん》集証《しゅうしょう》に語っている。義政に対して含むところはなく、義政の側近が悪いのであるという義視の心情がうかがえる。

そして、このとき亀泉は、以前、義視が美濃国から禅僧の出世を申請したとき、必要な修行を済ませてないのでダメだと僧たちは主張したが、義政が「義視から言ってきたことなので、本来はダメだが一人ぐらいならよかろう」と述べてあえて認可した話をし、それを聞いた義視がにっこり笑ったという（『蔭凉軒日録』）。

応仁の乱中は、義視が西軍大名との関係がもともと深かったこと、日野勝光を追放するよう進言して義政の怒りを買ったことなど、さまざまな政治的行き違いがあったため、ついには敵対し、大きな溝ができてしまったが、それでもなお兄弟の仲は、本質的には悪くなかったことがうかがえる逸話である。

晩年の栄光

文明九年（一四七七）十一月に応仁の乱が終結すると、西軍方の大名は京都にとどまらず、みな国元へ帰還するが、このとき義視は、美濃へ帰る斎藤妙椿《さいとうみょうちん》（美濃守護代）を頼って、美濃国へ下った。文明十年七月十日に義政から赦免が出されている（『大乗院寺社雑事記』）が、その後も引き続き美濃に在国し続けている。


美濃在国時の義視は、義稙を伴い、守護所《しゅごしょ》である革手《かわて》の南方の茜部《あかなべ》庄（岐阜市）に滞在していた。最大の庇護者斎藤妙椿は文明十二年に死去するが、その後継者斎藤妙純《みょうじゅん》も、義視父子を手厚く待遇していたようである。

前述したように、延徳元年（一四八九）三月に、九代将軍足利義尚が死去したことをきっかけに、義視は息子義稙を伴って美濃から上洛するが、再び政治を執ろうとする義政を憚り、自身に将軍職への欲がないことを示すためか出家した（『実隆公記』）。しかし、翌二年正月に義政が死去すると、息子義稙が次の将軍となり、義視はその後見人の立場として政務に預かることとなる。この時期の義視の発給文書は残っておらず、日記史料でも禁裏《きんり》への贈り物や寺社への御成《おなり》ぐらいしか動向が見えないが、政務関与の経験がない義稙にとっては心強い存在であったろう。

　義視は将軍にこそなれなかったが、息子が将軍となったことで、足利氏の嫡流になったわけであり、同年七月にはこれまでの足利氏では義満・義政しかなっていない、准后《じゅごう》（准三宮《じゅさんぐう》、皇后・皇太后・太皇太后に准じた地位）の宣下を受けている。なお、日野富子とは、富子が義稙の対抗馬となる政知の子清晃《せいこう》（後の十一代将軍義澄《よしずみ》）と接近したことによって懸隔が生じ、義稙の将軍就任の前月である四月に、富子の屋敷を取り壊させている。

　こうして、義視は長い雌伏のときを経て幕府の最高位に君臨することとなり、感慨ひとしおであったろうが、その期間は長くは続かなかった。同年十一月頃に腫れ物を患い、翌延徳三年正月七日、くしくも兄義政の一周忌にあたる日に死去した（『後法興院記』）。

　最後に、義視の妻子について触れておこう。まず妻は、義政の正室日野富子の同母妹である良子を正室としていた。良子の死後は、二条《にじょう》殿《どの》という女性がいたことが知られる（公家の阿《あ》野《の》氏の女性か）。息子には、十代将軍足利義稙、慈照寺《じしょうじ》の禅僧維山周嘉《いさんしゅうか》、相国寺大智院《だいちいん》の禅僧耀山周台《ようざんしゅうたい》（後に真言宗へ転じて三宝院門跡《さんぼういんもんぜき》となり、勝禅院了玄《しょうぜんいんりょうげん》と号した）、実相院義忠《じっそういんぎちゅう》がおり、娘に曇華院聖寿が確認される。

（木下聡）

【主要参考文献】

家永遵嗣「足利義視と文正元年の政変」（『学習院大学文学部研究年報』第六一輯、二〇一五年）
末柄　豊「応仁・文明の乱」（『岩波講座　日本歴史8　中世3』岩波書店、二〇一四年）
山田康弘『足利義稙――戦国に生きた不屈の大将軍』（戎光祥出版、二〇一六年）

第九代 足利義尚

――独り立ちへの苦悶

生年　寛正六年（一四六五）十一月二十三日
没年　長享三年（一四八九）三月二十六日
院号　常徳院

父　足利義政
母　日野富子

官位の変遷
文明五年（一四七三）十二月十九日に正五位下・左近衛中将・征夷大将軍／同六年六月十日に従四位下／同七年四月十九日に正四位下／同九月十七日に参議／同八年正月六日に従三位／同年に美作権守兼任／同九年正月六日に正三位／同十一年正月五日に従二位／同十二年三月二十九日に権大納言／同十五年三月二十一日に従一位／同十六年十二月二十三日に淳和院奨学院両別当／同十七年八月二十八日に右近衛大将兼任／同十八年正月五日に右馬寮御監／長享二（一四八八）年九月十七日に内大臣／同三年三月二十七日に死去にともない贈太政大臣

待望された後継者

ここでのテーマは、九代将軍の足利義尚《よしひさ》である。義尚が生を受けたのは寛正六年（一四六五）。延徳元年（一四八九）に、二十年と少しの短い生涯を終えた。父親は八代将軍の足利義政《よしまさ》で、母親は有名な日野富子《ひのとみこ》である。満年齢で換算すると、義政が二十九歳、富子が二十五歳のときの子で、現代ならば子育て適齢期ということになる。ただし、義政と富子は康正元年（一四五五）に結婚し、長禄三年（一四五九）に最初の子（夭死）をもうけて以降、なかなか男子に恵まれなかった。結婚して十年経った時点で男子がいない状態であり、義尚は待望の一粒種だったのである。

結婚して十年、跡取りに恵まれなかったことが義政・富子夫妻、そして義尚に暗い影を落とした。義尚が誕生する前年、後継者の誕生に不安を覚えたのか、義政は浄土寺門跡《じょうどじもんぜき》として仏門に入っていた義尋《ぎじん》を養子に迎え、義視《よしみ》と名乗らせる。義視の後見人は、管領家の一つである細川《ほそかわ》家当主の細川勝元《かつもと》であった。義尚が生まれたのは間の悪いことに、勝元を後見として義視を義政の後継者とする布石が着々と打たれている時期であった。義尚は政所執事《まんどころしつじ》であった伊勢貞親《いせさだちか》の許で養育され、やがて山名宗全《やまなそうぜん》が後見人のような立場となる。このあたりの人間関係は、その後の目まぐるしく転変する政局に翻弄され、「昨日の敵は今日の友」のようになっていくのだが、ほぼ同時期における義視の擁立と義尚の誕生という神様のいたずらが、細川氏と山名氏の対立を誘発した（両氏の関係は、もっと複雑なものであるが）。

義尚が誕生した時期に関係が錯綜していたのは、細川氏と山名氏だけではない。三管領家のうち、細川氏を除く畠山《はたけやま》氏と斯波《しば》氏では、それぞれ周囲を巻き込みながら（あるいは周囲に巻き込まれながら）、一族内が分裂状態にあった。すなわち、畠山氏では政長《まさなが》と義就《よしひろ》が、斯波家では義敏《よしとし》と義廉《よしかど》が家督をめぐって泥沼のような抗争を繰り広げていた。それら、すでに進行していた幕閣の分裂状態を、義視と義尚という足利将軍家の分裂がさらに助長する。応仁の乱へのカウントダウンは、誰にも止められなかった。

　義尚が生まれた翌年、すでに義視の周辺が騒がしくなっていた。端緒は文正元年（一四六六）に伊勢貞親が失脚した政争劇、世にいう「文正の政変」である。伊勢氏は政所執事を歴任した、いわば足利家の番頭のような家柄で、貞親の父貞国《さだくに》が七代将軍義勝《よしかつ》の養父になったことで台頭する。義尚を養育した伊勢貞親は義政側近中の側近で、将軍家と一体化しつつ、義政の親政を影で主導していた。

　その貞親が、義視謀反の噂を広めたのである。窮地に陥った義視は勝元邸に逃げ込み無実を訴えた。軍配は勝元に上がり、貞親は近江へ没落、貞親派も軒並み失脚する。義視をめぐる事件であるが、本質は背後に潜んでいた伊勢貞親派と細川勝元派の主導権争いにあるとされている。この文正の政変に顕著なように、将軍候補者は諸大名たちの合従連衡の結節点として、本

足利義尚木像　栃木県足利市・鑁阿寺蔵

人の意志とは無関係に政争に巻き込まれた。そのような時代を生きたのが義尚である。

ここで、これまで義尚がどのような人物として描かれてきたかを確認しておこう。まず、『常徳院《じょうとくいん》殿御集《どのぎょしゅう》』という歌集を残したように、義尚は和歌に造詣が深かったことで有名である。また、髙岸輝氏によると、義政は天性の絵巻マニアで、そのマニアぶりが高じすぎて、当時の公家や寺社は自家に伝わるお宝絵巻を召し上げられやしないかと、戦々恐々とする有様だったという。文化的素養がある反面、周囲からは煙たがられる一面もあったようだ。

次に、桜井英治氏による評価を紹介しよう。氏によると、義尚は奇行の目立つ若者で、昼夜が逆転するようなだらしない生活を送っていたので、そのようなだらしなさにつけ込む近臣が繁殖しており、義尚もそのような近臣を家格を無視して抜擢したから、近臣たちが夜の幕府を牛耳るようになったという。義尚の人間性を象徴する出来事が、義尚の女房《にょうぼう》となっていた三条公躬《さんじょうきんみ》という貴族の娘に対する仕打ちで、当時、義尚が寵愛していた観世座《かんぜざ》の猿楽師《さるがくし》に一門待遇を与えた上で、周囲の猛烈な諫言にも聞く耳持たず、公躬の娘を妻として娶らせようとした。当時の身分観念からして、この上ない侮辱に感じた公躬の娘は、剃髪して出奔してしまった。

このように、義尚に対する研究者の視線は厳しい。そして、これらの評価に共通するのが、「義尚には自らを溺愛する父母から自立できないことへのコンプレックスがあった」という前提認識である。義尚は時代背景とは無関係な、個人としての人間性によって低評価が与えられているのである。筆者としても、義尚が特段に優秀な人物であったとは思わないが、なかなか厳しい時代背景を背負っていたのだから、そこの部分を斟酌してあげないのも気の毒というものであろう。そこで本稿では、義尚が置かれていた困難な状況を、任右大将拝賀《にんうだいしょうはいが》という朝廷儀礼を素材に説き起こし、義尚の悪戦苦闘を同情的に評価したいと思う。

一、任右大将拝賀について

義教の先例を踏襲する

まず、義尚の官歴を確認しよう。寛正六年（一四六五）十一月二十三日に生まれた義尚は、文明五年（一四七三）十二月十九日に元服し、同時に征夷大将軍となっている。翌日には初めての参内《さんだい》を果たし、文明七年九月十七日に参議《さんぎ》となっている。公卿の仲間入りをした義尚は、一方で文明十一年十一月二十二日には判始《はんはじめ》、評定始《ひょうじょうはじめ》、沙汰始《さたはじめ》などの武家儀礼を順調に済ませ、文明十八年七月二十九日に、ここで主素材とする任右大将拝賀を遂げる。

任右大将拝賀は、「右大将」に任じられたときの「拝賀」のことだが、「右大将」とは右近衛大将《うこのえたいしょう》の略称で、源頼朝《よりとも》が右大将に任じられて以来、将軍家で代々重視されたきた官職である。左右の近衛大将は近衛府《このえふ》の長官で、近衛府は平安時代以降、天皇家や朝廷のガードマンを務めることを職掌とした。

次に、「拝賀」とは、公家社会の制度で官位官職に任じられた者が、目上の存在に謝意を表す儀礼で、おおむね現代でいうところの着任披露パーティーのようなものである。拝賀を遂げることで、初めて正式にその官職に任官したと認識される慣習が中世にはあったので、拝賀を遂げるまでは、その官職に任じられていたとしても職務を遂行できなかった。要するに、右近衛大将に任官したことを正式に周知させる儀礼が任右大将拝賀ということである。

右大将は将軍家にゆかりの深い官職だったので、足利将軍家でも非常に重要視された。足利家にとっての右大将拝賀とは、将軍家の代替わりを喧伝する一大セレモニーであった。任右大将拝賀は、義尚にとっての一大イベントだったのである。実は、将軍家の代替わりにおいて「征夷大将軍」という官職はあまり意味を持たない。父親が存命している場合、征夷大将軍は名目上の存在である。後継者指名だけはされているものの、実際面では名ばかりの状態である。それに対し任右大将拝賀は、「今後は順次、実際的な代替わりを進める」という宣言となった。

右大将拝賀はセレモニーであり、朝廷儀礼であったから、威儀厳重に催行する必要があった。中世における「威儀厳重な催行」とは、「正確に先例に則ること」であった。ゆえに、義尚の任右大将拝賀でも先例がとても重視されることとなった。

義尚の任右大将拝賀については、『大日本史料』という史料集の八編之十八に関連史料がまとめられている。そこに収められた、近衛《このえ》政家《まさいえ》という摂関家当主が残した日記（『後法興院記《ごほうこういんき》』）の七月十八日条には、「一昨日、三宝院《さんぽういん》にて将軍の拝賀習礼があった」「太閤《たいこう》（二条持通《にじょうもちみち》）の指南によるものであった」と記されている。義尚の任右大将拝賀においては、その習礼《しゅらい》（儀式の予行）が二条持通の指導のもとで、三宝院を会場として行われたのである。

三宝院は醍醐寺《だいごじ》の院家《いんげ》で、室町幕府将軍の護持僧《ごじそう》などを統括する重職を代々歴任した。有名なのは賢俊《けんしゅん》という院主で、南北朝期に光厳《こうごん》上皇の院宣《いんぜん》を尊氏《たかうじ》軍に届けたことで知られる。これをきっかけに、三宝院と将軍家の蜜月関係が始まった。四代将軍義持《よしもち》や六代将軍義教《よしのり》の時代に活躍した三宝院院主の満済《まんさい》は、義満《よしみつ》の猶子《ゆうし》で、義持と義教の知恵袋あるいはフィクサーとして政治的に絶大な影響力を持った。

二条家は、近衛家と同じく五摂家の一つで、室町期には一条《いちじょう》家と交互に摂関職を独占した名門である。二条家と足利家の関係は、二条良基《よしもと》が足利家に接近したことに始まり、なかでも良基は義満を公家社会に引き入れた存在として室町期政治史に名を残している。三宝院も二条家も足利将軍家にゆかりが深い存在であった。

「三宝院」「二条家」というキーワードから連想されるのは、足利義教の先例である。義教は永享二年（一四三〇）に任右大将拝賀を遂げたが、その直前の七月十六日に法身院《ほっしんいん》（三宝院満済の京都における住房）へと渡御《とぎょ》して習礼に励んでいる。そして、このときの習礼には、拝賀の次第や舞踏の故実を義教に進上すべく、当時の摂政であった二条持基《もちもと》が参上していた。そこで満済は、持基に実際の拝舞《はいぶ》（拝賀に際して行う舞踊）を実演するよう耳打ちし、持基もそれを了承する。やがて七献にわたる酒宴がたけなわになってきたところで、今度は、持基の実演を見本として義教も拝舞実演を予行演習した。習礼が三宝院にて二条家の指導のもとで行われる、というのは義教の先例によるものであり、ここから義尚の任右大臣拝賀が、足利将軍家代々の先例に基づいて挙行する方針にあったとわかるだろう。

表面化する政治スタンスの齟齬

ところで、少し話題はそれるが、任右大将拝賀を迎えた文明十八年が義尚にとってどのような年であったかについても、ここで触れておこう。素材として、任右大将拝賀直前のエピソードを紹介する。

事の発端は、同年三月。義尚は、将軍家と半ば一体化しつつ幕府の実務にも関与した相国寺《しょうこくじ》蔭凉《いんりょう》軒《けん》の亀泉集証《きせんしゅうしょう》という禅僧に、「東福寺《とうふくじ》の檀那《だんな》は九条《くじょう》家と一条家のどちらなのか」と諮問した。どうやら義尚のもとに、その裁許を求める訴えがあったらしい。とはいえ、義尚も亀泉集証も適当な先例を収集することができず、「武家が関知すべき事柄でない」と匙を投げた。となれば後土御門《ごつちみかど》天皇の出番なのだが、後土御門は後土御門で、「自分には無理だ」と取り扱おうとしない。だれも裁許に取り合おうとしないなか、六月になって義尚は、「九条家に理があるのではなかろうか」との判断を下し、それを父義政に伝えた。しかし、義政は「大昔ならともあれ、近年は一条家が管領してきた。今さら変更はない」と、義尚の判断を反故にしてしまった。同一案件に対して、義尚と義政とで判断が対立していることに留意したい。

この頃の義尚は、義政とは別行動をとることが増えていた。たとえば、この年の正月、摂関家の九条政基《まさもと》や近衛政家など錚々たる重鎮が義政のもとを訪れ、年始の挨拶をしている。歴々はそのまま義尚のもとへも足を伸ばし、同じく年始の挨拶を期したのだが、義尚は体調不良を理由に対面しなかった。義政は公家衆との関係を非常に重視していたのだが、義尚はこの前後の年から、公家衆との対面儀礼において、たびたび体調不良を訴えるようになる。今も昔も、「体調不良」を額面通りに受け取るのは野暮というものだ。文明十八年というのは、義政と義尚の間における政治スタンスの相違が表面化している年であった。換言すれば、まさに義尚が自立しようという時期であり、それだけに、この右近衛大将拝賀が成功裏に終わるかどうかは、義尚の心に大きな影響を与えることとなるのである。

将軍家の先例故実からしても、義尚の個人的成長という意味でも、任右大将拝賀は重要な意味を持った。それをふまえて、周囲も入念に準備を進めた。甘露寺親長《かんろじちかなが》という貴族による『親長卿記《ちかながきょうき》』をもとに、準備の進行状況を確認しておく。

文明十八年が明けた正月十六日、親長のもとに義政からの使者として日野政資《まさすけ》が訪ねた。親長の息子である元長《もとなが》の拝賀供奉を命じるためである。「困窮無足《こんきゅうむそく》（全く金がない）」として親長は困惑しながらも、「元長は外出中なので、帰宅したら伝えておきます」と返答した。『後法興院記』によると、ほぼ同じタイミングで義政は拝賀に関する先例収集を始めていた。

それからしばらく間が空いての三月二十三日に、拝賀の日時が七月二十三日と決まる。翌四月の二十六日には政資が再び親長を訪問し、「元長が拝賀供奉する承諾書を必ず提出せよ」と厳命した。五月に入って親長は、「坂本執当真全《さかもとしっとうしんぜん》」なる人物のもとに赴き、元長が用いる鞍や装束をチェックする。翌々日には政資から、「以前から申請のあった武家からの訪《とぶらい》（資金援助）にゴーサインが出た。鞍具足に不足があれば申し出るように」との伝達があり、親長は「鞍具足は粗末なものながらどうにかかなりそうです」と返答した。どうやら坂本執当真全のもとに預けてあり、不足のないことが確認されたらしい。また、「鞍や装束なら不足はない」と返答した背後には、現物でなく現金で援助されたいという親長の打算が見え隠れする。ともあれ、その翌日には元長が参加承諾書を作成して提出した。

そして七月。先に見たように、十六日には三宝院で習礼が行われ、準備万端整ったはずなのだが、土壇場になって「諸事不事行」（諸事、事行かず）として拝賀は延期されてしまった。二十六日に延期された拝賀はさらに再延期され、二十九日なってようやく実現する。元長のもとにも千疋の訪が届いたが、供奉した公卿殿上人《くぎょうてんじょうびと》などは車馬が事行かず、徒歩で参加したらしい。周到に準備を進めていたわりには、直前でバタバタした印象が残る拝賀であった。そして、そのキーワードは「事行かず」、つまり「うまくいかない」なのである。

任右大将拝賀は、足利将軍家にとって代替わりを象徴する一世一代の盛儀であった。義政との懸隔が見え始めていた義尚についても、その先例に則った実現のために準備が進められていたが、実際には順調に事は進まなかった。

二、万事、事行かず

人員の確保に苦労する

義尚の任右大将拝賀には、うまくいかないことが多かった。その最たるものは、人員不足である。

『後法興院記』の三月二十三日条をみてみると、義尚は日野政資を通じて近衛政家に人員確保の相談を持ちかけた。具体的には、「通例では地下《じげ》の前駆《さきがけ》(騎馬で先導する者)を十人用意しなければならない。最略儀だと四人だが、今回は間をとって六人とする。その地下前駆要員を近衛家から二人ほど拝借したい」と要請したのである。地下前駆には、公家社会の中からさほど位が高くなく、それでいて儀礼に出られるだけの教養を身につけた人材が求められた。その確保がなかなか思うように進まなかったらしい。最終的に地下前駆は、本来なら出仕停止中だった町行長を、処分を一時解除するまでして起用することで、どうにか格好をつけた。

人材確保に苦しんだのは、地下前駆だけではない。拝賀はパレード的な要素が強かったので、地下前駆以外にも多くの人員を行列に参加させる必要があった。そこで、中院通秀《なかのいんみちひで》という貴族の子通世《みちよ》にも参加が打診された。ここで義尚側は、「家司《けいし》なのだから参加するのは当然だ」として参加を厳命する。家司とは、三位以上の貴族の家に置かれた家政機関の職員のことで、足利家も三位以上の家柄であったから多くの家司がおり、通世もその一人であった。足利家を勤め口としていたのだから、参加するのは当たり前というのは理解しやすい論理であるが、そんな当たり前のことを突きつけなければならなかったということは、逆にいえば、中院家が簡単には出仕に応じなかったことをあらわしている。

では、なぜ中院通世は義尚の任右大将拝賀への参列に及び腰だったのだろうか。理由は通秀の日記『十輪院内府記』の三月十五日条に記してある。そこには中院家は拝賀参列に先立ち、そのための衣装を下賜するよう将軍家に申請したのだが、色よい返事が返ってこなかったとある。つまり、通世が参加を渋ったのは、経済的困窮で衣装を用意できないからで、その不足を将軍家としても援助しきれずにいたのである。そう考えると、千疋の資金援助が与えられた甘露寺元長は幸運だったといえるだろう。

同じようなことは、大宮長興《おおみやながおき》という地下官人《じげかんじん》の事例からも確認できる。長興の日記『長興宿禰記《ながおきすくねき》』の五月九日条をみてみよう。この日、長興は飯尾清房《いのおきよふさ》を通じて、義尚に「七月の任右大将拝賀の件ですが、当家では康暦度の義満様の事例以来、父祖が代々参列してきましたので、今回も、息子の時元《ときもと》を大史《だいし》に任じた上で供奉させてください。つきましては応仁の乱以来、我が所領を押領している朝倉を処分していただきたく存じます」と申し出た。拝賀に参加するから、その見返りとして家領支配を実現させてほしいというのである。義尚はすぐさま、「朝倉が大宮家の家領に手を出せないようにさせる」と返答し、押領の当事者である朝倉氏長《あさくらうじなが》にも文書を送付した。大宮長興の場合、積極的に拝賀参列を申し出たわけだが、それは所領回復という目的のためであった。

とはいえ、事は長興の期待通りにいかなかった。まず、長興は朝廷の事務官僚を統括するような立場にあったので、自らや部下が事務を遂行するための必要経費を将軍家に要求し、当時七十四歳となっていた長興が自ら乗り込んで交渉した結果、三千疋の給付で相談が付いていた。ところが土壇場になって、将軍家の金庫番を担当していた二階堂政行《にかいどうまさゆき》が、「どうしても不足しているから、二千疋で我慢してほしい」と言い出したのである。

窮乏する将軍家

所領の知行回復については、より深刻だった。『長興宿禰記』の拝賀当日条を紐解くと、「私が知行している越前の所領について、将軍家の去り渡し命令があったものの効果なし。訪として三千疋が下行されたので、息子の時元を参加させた」と記されている。将軍自らが「大宮家の所領支配を妨げないように」と命じたにもかかわらず、当の朝倉はまるで従わなかったのである。どうやら現金給付については当初の三千疋が確保されたようだが、義尚としても長興としても本意ではなかっただろう。

義尚の任右大将拝賀においては、人員の確保が困難を極めた。それは、当時の公家たちが儀礼に参加するための衣装などを用意できないほど窮乏していたからである。窮乏の原因は、大宮長興所領における朝倉の例で明らかなように、守護大名や守護代などによる公家所領の押領にある。ゆえに公家たちはその排除を要求した。しかし、将軍がいくら命令してもそれが聞き届けられることはなく、しかたなく現金給付で賄おうとしたものの、その援助額も公家たちを満足させられるものではなかったのである。

ちなみに、朝廷儀礼において、公家たちの準備費用などを将軍家が給付したのは、なにも右大将拝賀が義尚の行事だったからだけではない。そもそも室町時代において、朝廷儀礼は「武家訪」と称される将軍家からの資金援助によって遂行される習慣となっていた。それは、先の朝倉と大宮家所領の一件のような事情による。南北朝期、幕府軍は守護などに寺社本所領《じしゃほんじょりょう》（寺社や公家の所領）からの兵粮確保を公認していた。当然、年貢は納入されなくなり、朝廷儀礼を遂行することもできなくなる。そのような状況を作ったのは武家の責任であるから、その補填も将軍家が行わざるをえなかった。それが、「武家訪」という経済援助である。守護たちは南北朝内乱が収束した後も本所領押領をやめず、必然的に「武家訪」を打ち切ることもできなくなった。それが既成事実化して、室町期の朝廷儀礼は、将軍家による「武家訪」によって維持されるという体制ができあがったのである。

義尚の任右大将拝賀でも、実現は将軍家による経済援助に頼り切りであった。再び中院通秀に登場してもらおう。六月二十日、通秀のもとに将軍家から使者がやってきた。用向きは「一条冬良《ふゆよし》が拝賀に扈従《こしょう》するための牛車《ぎっしゃ》については武家が修理するから、故障の現状を確認しておいてほしい」というもので、通秀は「仁和寺《にんなじ》に預けてあるから、一筆連絡しておく」と返答した。一条冬良の牛車は、武家の経済援助により修理が可能となったのである。なお、一条冬良は摂関家の一つである一条家の御曹司で、一条兼良《かねよし》の息子にあたる。

将軍家による経済援助はほかにもみられる。『長興宿禰記』の七月二十九日条によると、柳原量光《やなぎはらかずみつ》には七千疋が下されただけでなく、牛車についても修理の上で貸与されている。海住山高清《うつやまたかきよ》・姉小路基綱《あねがこうじもとつな》・冷泉為広《れいぜいためひろ》らには、二千疋と新調した衣装が下された。名前が挙がった以外の公卿についても、牛車は将軍家の責任によって修理した上で貸し与えられたようだ。著しく困窮していた当時の公家たちは、参列するために使用する牛車や衣装さえ自弁不能に陥っており、将軍家はその費用を肩代わりして、彼らに参加を促していたのである。

しかし、将軍家としても、なかなか懐事情は厳しかった。先に、任右大将拝賀が土壇場になって延期されたことを指摘したが、その理由は『長興宿禰記』の七月二十三日条に明らかである。端的にいうと、費用不足が拝賀延期の理由であった。儀礼を開催するための頼みの綱たる将軍家が資金を調達しきれなかったのである。『大乗院《だいじょういん》寺社雑事記《じしゃぞうじき》』という史料の拝賀前年（文明十七年）九月十九日条には、「来年の拝賀について、公家衆は総じて零落しており、すべての肩代わりは義政の対応能力を超えてしまっている」と記されている。費用不足は前年の九月の段階で早くも表面化していた。

そこで、二階堂政行や飯尾新左衛門尉といった幕府の事務担当者は金策に奔走する。まず頼ったのは蔭涼軒である。蔭涼軒の東班衆《とうばんしゅう》（修学《しゅうがく》に従事した西班衆に対し、寺院経営に従事したグループ）に対し、「五万疋ほど工面してもらえないか」と頼み込んだ。色よい返事が期待できないとわかるや、「諸国に賦課した分が到着すれば十分に返済可能だし、四人の拝賀奉行（事務担当者）が責任を持って返すので」と言い添えて、どうにかして借金を引き出そうとしたが、窓口役を務めた亀泉集証からの返事は、「おそらく、東班衆は難色を示すでしょう」というものだった。将軍家にもお金はなかったのである。

義満の頃には日明貿易《にちみんぼうえき》などで潤沢だった将軍家財政も、義政の時代になると逼迫する。将軍家には「御物《ごもつ》」と称される、日明貿易を通じて入手した上質な芸術品や工芸品が集積されていた。それらは、金策が必要になると売却され、その収入で幕府財政は補填された。桜井英治氏によると、そのような売却は義勝《よしかつ》時代から確認可能だが、寛正年間（義政治世の初期）に入ると乱用状態になったという。義政期の将軍家は深刻な財政難に陥っていた。

一般的な趨勢として、応仁の乱以降の朝廷儀礼は、頼りの将軍家も窮乏したことで著しく縮小し、やがて荒廃していくのだが、義尚の任右大将拝賀とて、その例外ではなかったのである。義尚の任右大将拝賀は、朝廷儀礼を支えたきた将軍家経済の窮乏により、公家社会の協力を十全に得ることができなかった。公家衆としては、「協力したくともしようがない」というのが本音だろう。それでは、なぜ、この時期の将軍家は窮乏していたのか。

三、非協力な守護たち

守護に依存する幕府の集金構造

この時期に将軍家が窮乏した理由を、そもそもの集金構造から考えていこう。

義尚の任右大将拝賀は、費用を将軍家がどのように調達しようとしたかを示す史料にも恵まれている。

『大日本史料』には益田《ます》貞兼《だ さだかね》宛ての書状が収められており、そこには「任大将拝賀の費用として賦課された石見国段銭《たんせん》について、奉行人の飯尾為広《ためひろ》をそちらに遣わすから、四月中には必ず支払うように」と記されている（『益田家什書』）。ほかにも、得良地頭分政所殿宛て文書には「将軍様の拝賀につき臨時段銭を課す。一反につき百文。皆済《かいさい》しなければ使節を派遣し徴収する」（『浄土寺文書』）とあり、越中守護代宛て奉行人連署奉書には「越中国弘田《ひろた》庄については任大将拝賀段銭を免除する」とある。

三つの史料に共通するのは「段銭」である。ここから、義尚の任右大将拝賀の費用は段銭によって賄われる計画だったことがわかる。最後の事例はその免除を命じる内容であるが、前二者は、かなり強い調子で幕府奉行人が進納を要求していたことを伝えてくれる。

では、段銭とは何か。段銭のルーツは一国平均役である。これは平安時代の終わり頃から広まった朝廷による賦課方式で、国家行事などを遂行するために、一国内の荘園や公領を問わず一律に課する臨時課税のことである。当初、その徴収は国司の役割とされていたが、室町時代になると、課徴主体が全面的に室町幕府となり、名称も「段銭」と呼ばれるようになった。要するに、この時期、大がかりな儀礼においては段銭という臨時課税が全国的に賦課され、その徴収主体は守護だったのである。

義尚の任右大将拝賀についても同様の手続きがとられたが、問題は守護がそれに従わなかったことである。『長興宿禰記』には、このときの総費用について、以前から全国に賦課していた段銭が一向に届かないこと、仕方ないので禁裏の修繕は洛中の地口銭《じぐちせん》でどうにか賄ったこと、御簾や御服についても、財務担当の二階堂政行がどうにかやりくりしたことなどが記されている（七月二十九日条）。義尚の任右大将拝賀の財源として期待された諸国への段銭は、ほとんど届くことがなかった。

義尚の任右大将拝賀の資金が不足した最大の理由は、財源として計画していた全国からの段銭が納入されなかったことにある。なぜ納入されなかったかというと、それは徴収して納入する義務を負った守護たちが協力的でなかったからであろう。

守護たちによる経済面での非協力的姿勢について、もう一つ触れておかなければならないことがある。『後法興院記』の六月二十八日条を取り上げる。そこには、「右大将拝賀があるので内裏の築地《ついじ》を工事したが、費用は去年、義政様が捻出した。先例では諸大名に賦課されるものだが、近年は従わずこうなった」とある。諸大名への賦課とは、段銭のことであろう。やはり、義尚の任右大将拝賀への経済的要請に守護は応じていないことが記されている。そして、その不足分は義政が補填しているのである。

それでは、義政の手元にあった資金はどのようにして蓄積されたものであったのか。実は、段銭の他にも、将軍家に直接関係する物入りに限れば、もう一つ収入源があった。それは「守護出銭《しゅごしゅっせん》」と呼ばれるもので、各大名が保有する分国数という大まかな基準のもと、あくまで守護が自発的に申し出るという、贈与に本質のある献金のことである。将軍家が御所などを造成する際には各地の有力大名から守護出銭が集まった（桜井二〇〇二）。将軍家の財力といっても、究極的には守護の寄附により賄われていたのである。段銭に比べれば、守護たちもまだ守護出銭には協力的だったようだが、ともあれ、将軍家財政も、それによって運営される朝儀も、守護の一存で左右されるという性質を帯びていた。

そして、その守護たちは、応仁の乱前後の時期を境に、将軍のいうことをあまり聞かなくなっていく。文明十三年（一四八一）十月、義政は出奔して政務から離れようとしたが、その理由は義尚の奇行と、守護が押領地を返付しないことにあった。義政は翌年五月に義尚から復帰要請を受けたときも、「大名が雅意《がい》に任せ下知に応じないのだから、私の政務など無意味だろう」と吐き捨てた（『長興宿禰記』）。

義政の時代になると、それまでの時代ほど、守護は将軍の要求に応えなくなっていたのである。これでは「段銭」と「守護出銭」という二重の意味で守護に依存した将軍家財政が維持されようがない。もはや将軍家は、義尚の任右大将拝賀を十全に挙行する財源を確保できなくなっていたのである。

言うことを聞かない守護たち

加えて、義尚にとって不幸だったのは、ただでさえ守護大名がいうことを聞かなくなっているというのに、こともあろうか、守護大名たちの代表格ともいえる細川政元《まさもと》との関係構築に失敗してしまったところにある。義尚と政元の間が険悪であったことは、つとに指摘されてきた。義尚は家柄よりも自らの側近であるかどうかを重視するところがあり、それら側近（奉公衆《ほうこうしゅう》）の利害に目が移りがちであった。それはときに、守護大名たちの利害を真っ向から否定することにもなりかねない。

たとえば、義尚が近江に出陣した真意は、近江守護である六《ろっ》角《かく》氏による奉公衆所領の押領を排除するためだとされている。奉公衆を重視するあまり、守護である六角氏と正面対決するに至ってしまったのである。管領を歴任するとともに、自らも守

細川政元画像　京都市・龍安寺蔵

護である細川政元が、そのような義尚の指向性を支持するはずもない。両者の対抗関係は、任右大将拝賀に関してもみられる。

任右大将拝賀を間近に控えた七月十九日、日野政資、烏《からす》丸《まる》冬光《ふゆみつ》、畠山尚順《はたけやまひさのぶ》といった面々が揃って元服した。拝賀に供奉するためである。このうち、畠山尚順の供奉を提案したのは政元であった。しかし、その提案を義尚は拒否してしまう。そうしたところ、政元に「ならば自分に予定されている管領就任も拒否するし、拝賀にも供奉しない」と啖呵を切られてしまうこととなった。この頃の畠山氏は、応仁の乱の主因の一つとされるように、深刻な内部分裂が起きており、それは乱が終結しても解決していなかった。そんな中、政元は尚順を庇護していた。政元は任右大将拝賀への供奉を認可させることで、尚順を畠山家家督として承認させようと考えたのだろう。そして、そのような政元の恣意を義尚は許容しなかった。

ヘソを曲げてしまった政元を、おそらく義政や日野富子がなだめすかしたのだろう、政元は「儀礼のために管領には就任するが、即日辞任する」ということで妥協が図られた。そして、畠山尚順も任右大将拝賀で供奉を果たしている。政元の希望はすべて叶えられた。義尚の完敗である。

この時代、守護が将軍の命に応じないことが多くなっていたが、義尚はとくに細川政元との関係構築に失敗してしまった。もちろん、義尚に非協力的だったのは政元だけではない。政元に限らず、全体として守護大名に任右大将拝賀に協力する意欲は希薄であった。

任右大将拝賀の四日前にあたる七月二十五日、件の細川政元は管領としての出仕始を遂げたが、この日、諸大名は続々と上洛を果たした。具体的には、京極《きょうごく》父子（政経《まさつね》と経秀《つねひで》）が出雲より上洛して出仕し、経秀は治部少輔に任じられて、一騎打《いっきう》ちの所役に供奉することとなった。また、父の政経は大膳大夫に任じられている。佐々木父子以外にも、富樫政親《とがしまさちか》が加賀より上洛しているし、二日前には細川義春《よしはる》が義尚のもとに出仕している。しかし、これら有力守護大名層は喜んで上洛したわけでは決してない。むしろ、直前まで上洛しようとしなかったところに彼らの本音がある。

そして、実際に上洛しなかった面々もいた。たとえば山名政豊《まさとよ》である。儀礼当日、山名の被官が辻固《つじがため》（路次警固）にあたっているが、それは当主の政豊がついに上洛しなかったからである。本来、辻固は侍所《さむらいどころ》の管轄であった。しかし、この当時、誰も侍所長官に任命されておらず、しかたなく山名の被官が代行したのであろうが、このことは侍所を歴任した四職《しき》家（山名、赤松《あかまつ》、一色《いっしき》、京極）の当主が在京していなかったことを示している。結局、三管領四職で参列が確認できるのは細川、畠山、京極の三家のみである。

守護大名たちは、経済面だけでなく、動員面でも将軍家に協力しなかった。とくに致命的だったのは、土岐頼芸《ときよりなり》の不参加である。その影響について、『家中竹馬記《かちゅうちくばき》』という斎藤利綱《さいとうとしつな》による武家故実書には、「文明九年以降、諸家は分国に下向していたが、土岐頼芸も美濃に在国していて、上洛命令にも応じなかった。拝賀儀礼における後陣一騎打の役割は土岐氏以外に先例がなかったので、五騎であるべきところが四騎で挙行されることになってしまった」と記されている。同時代史料からも、後陣一騎打ちの所役に供奉したのは、畠山尚順・京極経秀・富樫政親・伊勢貞陸の四人であったことが確認される。応仁の乱を契機とする守護在国の恒常化により、義尚の任右大将拝賀は人員面でも先例通りに挙行できなくなっていた。

応仁の乱を経たこの時代、守護は領国に下向することが多く、将軍の儀礼であっても上洛に消極的な姿勢を見せていた。本来なら、武家の棟梁が義政から義尚へと代替わりしたことを華々しく宣言するはずの義尚の任右大将拝賀は、経済面でも人事面でも、出来損ないの儀礼に終わってしまったのである。

将軍権威の再建を図った近江出陣

そもそも室町幕府とは、守護が在京することを前提とした政治体制を構築していた。十四世紀中頃以降、おおむね日本アルプスを境に、それより東側を鎌倉分国として直接的統治対象からは切り離し、室町幕府体制（室町殿分国）が安定化する。それと歩調を合わせるように、室町殿分国の有力守護は、所領支配を守護代に委ねて自らは在京するようになる。しかし、応仁の乱を契機に守護たちは領国に下向するようになった。

なぜ、応仁の乱までの守護たちは在京したのだろうか。それは、守護たちが在地を支配しようと思えば、在地での実質的支配力のほかに、将軍権威によって在地への影響力を確保する必要があったからである。多くが鎌倉時代には東国に拠点を置いていた畿内近国の守護たちは、在地での実質的支配力が十分でなく、「将軍様のご命令であるぞ」という、いわば「黄門様の印籠」が必要だったのである。一方の足利将軍家は、有力守護たちと比較して、所領的にも軍事的にも突出した存在ではなかった。実体としての実力ではなく、守護たちが「将軍様のご威光」という「黄門様の印籠」を必要としたゆえ、権威的存在として位置付けられ、武家の棟梁として君臨したのである。

足利将軍家が権威的存在であることは、朝廷儀礼を含む諸儀礼によって社会的に確認された。現代の冠婚葬祭や入学式・卒業式などでも実感されるだろうが、儀礼はその席順などによって「誰が偉いのか」が視覚化される場である。小学生などは入学式や卒業式で「来賓」なる存在を知り、長じた後は結婚式の席割で新郎新婦を取り巻く人間関係（上下秩序）を理解する。室町幕府の将軍は、京都において儀礼を繰り返す中で、将軍（武家の棟梁）たる正当性を確保しており、将軍家にとって儀礼の威儀厳重な実現というのは、武家の長たるための生命線であった。

しかし、将軍を絶対者として定置し、その絶対者から付与される権威を利用しつつ領国支配を展開しているうちは、在京して将軍儀礼など京都の政治にも協力的だった守護たちも、所領支配を深化させ、京都から調達される権威があまり必要でなくなると、将軍儀礼に協力する重要性が薄らいでいく。義尚の任右大将拝賀が出来損ないに終わったのは、不可逆的に進行していた「将軍権威より、在地での実質的支配力」という、歴史的趨勢の必然的帰結であったといえる。

要するに、義尚が生きた十五世紀後半という時代は、儀礼により権威化することで武家の棟梁たる地位を確保するという、足利将軍家のそれまでのあり方が破綻をきたしている時代であった。しかし、義尚の父親である義政が将軍に就任した段階においては、それまでのやり方が機能していた。種々の

近江出陣中の義尚が陣所とした鈎の陣跡　滋賀県栗東市

儀礼を大過なく遂げることで武家の棟梁となった最後の将軍が義政であった。

　そんな義政は、義尚や義視にも同じ方法論を適用させることで、地位を継承させようとした。具体的には朝廷儀礼へ参加させたり、天皇との関係を形成するよう、義政は義尚に繰り返し促した。しかし、応仁の乱を経て社会のあり方はガラリと変化しており、義政の方法論が通用しない時代になっていた。そんな、もはや通じない昔のやり方を押しつける父親に対して、その機能不全を敏感に感じ取っていた義尚は不信感を覚えたものと思われる。義政と義尚の不和を、両者の個人的な資質や相性で片付けてはならない。

　ともあれ、義尚の課題は、義政の時代までの将軍像が崩壊したことを受けて、新たな将軍像を創出することにあった。近江出陣とは、その課題に対する義尚なりの一つの回答だったのではあるまいか。先に少し触れたが、これまでの研究史において、義尚の近江出陣は、自らの基盤たる側近（奉公衆）の所領を保護するために敢行されたとされてきた。むろん、そのような一面のあることは否定しない。

　しかし、近年では、将軍（幕府）権威復興の脈絡で理解されることが増えている。たとえば池亨氏は、若い将軍が数千の軍勢の引き連れる壮観な姿を強調しているし、山田邦明氏は、近江出陣を幕府の復興を象徴する壮大なパレードであったとする。

義尚には、興味深いエピソードがある。それは、文明十年（一四七八）と十七年の二度にわたって、等持寺《とうじじ》に安置されていた足利尊氏像を閲覧していることである。義尚の胸中に去来していた想いは、どのようなものであっただろうか。明徳の乱（一三九四年）で洛中とはいえ出陣した義満を最後に、足利将軍家が戦地に赴くことはなくなる。義満から義政までの将軍は、軍勢を率いることではなく、儀礼を繰り返すことによって将軍としての地位を確認し、守護大名たちもそれに協力することで体制が維持された。しかし、義尚が生きた現実はもはや将軍の儀礼に守護大名たちが協力しない時代となっていた。儀礼を繰り返すことで武家の長たる地位が確認されるメカニズムは、もはや過去の産物となっていた。

そこで、義尚が立ちかえろうとしたのが、実際に戦場に赴いていた時代の将軍、尊氏であった。室町期的な将軍像の破綻を目の当たりにした義尚が、南北朝期的な将軍像を復活させることで将軍権威を再建しようとした、それが近江出陣の本質だったのではないだろうか。

（石原比伊呂）

【主要参考文献】

池　享『日本中世の歴史6　戦国大名と一揆』（吉川弘文館、二〇〇九年）
桜井英治『日本の歴史12　室町人の精神』（講談社、二〇〇一年）
髙岸　輝『室町絵巻の魔力』（吉川弘文館、二〇〇八年）

設楽　薫　「足利義尚政権考」（『史学雑誌』九八編二号、一九八九年）
橋本　雄　「遣明船の派遣契機」（『日本史研究』四七九号、二〇〇二年）
桜井英治　「「御物」の経済」（同『交換・権力・文化』みすず書房、二〇一七年、初出二〇〇二年）
田沼　睦　『中世後期社会と公田体制』（岩田書院、二〇〇七年）
福島克彦　『戦争の日本史11　畿内・近国の戦国合戦』（吉川弘文館、二〇〇九年）
松永和浩　『室町期公武関係と南北朝内乱』（吉川弘文館、二〇一三年）
百瀬今朝雄　「応仁・文明の乱」（『岩波講座　日本歴史7　中世3』岩波書店、一九七六年）
山田邦明　『全集日本歴史　第八巻　戦国の活力』（小学館、二〇〇八年）

第十代

足利義稙

——流浪将軍の執念

生年　文正元年（一四六六）七月三十日
没年　大永三年（一五二三）四月九日
院号　恵林院

父　足利義視
母　裏松（日野）重政娘

官位の変遷
長享元年（一四八七）八月二十九日に従五位下／延徳二年七月五日に従四位下参議・右近衛中将・征夷大将軍／明応三年（一四九四）十二月二十七日に義澄の征夷大将軍宣下にともない将軍職をとどめられる／永正五年（一五〇八）七月一日に従三位権大納言・征夷大将軍／同十二月二十七日に従二位／同十六年九月二十七日に源氏長者・淳和奨学両院別当／天文四年四月八日に死去にともない贈従一位・太政大臣

史上唯一、二度将軍になった人物

日本の歴史上、二度天皇に即位した人物は二名存在する（皇極《こうぎょく》〈斉明《さいめい》〉天皇と孝謙《こうけん》〈称徳《しょうとく》〉天皇）。一方、歴史上、将軍に二度就任した人物は室町幕府の第十代将軍足利義稙《よしたね》（一四六六～一五二三）のみである。その在職期間は一度目が延徳《えんとく》二年（一四九〇）～明応《めいおう》二年（一四九三年）、二度目が永正《えいしょう》五年（一五〇八）～同十八年（一五二一）である（以下、一度目を第一次政権、二度目を第二次政権とする）。なぜ、このように二度も将軍に就任することになったのだろうか。

そのうえ、義稙は生涯に二度改名している。はじめは「義材《よしき》」、ついで「義尹《よしただ》」、そして最後に、「義稙」を名乗る。足利将軍家歴代において、改名するのは珍しいことではないが、二度も改名をした将軍は、この義稙と次代の義澄《よしずみ》のみである。なお、本稿では煩雑になるため、便宜上「義稙」という名前で統一する。

さらに、義稙は歴代の将軍のなかで、もっとも各地を移動した将軍の一人である。人生における総移動距離という点から見れば、おそらく初代尊氏《たかうじ》に次いで上位に位置しよう（あるいは最後の将軍義《よし》昭《あき》も）。これは、地方に遊覧したということではなく、まさに流浪であり、戦国期における零落した将軍のイメージに一致しやすい。そのため義稙を、「流れ公方」と呼ぶこともある。しかし、これほど波瀾万丈な人生を送った将軍もいない。これほど興味深い将軍でありながら、その実態について解明されはじめたのは比較的新しいのである。

本章では、以上のような点を含めて、歴史上特異な将軍ともいえる義稙の生涯について、いくつかのポイントとなる事項から述べていきたい。

一、義稙と応仁・文明の乱

義稙の誕生と美濃下向

義稙は、文正《ぶんしょう》元年（一四六六）に当時の将軍足利義政《よしまさ》の弟義視《よしみ》を父に、義政正室日野富子《とみこ》の妹良子《よしこ》を母として誕生した。なお、義視はその居所から「今出川殿《いまでがわどの》」と呼称され、義稙も「今出川殿」と呼称されることもあった。

父義視は、当時男子のいなかった兄義政の後継者として存在していたが、義稙の生まれる一年前に、義政のはじめての男子である義尚《よしひさ》が誕生していた。詳細は本書の義政・義視・義尚の該当箇所を参照していただくとして、義尚の誕生により、父義視の立場が不安定化することは想定できる。むろん、その後継者である義稙の位置も微妙なものとなろう。義稙が生まれた翌年正月には応仁・文明の乱が始まる（乱が始まった時点では、年号は「文正」であった）。父義視は応仁二年に西軍に出奔してしまい、西軍の大名より「将軍」として推戴されることになる。生まれてまもない義稙が、その間具体的にどのようにしていたか、父と一緒であったのかどうか不明である。

文明九年（一四七七）になり、西軍側の大名が義政に御礼することで赦免され、それぞれの領国に下向していった。これにより乱が一応終結したが、父義視は京都に残ることなく、西軍の大名であった土岐成頼《ときしげより》の領国美濃へ下向することとなる。義稙はそれに随って美濃に下向した。当時、義稙は十二歳（以下、数えの年齢）であった。そのため、いわゆる青春時代の多くを京都ではなく、遠隔地（当時として田舎）の美濃で過ごすことになった。山田康弘氏によると、当時の義稙は「市井《しせい》の人々」と交流し、後に見られる義稙の「たくましさ」が形成される素養となった可能性があるという。少なくとも、京都の将軍周辺とはまったく異なった環境に置かれたことには相違ない。ただ、父義視・母良子、義稙のみではなく、近臣も少なからずおり、この時代の近臣たちが、のちに義稙政権を支えていくようになる。

異例づくめの元服

義稙は、美濃滞在時代の文明十九年（一四八七）正月に元服し、「義材」を名乗ることになる。当時二十二歳であり、歴代の足利将軍家の男子のなかでも高齢での元服であった。しかも、「室町殿《むろまちどの》（義尚）」の猶子《ゆうし》として元服したという（『大乗院寺社雑事記《だいじょういんじしゃぞうじき》』）。通常、将軍家の後継者の多くは十代前半から半ばまでには元服をすませている。高齢での元服は、第六代将軍足利義教《よしのり》（三十一歳）や父義視（二十七歳）、第十五代将軍義昭（三十二歳）のように、本来将軍後継者でなかったために出家していたが、急に将軍後継者（候補者）となった場合など、特別な事情があるときだけであった。

本来、後継者以外の男子は元服以前に出家し、寺に入る（父義視も同様）。当時美濃にいた義稙が元服したことは、当然、父義視の意向が強く働いているだろうから、義稙を将軍後継者とさせたかったのだろう。また、いわゆる名前である「実名《じつみょう》」は当時、元服したのちに名乗るのが普通であったため（義教・義勝・義昭の三名の場合は元服前に俗名として「実名」を名乗っている）、これ以前はいわば幼名《ようみょう》であり、姿も童形であったと思われる。しかし、当時の史料からは幼名ではなく、単に「今出川殿若君《わかぎみ》（もしくは御息、など）」と呼称されているので、元服以前の義稙の幼名は伝わらない。

同じ年の八月二十九日に義稙は左馬頭《さまのかみ》、従五位下《じゅごいのげ》に叙任される。左馬頭は代々の将軍後継者（もしくは幼年の将軍）が初めに任じられる特別な官職であった。この義稙の任官は、当時の将軍義尚が申請したものであった（『御湯殿之上日記《おゆどののうえのにっき》』）。なお、当時義尚には男子がいなかったため、将軍周辺には将軍後継者といえる人物はいなかった。義尚はまだ二十三歳であり、男子が生まれる可能性はあったが、義稙が左馬頭に任官したということは、将軍後継候補者となったことにほかならない。当初、義政の後継者とされた父義視も、還俗後にまず左馬頭に任官している。この任官の意味について山田康弘氏は、その背景に日野富子の存在をあげている。

足利義稙木像（部分）　栃木県足利市・鑁阿寺蔵

当時、京都には義政の兄で伊豆に在国して堀越《ほりごえ》公方と呼ばれた足利政知《まさとも》（延徳三年没）の次男で、京都の香厳院《きょうげんいん》に入寺していた清晃《せいこう》がいた。義稙・清晃と二人の将軍候補者が存在するなかで、富子は清晃（母は武者小路《むしゃのこうじ》家出身、のちに義澄《よしずみ》）ではなく、代々将軍家の正室を輩出した日野家の血を引く義稙（母は富子の妹）に期待していたというのである。血縁のない清晃ではなく、直接血のつながる甥義稙のほうに期待するのは当然といえよう。遠く美濃にありながら、義稙は元服・任官と着々と将軍就任の下地を重ねていたのである。

二、義稙の将軍就任と日野富子

将軍就任へ

義稙にとっての最初の転機が美濃への下向としたら、次の転機は足利義尚の死であろう。第九代将軍足利義尚（当時は義熙《よしひろ》）は近江六角氏征伐のため親征し、長享三年（一四八九、同年に延徳に改元）、近江鈎《まがり》の陣（滋賀県栗東市）にて二十五歳で陣没してしまう。義尚に男子はなく、大御所義政にも義尚以外に当時男子はいなかった。まだ義政自身は健在だったが、当然、この事態に及んで次期将軍の後継者問題が勃発する。

延徳元年時点で、将軍家に連なる男子としては、義視・義稙父子、そして、堀越公方足利政知とその次男清晃（兄弟に茶々丸《ちゃちゃまる》もいるが）がいた。当時義稙は二十四歳、清晃は十歳であった。義視・義稙父子は義尚の死後に上洛し、義稙の妹のいる通玄寺《つうげんじ》を経て日野富子の邸宅に入った。前述のように、日野富子は遠く美濃にいる義稙を支援していた。しかし、そのまま義稙が将軍に就任したのかというとそうでもない。義政が再び政務を執ることを宣言したためである（『蔭凉軒日録《いんりょうけんにちろく》』）。これにより義稙の将軍就任はならなかったが、翌二年正月七日に義政は死去してしまう。

その後、義稙が将軍候補者として決定したのは、日野富子の存在が大きい。前述のように、義稙の母と富子が姉妹であったことが第一の要因である。足利将軍家の後家《ごけ》となった富子の影響力は大きい（鎌倉時代の北条政子《ほうじょうまさこ》のような存在）。延徳二年（一四九〇）四月二十八日には、将軍家の「三種の神器」ともいうべき伝家の鎧「小袖《こそで》」を富子より譲りうけている（『蔭凉軒日録』）。これはまさに、将軍家家督の譲与ともいうべき象徴的なものである。

ところが、義稙と富子の関係は親密であったかというとそうではない。それは、富子の義稙への態度というより、義稙の富子への態度に問題があった。富子は清晃を、自身の邸宅であり、義尚が居住していた小川御所に迎えようとしたが、それが義稙の不審を買い、その結果、義稙は小川御所を破却してしまったのである。富子はこのため逼塞してしまった。山田康弘氏は、富子が清晃を迎えたのは、義視・義稙父子を牽制する意味があったのではないかとする。

しかし、それでも将軍後継者としての地位は変わらず、同年七月五日、義稙は第十代将軍に就任した。父義視が果たせなかった将軍就任を、義稙が果たしたのである。

孤立した将軍

ところが、義稙が将軍となった翌三年正月七日に父義視が死去してしまった（『後法興院記《のちのほうこういんき》』ほか。

ちなみに、兄義政の命日のちょうど一年後にあたる)。前述のように、富子との関係は悪化しており、当時頼れる存在は父義視のみであった。そのため、義視は大御所として義稙の将軍就任後も政権運営を後見していた。一方、母良子は美濃に長らく在国していたが、延徳二年正月二十日に上洛した(『親《ちか》長卿記《ながきょうき》』)。しかし、良子も正確な没年月日は不詳だが、同三年七月以前に死去していることは確実である(『実隆公記《さねたかこうき》』)。

両親、とくに父義視の死は義稙に衝撃を与えたとされる。その最大の理由は、義稙の政治経験の不足であった。父義視にはそれなりの政治経験もあったが、義稙はそれまでの人生の多くを幕府とは関係のない、地方の美濃で過ごしていた。義稙には幕府政治に対する知識も経験もなかったのである。しかも、義視・義稙に随っていた近臣たちも、その多くは幕府政治と無縁ないしは、経験の浅いものたちであった。そのため、義稙らの後ろ盾として義視は期待されていたのである。しかし、それが失われてしまった。また、母良子が生存していたなら、その姉である富子との関係改善も見込める可能性はあったかもしれない。

将軍親征

義稙は、諸大名や将軍直臣《じきしん》(奉公衆・奉行衆など)への求心力を得るため、延徳三年(一四九一)四月に近江六角氏征伐を決定した(『蔭凉軒日録』)。六角氏征伐は第九代義尚も行っていたが、義尚が陣没したことで、事実上瓦解していた。そこで、義稙はその意思を継ぐ意味もあり、諸大名に征伐のために軍事動員をかけたのである。戦国期とはいえ、将軍の軍事動員権はなお健在であり、多くの大名やその代官が参陣した。

結果的には、義稙の六角征伐は一応の成果を上げた。そのためか、義稙は六角氏征伐直後、再び親征を決めた。それは、河内の畠山政長《はたけやままさなが》の依頼を受けるかたちで、政長と対立する畠山基家《もといえ》とその党類を征伐することであった。しかし、細川政元《ほそかわまさもと》はこれを拒否し、自身では参陣せず京都に留まっていた。ほかの大名も、続く遠征に不満を持つものの一応は従い、出陣する。

義稙は河内の正覚寺《しょうがくじ》（大阪市平野区）を本陣として指揮を取った。しかし、その最中の四月二十二日に京都で政変が勃発したのである。これが、「明応の政変」と呼ばれる事件である。政元は日野富子の支持も得て、義稙の将軍職（足利将軍家家督）の地位を廃し、清晃を新しい家督として宣言したのである。

三、明応の政変

政変の勃発

政変を主導した細川政元が、清晃を新しい将軍家家督として擁立したこと、それを富子が支持したことは、河内に在陣中の諸大名や将軍親衛隊である奉公衆《ほうこうしゅう》に動揺を与えた。結果からいえば、在陣中の多くの大名と奉公衆は義稙から離反ないしは、様子見のために出陣を停止した。義稙を支持した

大内義興画像　山口県立山口博物館蔵

のは、一部の奉公衆と親征を依頼した畠山政長方のみとなってしまう。それでも、義稙方の総数は八千人ほどはいたという（『大乗院寺社雑事記』）。そのため、一ヶ月ほどは本陣の正覚寺を維持できたが援軍もなく、政元勢の攻勢や包囲により政長は自害し、閏四月二十五日に義稙は降伏し、捕虜となってしまう（『大乗院寺社雑事記』）。その際に、伝家の鎧「小袖」も政元方に引き渡している。

将軍職の廃立は、初代尊氏以来はじめてのことであり、しかも、臣下の大名がその中心にいたことは、いわば「下克上」を象徴する出来事ともいえる。しかし、実際には細川氏による下克上（自身が将軍になるわけでない）にならなかったが、その後の影響も含めて、この政変が幕府史上において一大転機となったことには相違ない。

政変の要因の一つは、義稙の政権運営の手法にあった。政元が政変を起こした理由を語ったものの中で、「（義稙は）政元とともに政治を行うと言ったので、近江親征を止めるように進言したのに強行し、そのうえ、河内親征も同じく強行した。さらに、私まで成敗すると言い出した。何事でしょうか。そのため、諸大名が決心して世を改めることにした」（『大乗院寺社雑事記』）とあり、義稙の政治手法に不満があったことがうかがえる。

さらに、義稙は側近公家衆の葉室光忠《はむろみつただ》を重用した。詳細は後述するが、さまざまな政治問題について、光忠を介せずには義稙に話しが通らなかったのである。大名らはこれに不満を持ち、義稙よりも光忠への憎悪が増していった。なお、大内義興《おおうちよしおき》・赤松政則《あかまつまさのり》は政変について、「光忠の専横は許せないので、その旨を義稙に訴訟するというので同心したのに、将軍を交替することまでは聞いていない」（『大乗院寺社雑事記』）と述べている。つまり、大内・赤松は光忠の排除が目的で、将軍職の交替は知らなかったというのである。それがどこまで本心かは不明だが、大名らによる光忠排除が既定路線で、義稙廃立は一部の大名（細川一門など）のみが知っていただけであった。

また、政変成功の要因の一つに日野富子の存在がある。前章で述べたように、義稙と富子の関係はこのころには破綻していた。将軍家の後家であり、幕府で多大な影響力・発言力を持つ富子が、清晃を将軍家の家督として支持したことは大きい。富子の義稙への支持があれば、側近の排除はあっても、将軍自身の廃立まではいかなかったであろう。

不満の背景――葉室光忠の登場

では、政変とも関わる義稙の政治運営はどのようなものであったのか。

義稙が政権を運営するうえで、とくに重用したのが前述の側近衆であった。側近を政務に重用することは、室町時代には多々見られることであるが、義稙はその側近による政務運営に一つの特徴が見られる。それは、公家の葉室光忠の重用である。

義稙の側近衆の多くは、義視時代から仕えていた人物である。おそらく美濃下向にも随っていた、いわば股肱《ここう》の臣とも呼べる人々である。とくに、大館《おおだち》視綱《みつな》・一色《いっしき》視元《みもと》・種村《たねむら》視久《みひさ》など、義視の「視」の偏諱《へんき》（名前の一字）を得ている人物も多いことからもわかる。義稙は当初、「殿中申次《でんちゅうもうしつぎ》」と呼ばれる十名からなる側近集団を登用していた。彼らは各方面の訴訟などを一元的に義稙に取り次ぐ役割を担った。多くは義政・義尚以来、将軍家に仕える人物であったが、旧来の義視近習もいた。しかし、すぐにこの制度も瓦解する。

そのきっかけが、公家衆の葉室光忠であった。光忠は義稙将軍就任前は参議《さんぎ》であったが、就任後まもなく権中納言《ごんのちゅうなごん》に昇進している。父教忠《のりただ》は応仁・文明の乱のとき、西軍を支持した公家衆であり、父義視とのつながりがあった（教忠も権大納言《ごんのだいなごん》にまで昇進する）。義視・義稙の美濃滞在中には葉室家との直接の関係性は見いだせないが、義稙の上洛後、再び義視・義稙に出仕したのだろう。

光忠は、第一次政権のいわば要《かなめ》ともいうべき存在となった。前述の殿中申次も、義稙へ直接取り次ぎを行うのではなく、多くの場合で光忠がさらに取り次ぐという形になったのである。それだけでなく、細川氏をはじめとする大名も義稙に直接話しを通すことができず、基本的に光忠を取り次ぎとして義稙に申し入れを行わなければならなかった（『蔭凉軒日録』など）。光忠は公家であるとはいえ、朝廷関係だけでなく、武士・寺社などあらゆる方面よりの陳情や申請などを義稙に取り次いだ。当然、これにより光忠の権勢が高まることは指摘するまでもないだろう。つまり、光忠が取り次ぎを拒否すれば、義稙に話しが通らないことも想定できるのである。

将軍の側近衆に公家衆がいることは、義稙に限ったことではない。しかし、光忠ほど権限をもった公家衆は室町幕府史上いないであろう。なお、当時の義稙の側近の公家衆としてはほかに、松殿忠顕《まつどのただあき》、高倉永康《たかくらながやす》、阿野季綱《あのすえつな》などがいたが、光忠の権力にははるかに及ばない。そのため、光忠は大名等から憎まれたあげく、最後は細川氏の関係者により悪政の張本人として殺害（自害したとも）されてしまうのである。

四、将軍家の分裂と義稙の亡命

義稙系と義澄系への分裂

明応の政変の成功により、清晃が将軍家の家督となった。清晃は還俗《げんぞく》後、明応二年（一四九三）四月二十八日に叙爵《じょしゃく》（従五位下に叙されること）し同年末に元服、翌三年十二月二十七日に将軍宣下をうけた。実態はともかく、形式上は義稙は義澄（もと清晃）の将軍宣下までは将軍職を失っていなかった（廃立されたとはいえ、朝廷の官職を剥奪されたわけではなく、参議兼左近衛中将《さこのえのちゅうじょう》の官職はその後もしばらく維持していた。後述）。

義稙がなお復帰に執念を持ったため、これ以降の将軍家が分裂することになった。つまり、これ以降、義稙系と義澄系の二流に分裂することになったのである。

◎二流の将軍家（=は養子）

⑩義稙=義維―⑭義栄
⑪義澄―⑫義晴―⑬義輝―⑮義昭（義輝弟）

このように、義稙系と義澄系の人物が将軍職を巡り争うようになり、これが畿内政治に大きな影響を及ぼすことにもなる（義晴以降は比較的義澄系に安定するが）。これは、鎌倉時代後半に見られる天皇家の持明院統《じみょういんとう》と大覚寺統《だいかくじとう》の両統迭立《りょうとうてつりつ》（交互に天皇に即位）のようなものではなく、完全に対立状態である。

この分裂は、全国の大名にも影響を与えた。そもそも、全国の大名が政変を支持したわけではなく、大名のなかには将軍職を追われた義稙をいまだに支持する勢力も存在したのである。その一人が畠山尚順《ひさのぶ》である。尚順は政長の子で、政変後、政元勢に正覚寺が包囲されるなか脱出に成功した。そのような経緯もあって、尚順は一貫して義稙支持であった。他に、義稙支持の大名を見ると、加賀富樫《とがし》氏・一向衆《いっこうしゅう》、越後上杉氏、越前朝倉《あさくら》氏、近江六角氏、周防大内氏、豊後大友《おおとも》氏（親子で義稙支持、義澄支持に分裂）などが確認される。

しかし、これらの大名も一貫して義稙を支持したわけでなく、加賀一向衆のように離反した存在もある（そのため、一向衆と対立する朝倉氏と六角氏は義稙方となった）。それぞれの地域の問題も絡むため、安心して頼ることができる存在とはいいがたい。少なくとも、義澄・政元政権が全国的に支持されていたわけではなかったことは確実である。それは、何よりも義稙とそれを支持する大名等の存在があったからであった。これは、応仁・文明の乱の東軍・西軍の再来となる可能性もあった。

諸国を放浪した亡命生活

義稙の亡命生活はどのようなものであったのだろうか。義稙は政変後、幽閉先を逃亡したのち、琵琶湖を渡り美濃路経由で越中に向かったという。越中は義稙支持の尚順の守護国であった。有力家臣である越中守護代神保《じんぼ》長誠《ながのぶ》は、越中の放生津《ほうじょうづ》（富山県射水市）に義稙を迎え入れ保護した。当時、義稙はその居所から「越中御所」・「越中公方」と呼称されている。

神保長誠画像　富山市・本覚寺蔵

むろん、義稙は単独で越中に下ったわけではなく、多くの奉公衆をふくめた将軍直臣と一緒に下向したのである。その数は越中滞在中にも増加し、最大七十名ほどであったという。とくに、将軍親衛隊である奉公衆の四番衆の多くは義稙を支持して従っていた。ただし、義稙に従うためにのちに越中に下向した公家衆や奉公衆、文官である奉行衆などの多くは軽輩のもので、義澄・政元政権で不遇であったものたちであった。しかし、その人員により、義稙は一種の亡命政権を築くことができたし、近侍する公家衆を通じて、京都との連絡を行うこともできた。

義稙は、越中・周防と滞在中も御内書《ごないしょ》（将軍の発給する書状

大内氏館跡　山口市

形式の文書）を発給しつづけ、さらに、幕府の公文書である幕府《ばくふ》奉行人奉書《ぶぎょうにんほうしょ》と同様の奉行人奉書を発給し続け、「将軍」として活動していた。現職の将軍でない義稙は、一部の大名間では「将軍」として認知され、義稙自身も「将軍」として振る舞っていたのである。

明応七年（一四九八）前半に、義稙と政変の首謀者の一人で幕府の有力者であった細川政元との和平の話が進んでいた。成功すれば、義稙は再び京都に戻ることができたが、細川一門などの反対により、この和平の話は決裂してしまった。そこで、義稙は越中から越前の朝倉氏を頼ったのである。義稙は、そのころに「義尹」に改名している。これは、義稙が和平の決裂という状況から、心機一転を図ったものとして考えられている。その後、義稙は「義尹」という名前でおそよ十五年ほど過ごすことになる。

その後、義稙は明応八年に上洛を目指し軍事行動を起こすが、細川政元方に大敗してしまう。大敗した義稙は、周防山口（山口市）を拠点とする大内義興を頼って下向した。そもそも大内氏は、応仁・文明の乱で西軍の主力をなした大名であり、義興の父政弘《まさひろ》は義稙の父義視との関係も強かった。しかし、義興は明応の政変時には義稙を助けず帰国していた（本来、大内と細川は犬猿の仲にあり、そのため父政弘の逆鱗にふれたという）。

義興は義稙を迎え入れ、優遇した。とくに、義稙の下向は「面目の至り」として周囲の大名にもアピールしている。しかし、文亀二年（一五〇七）に義興に対して治罰《ちばつ》の綸旨《りんじ》が下され、朝敵とされてしまった（『忠富王記《ただとみおうき》』など）。義稙自身は朝敵にはならなかったが、この時点でそれまで保持していた官職は解任されたとみられる（『公卿補任《くぎょうぶにん》』）。

五、二度目の将軍就任

永正四年（一五〇七）に、畿内政治史に重要な影響を与えた事件が起きる。義稙を廃立した細川政元が暗殺されたのである。その後、細川家の内紛の結果、細川澄元《すみもと》が家長となった。

義稙はこの畿内での混乱をうけて、翌年には、大内義興、細川高国《たかくに》、畠山尚順などの大名の軍事的援助により、対抗する義澄・細川澄元らを京都より追い落とすことができた。そして、同年七月一日に再度将軍に就任した。なお、義稙は延徳二年に将軍に就任した順番から第十代将軍とされるが、基本的には将軍再任は歴代の代数に含めず、将軍復職後を第十二代とはしない。

暗殺未遂事件

将軍に復職した翌年十月二十六日に、一つの事件が起きた。義稙の暗殺を狙う刺客に襲われたのである。そのときの様子を記した『実隆公記』には、義稙自身が武勇を示して刺客を撃退したとある。義稙は傷を被るも、軽傷であったという。日記を記した公家三条西実隆《さんじょうにしさねたか》は、「末代の美談」と述べている。同じく当時の様子を記した記録から、刺客は二人で、襲撃当時は義稙一人のみであったこと、義稙は傷が七箇所できたこと、将軍御所内に内通者がいたこと、刺客を放ったのは前将軍義澄であったことなどが判明する。

戦国期の将軍のなかでも、実際に刺客に襲撃された将軍はほとんどいない。特異な事例といってよいが、義稙が刺客を撃退したのは偶然ではない。義稙に弓・馬術を指南した三上宗三《みかみそうざん》（政実《まささね》か）の日記である『御随身三上記《ごずいじんさんじょうき》』を見ると、義稙が武芸のみならずさまざまな口伝や秘法など、危機的状況への対処法を身につけていたことがわかる。そこには、毒がもられた食事の見分け方などもあり、常日頃より身辺の危機を意識していたことがわかる。

義稙は、武芸を武家の棟梁としての装飾的意味ではなく、実用的なものとして認識していた。暗殺未遂事件で暗殺者を撃退できたのは偶然ではなく、このように日頃より鍛錬していたからこそ対処できたのだろう。

側近と大名――第二次政権での義稙の政治運営

第二次義稙政権とは、どのようなものであったのだろうか。第二次政権で影響力を持った側近衆と、義稙を支えた大名衆について見てみたい。

（1）側近衆　第一次政権で中心的役割を果たしたのは、前述のように葉室光忠であった。では、第二次政権ではそのような人物がいなかったのか。

義稙の流浪中にも、松殿忠顕や阿野季綱、烏《からす》丸冬康《まふゆやす》などの公家衆が随っていた。彼らは義稙が再び将軍になると、恩賞という意味か、官位が昇進している。

第二次政権では、このうち阿野季綱が光忠と同様の活躍をした。阿野家もやはり応仁の乱の際に義視に近侍した公家衆であった。さらに、阿野氏の娘は義視側室になっていた。

季綱は側近衆のなかで、事実上筆頭の立場として、公武関係のみならず（季綱は武家伝奏ではない）、各種訴訟の取り次ぎや、差配などを担当していた。その意味で、義稙の政権運営は第一次、第二次とも側近の公家衆を重用するものであった。しかし、季綱以外にも、義稙の流浪に従った武士の側近も各々担当する職掌（申次など）を勤めていた。文字通り、義稙の手足となったのは、季綱をはじめとした流浪期を支えた公武の側近たちであった。

ところが、季綱は永正八年（一五一一）にわずか四十一歳で死去してしまう。義稙が政権に復帰して三年ほどであった。季綱は、光忠のように諸大名の憎悪の対象とならず、日頃より交流していた三条西実隆はその死を惜しんでいる（『実隆公記』）。

義稙の第二次政権はさらに十年続くが、季綱に替わって重用されるのは、神祇伯《じんぎはく》を勤める雅業王《まさなりおう》（白川《しらかわ》雅業）であった。さらに、それを補佐していたのが高倉永家《ながいえ》であったという。しかし、雅業も永家も先の光忠・季綱両名ほどの働きは見られず、武士の側近である畠山順光《のぶみつ》（彼も義稙流浪期よりの近臣である）が側近筆頭の地位にあった。つまり、季綱死後は公武の側近衆のなかで、光忠、季綱のような権力をもった公家衆は現れなかったのである。それ以降の将軍も同様であり（義晴・義輝期の近衛《このえ》家は外戚《がいせき》）、義稙期の一つの特色ともいえる。

順光はとくに義稙より期待されていたと思われる。山田康弘氏によれば、永正十五年に義稙は順光を大将として大和国に侵攻させ、将軍家の独自の基盤を作ろうとしたとされる。

長く地方を流浪する義稙にとっては、苦境の自分に随ってくれた近臣をとくに頼りにするのは当然ともいえる。これが第一次政権崩壊の要因の一つになってしまったが、義稙にすれば、次に述べる大名よりも信頼できる存在であることは間違いないだろう。

（2）大名と義稙　当然、幕府は義稙と側近衆のみで運営できるものではない。否が応でも守護・大名の存在を無視することはできず、大名たちの協力は幕府運営の面で欠かすことはできないものであった。第一次政権では、義稙は側近衆の光忠を重用しすぎて、諸大名から不満を持たれることになり、それが明応の政変の一因になった。そのため、第二次政権では諸大名との関係を一定維持しようとしていた。

流浪中における大名の支持についてはすでに述べたが、将軍復職後はどうであったのか。義稙政権を支えた主な大名は、細川高国（摂津・讃岐・丹波・土佐）・大内義興（周防・長門・山城など）・畠山尚順（河内・紀伊・越中）・畠山義元《よしもと》（能登）らである。とくにこれらの大名で重要なことは、在京して幕府の政務に関与していたことである。本来、室町幕府は守護との連合政治を基調としており、義稙の政権はその基本方針によるものと理解できる。政変後の義稙を支持しつづけた尚順も、義稙の将軍復職後の幕府を支える有力大名の一人となった。

しかし、義稙の第二次政権運営は行き詰まりを示し始めていたのである。とくに義稙の上洛に尽力した細川高国、大内義興などの大名らとの間で齟齬が生じていた。永正八年（一五一一）には敵対する義澄側の軍勢と船岡山《ふなおかやま》（京都市北区）にて合戦があり、それに大勝したことで軍事的脅威はひとまず落ち着いた。外敵がなくなったため、次は内部で齟齬が目立つようになったのである。そのような中で事件が起きる。

永正十年三月十七日夜に、義稙は極めて異例ながら、少数の御供のみで突如京都より出奔したのである。これには当然、京都中が騒動した。その原因として当時の記録には、「両京兆《けいちょう》（細川高国・大内義興）に対して述懐《しゅっかい》（うらみ）があったため」（『後法成寺関白記《のちのほうじょうじかんぱくき》』）とある。その出奔先は誰も知らず、探索の結果、甲賀（滋賀県甲賀市）に滞在していることが判明した。十八日には伊勢貞陸《さだみち》亭に諸大名が集まり、談合を行っている（『伊勢貞助記《いせさだすけき》』）。

この出奔について、浜口誠至氏は義稙が「在京大名の意向を尊重しなければならなかった」ことで、政務放棄をしたものとされる。四月三日に義稙は諸大名に「七ヶ条」の条件を出し（『後法成寺関白記』）、「諸事の義稙の御成敗に背かないこと」（『和長卿記《かずながきょうき》』）を誓わせて、帰京することになった。

義稙が出奔を決意した理由として、山田康弘氏は出奔しても諸大名が再び義稙を受け入れる可能性が高かったためとする。その大きな問題は、義稙の後継者問題であった。義稙には生涯男子がおらず、義稙以外の人物を将軍に擁立するのは、義澄派の大名との関係もあり、ほとんど不可能であったためである。義稙政権の大名としては非常に重要な問題である。なお、追記すれば、義稙には側室はいたが正室はいなかった。これについて山田氏は、日野富子に代表される正室の実家(通常は日野家)の政治介入を嫌った可能性があるとされる。しかし、側室にも男子が生まれなかったため、義稙の血を引く後継者を残すことができなかった。つまり、大名たちは義稙本人を支える以外の選択肢がなかったのである(義稙に男子がいれば、この男子が次の将軍として擁立される可能性があった)。

二度目の改名「義稙」は、その出奔後に行われた。義稙と政権を支える諸大名との関係が新しい段階に入ったと感じ、心機一転のために改名したものと思われる。

六、義稙と朝廷・公家衆の関係

ここで、少し話しを変えて、義稙と朝廷との関係を見てみたい。

禁裏小番を勤める

戦国期における将軍のなかでも、義稙は朝廷に対してやや珍しい傾向を持っていた。その理由としてもっとも知られることが、義稙が朝廷で禁裏《きんり》小番《こばん》を勤めたことにある。そもそも、室町時代は公武統一政権とも呼ばれ、鎌倉時代やのちの江戸時代より、幕府・朝廷の関係は密接であった。そして、足利将軍家は幕府の創世期以来、朝廷（北朝）を保護してきた。それは一つには、足利将軍家の権力の後ろ盾として必要だったためでもある。室町時代、将軍家は天皇家の保護者としての役割もあったのである。

そこで、義稙の何が特殊であったのかというと、前述の禁裏小番である。禁裏小番とは、およそ室町時代にはじまった制度で、公家衆が御所に参勤宿直する制度である。通常は、大納言以下の堂上《とうしょう》公家衆が交替で参勤する。三代義満《よしみつ》が右大将《うだいしょう》任官以前に禁裏小番に参勤した事例があるものの、事実上断絶していた。ところが、義稙は将軍復職後の永正六年（一五〇九）六月十日に、実際に禁裏小番として衣冠《いかん》を着して御所に宿直したのである（『実隆公記』）。当時、義稙は将軍であるのと同時に公家として権大納言の官にあったから、禁裏小番を勤める基準には達していた。しかし、第一次政権時代には、このように朝廷に重きを置くような政策は見いだせず、第二次政権となってはじめて禁裏小番を申し入れたのである。

同年三月時点で、「一度でもよいから本来の望みである禁裏小番に参勤したい」との義稙の意向を朝廷に申し入れており（『実隆公記』）、これが認められて、義稙の禁裏小番参勤となった。後柏原《ごかしわばら》天皇は義稙の禁裏小番勤務を喜んだという。

ただし、義稙の禁裏小番はこの一度のみであり、その後も継続したわけではない。これは、義稙による尊皇のポーズであるとも理解でき、実際に参勤することで、ライバルともいえる義澄に対して、義稙こそが天皇を守護する正統の将軍であるとアピールする目的もあったのかもしれない。しかし、これは将軍も天皇を頂点とする公家社会の一員であるということを示すものでもある。

後柏原天皇即位式と源氏長者

では、義稙は尊皇であったのかというと、そうともいえない。まず、第一に当時の天皇である後柏原天皇の即位問題がある。後柏原天皇は、先皇の後土御門《ごつちみかど》天皇の崩御にともなって明応九年(一五〇〇)に践祚《せんそ》したが、義稙の将軍復職後もなお即位式を挙行できずにいた。即位式には当然費用が必要だが、本来それは、幕府が費用を各守護などより徴収して負担するものであった。当然、天皇は即位式に関して義稙に期待するところが大きかったと思われる。しかし、その費用の徴収は進まなかった。そのなかで、永正十六年(一五一九)九月ころより、即位式が現実に迫ろうとしていたが、義稙は費用の不足を理由にして延期を申し入れている(『後法成寺関白記』・『二水記《にすいき》』など)。結局、後柏原天皇の即位式は、義稙が京都を出奔した直後の永正十八年三月二十二日に挙行された。なお、即位式の警固は細川高国が担当している。

幻となったこの永正十六年の即位式の動きには、副産物があった。それは、義稙の源氏長者《げんじのちょうじゃ》就任である。源氏長者とは、源氏の中で最上位の位にある人物が就任するものであり、就任すると源氏全体を統括したり、氏爵《うじのしゃく》(源氏のなかから従五位下に叙位されるものを推薦できる)の申請を行うことができる。源氏といっても、足利家につらなる清和《せいわ》源氏のみならず、村上源氏などのほかの源氏も含まれるので、まさに文字どおり「全源氏の長者」であった。中世では、基本的に村上源氏《むらかみげんじ》の久我《こが》家が源氏長者になっていたが、三代義満以来、足利将軍家が源氏長者になる先例ができた。義稙以前の将軍家では、第九代義尚の就任が最後であった。義稙は永正十六年九月に将軍家最後の源氏長者に就任した。

義稙が源氏長者となったのは、実は義稙本人の意向ではなく、後柏原天皇の意向が働いていた。それが、前述の即位式であった。後柏原天皇は先代の父後土御門天皇即位式の先例を意識して、義稙を源氏長者としたのだった（後土御門天皇のときの源氏長者は足利義政）。しかし、義稙は費用（就任による関係各所への謝金）の面から難渋したが、費用軽減が認められ、結局これを受け入れた。

このように、義稙は自身の官位昇進含め、即位式などあまり費用がかかる案件は躊躇していたが、これには第一に、当時の幕府の財政という問題が一番影響していたといってよい。前述の禁裏小番は、その点では安い費用で尊皇をアピールできるものとして有効であったのである。

義稙と笙《しょう》

あまりイメージにないかもしれないが、将軍家は楽器（笙）を学んで演奏していた。それは、もとは天皇家の例に倣ったものであった。このことについて検討された三島暁子氏によれば、将軍家は権威や武威の象徴を笙に託していたという。とくに、「達智門《たっちもん》」という笙は、前述の伝家の鎧「小袖」とならんで重んじられたという。

初代尊氏以降、歴代将軍は将軍就任後数年以内に笙始を行っていたが、義稙もこの例に倣って笙を学んでいる。これは、第一次・第二次政権でも継続して行っている。なお、義澄は行っておらず、義稙以降の歴代将軍は笙始を行わなくなり、笙と疎遠になっていく。

足利義稙の墓　徳島県阿南市・西光寺

　義稙は戦国期の将軍のなかでとくに笙始を重視していたが、それは武家の棟梁のみならず、自身が公家社会の一員であることを示そうとしたという。その点からも、義稙が天皇を頂点とする公家社会への接近（ないしは一員）を意識していたことがわかる。

最後の出奔と義稙の死

　義稙と大名衆との関係は再び破綻した。義稙はそもそも大内義興に、早々の帰国を迫っていた。結局、義興は領国への外敵（尼子氏）の存在や、義稙からの圧力により永正十四年（一五一七）に京都を離れ、翌年に帰国する。最終的に在京を続けたのは細川高国のみであり、尚順もそれに準じていたが、高国ほどの力はない。高国は幕府政治を主導しており、義稙はこの高国とも決裂し、もともと義澄派であった細川澄元と手を組んだ。義稙に主導権を戻すことが目的である。しかし、澄元勢は高国勢を軍事的

義澄が将軍だった十六世紀前半は、室町時代から戦国時代への転換期にあたる。したがって、時代の変化の中で将軍の役割がどのように変容していくかを捉える上で、非常に興味深い人物といえる。そこで本稿では、足利義澄をめぐる人間関係と事件の二つを軸として、将軍像の変容について見ていくことにしたい。

一、足利義澄の登場――思いがけない将軍就任

伊豆で育った幼少期

文明十二年（一四八〇）十二月十五日、足利義澄は伊豆国で生まれた。父は足利政知《まさとも》、母は武者《むしゃの》小路隆光《こうじたかみつ》の娘である。父政知は六代将軍足利義教《よしのり》の次男で、八代将軍足利義政《よしまさ》の庶兄にあたる。足利将軍家の一族である義澄は、本来であれば京都で生まれ育つはずであった。

将軍足利義政と鎌倉公方足利成氏《しげうじ》は対立関係にあり、長禄元年（一四五七）、義政は成氏に代わる鎌倉公方とするため、兄の政知を関東に派遣した。だが、成氏方の抵抗により政知は鎌倉に入ることはできなかった。そこで、政知は幕府方の関東管領上杉房顕《ふさあき》が守護を務める伊豆国の堀越《ほりごえ》（静岡県伊豆の国市）に館を構え、堀越公方と呼ばれていた。政知は京都に帰ることなく伊豆で生涯を過ごしたため、義澄は堀越公方政知の子として、伊豆で生まれ育つことになった。

伝堀越御所跡　静岡県伊豆の国市

香厳院院主から将軍へ

政知には長男茶々丸《ちゃちゃまる》がおり、義澄は政知の次男であった。したがって、義澄は堀越公方家を継承することはできなかった。文明十七年（一四八五）六月、義澄は足利義政の命により義政の養子となり、天龍寺塔頭の香厳院の後継者となった。

天龍寺香厳院は、かつて父政知が院主を務めた足利家と縁が深い寺院である。政知が堀越公方となった後は、義政の子、等賢同《とうけんどう》山《ざん》が院主を務めていた。だが、等賢は文明十五年（一四八三）三月二十四日に没したので、義澄はその後継者とされたのである。

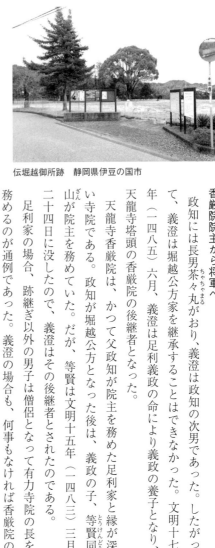

足利家の場合、跡継ぎ以外の男子は僧侶となって有力寺院の長を務めるのが通例であった。義澄の場合も、何事もなければ香厳院の院主として生涯を終えたことであろう。長享元年（一四八七）六月二十五日、義澄は上洛して香厳院に入寺した。義澄は剃髪して僧侶となり、清晃と名を改めた。以後、義澄は香厳院の院主となるべく修行に励んだ。なお、延徳二年（一四九〇）八月二十八日には、後に宿敵となる足利義材《よしき》（義尹《よしただ》・義稙。以下、義稙に統一する）との対面も果たしている。

だが、香厳院の後継者となったことが義澄の運命を変えることになった。明応二年（一四九三）四月二十二日、有力大名の細川政元《まさもと》が京都で政変を起こし、将軍足利義稙を廃立した（明応の政変）。義稙に代わる将軍として、政元が擁立したのが義澄である。義澄は義稙の従兄弟にあたる。血筋でいえば、義澄にも将軍家を継ぐ資格は十分にあった。また、伊豆ではなく京都にいたことも、将軍候補となる上で有利に働いた。この明応の政変により、義澄は思いがけなく将軍に就任することになったのである。

足利将軍家の分裂

明応二年（一四九三）四月二十八日、清晃（義澄）は還俗して義遐と名を改めた。だが、義澄はすぐに将軍に就任したわけではない。将軍に就任するためには、まず元服を行い成人する必要がある。次に、将軍宣下によって征夷大将軍に任官された後、判始・評定始・御前沙汰始という政務始に相当する一連の儀礼を経る必要があった。したがって、まずは元服を実施することが義澄の当面の目標となった。

六月十九日には、義遐から義高へ改名した。以後、文亀二年（一五〇二）に改名するまでの約九年間、義高を名乗った。元服に向けた準備が進むなか、京都で義澄政権を揺るがす大事件が起きる。六月二十九日、上原元秀《もとひで》（細川政元の家臣）の屋敷に幽閉されていた足利義稙が脱出し、越中守護代神《じん》保《ぼ》長誠《ながのぶ》のもとへ落ち延びたのである。越中は、明応の政変で失脚した畠山尚順《ひさのぶ》（尚慶・卜山。以下、尚順に統一）が守護を務める国であり、義稙が身を潜めるには適した地であった。以後、義稙は朝倉貞景《さだかげ》ら北陸地方の大名をはじめ、全国の大名たちに味方に加わるよう呼びかけ、上洛運動を展開した。足利将軍家は二つに分裂し、生涯にわたる義稙との戦いが始まったのである。

紆余曲折を経ての元服

明応三年（一四九四）十二月二十七日、義澄の元服が実施された。同日、将軍宣下・判始・評定始・御前沙汰始も行われ、義澄は十五歳にして晴れて将軍に就任することになった。細川政元に擁立されてから、約一年半が経過していた。だが、義澄の元服は、順調に行われたわけではなかった。

元服は、男子の成人儀礼のことである。新成人の髪を結い、烏帽子《えぼし》を被せる加冠《かかん》、新成人と元服参加者による贈答、元服後の宴会など、複数の儀礼で構成されていた。元服のなかでもとくに重要なのが、加冠である。加冠で烏帽子を被せる役を加冠役というが、足利将軍家の場合は新将軍の実父や管領など、新たな将軍の後見人となる人物が務める重要な役であった。義澄の元服では、細川政元が管領となり、加冠を務めた。

細川政元は、摂津・丹波・讃岐・土佐の守護を世襲した、細川京兆《けいちょう》家（管領家。代々右京大夫の官途を名乗ったことから、唐名の「右京兆《うけいちょう》」にちなんで京兆家と呼ばれた）当主である。明応の政変で義澄を擁立した人物であり、義澄政権最大の実力者であった。

義澄の元服は、当初、十二月二十日に行われる予定であった。ところが、政元が烏帽子を被ることを嫌がったために行えず、一週間後の二十七日に延期になってしまった。政元の個人的な都合のせいで、義澄の晴れ舞台である元服は延期させられてしまったのである。

では、政元はなぜ元服を延期させたのであろうか。公的な儀礼で烏帽子を被るのが常識であった当時からすると非常識な行動だが、政元の烏帽子嫌いはよく知られており、元服に際して烏帽子を被るのを嫌がったとしても不思議ではない。また、政元の家臣は烏帽子を被って出仕するように説得しているため、延期は細川家の意向ではなく政元の意向と見るべきであろう。

だが、烏帽子を被りたくないという個人的な都合だけで、老練な政治家である政元が元服を延期させたとは考えにくい。政元が元服を延期させた動機は、二つ考えられる。一つは、儀礼に対する消極的な姿勢である。儀礼には、上下関係を明らかにし、秩序を形成・維持する機能があった。そのため、戦国期においても重要視されていた。政元にとって、義澄の元服は将軍の後見人という自身の地位を誇示する場として重要であった。

足利義澄木像（部分）　栃木県足利市・鑁阿寺蔵

しかし、政元は儀礼を政治に活用するよりも、できるだけ簡素化して自分の参加する場面を減らしたいと考えていたようである。政元は、義稙の将軍宣下の際にも腫物を理由に延期させている。自身が元服に参加する必要性を理解しつつも、あまり乗り気ではなかった。

二つ目は、義澄への牽制である。元服当日、義澄は将軍御所で一日中待たされたあげく、政元のせいで儀礼自体が延期してしまった。元服の主役は義澄である。しかし、元服は加冠役がいなければ実施することはできない。加冠役を交代させるという選択肢もあったが、後見人である政元を外すことは、現実には困難であった。元服を通じて義澄は、政元の協力が得られなければ思い通りに政策を実現することはできないという、厳しい現実を思い知らされたのではないだろうか。念願の将軍就任を果たした義澄だが、前途多難であった。

二、足利義稙との対決——将軍としての自覚の芽生え

政権を支えた二人の実力者

義澄政権は、二人の実力者によって支えられていた。一人は細川政元である。先述したように、政元は義澄を将軍に擁立した功労者として、義澄政権で確固たる地位を築いていた。また、畿内近国を基盤とする有力大名でもある。管領家として培った政治力、義稙に対抗するための軍事力、幕府財政を支える財力などを持ち、義澄政権にとって欠かせない存在であった。

もう一人は伊勢貞宗《さだむね》である。伊勢家は室町幕府の政治機関の一つ、政所《まんどころ》の頭人（長官）を世襲した家である。政所は、金銭貸借や土地売買等の裁判の管轄、金融業を営んでいた土倉《どそう》や酒屋の統轄、幕府直轄領の御料所《ごりょうしょ》の管理など、幕府の財政を担う重要機関である。貞宗も足利義政・義尚・義稙のもとで政所頭人を務め、歴代将軍に重用されている。また、貞宗は豊富な有職故実《ゆうそくこじつ》の知識を生かして将軍に助言し、御内書《ごないしょ》（将軍の出す書状様式の文書。命令書などに用いられた）の作成を担うなど、将軍の補佐役としても重要な存在であった。明応の政変では政元と共謀しており、日野富子（足利義

政室・義尚母）とともにいち早く義澄支持を表明することで、政変成功の立役者となった。政所頭人職を継承した嫡子の貞陸《さだみち》とともに義澄を支え、後には義澄から「政務は貞宗に委ねている」といわれるほどであった。

そのほかにも、政変直後は斯波義寛《よしひろ》や赤松政則《まさのり》らの在京大名たちがいた。しかし、斯波義寛は明応三年（一四九四）十月二十八日、赤松政則は明応四年（一四九五）四月十四日に下国するなど、在京大名の大半は下国して京都を離れ、義澄政権の運営から離れてしまった。なお、長期在京して義澄政権を支えた大名としては、武田元信《もとのぶ》（若狭）、や六角氏綱《ろっかくうじつな》（近江、高頼《たかより》の嫡子）がおり、治安維持などで活躍した。

義澄と義稙の外交戦

越中に下国した前将軍足利義稙は、正光寺を拠点に上洛運動を開始した。全国の大名たちに対して御内書を送り、味方になるよう呼びかけたのである。北陸地方では、義稙を受け入れた神保長誠（越中）をはじめ、上杉房能《ふさよし》（越後）、畠山義統《よしむね》（能登）、朝倉貞景（越前）が義稙を支持している。さらに、中国地方や九州地方にも使者を送り、大内義興《よしおき》（周防・長門など）、相良長毎《さがらながつね》（肥後）などが応じている。北陸地方を中心に、義稙を支持する義稙派が全国規模で形成されつつあった。

一方、義澄も義稙の行動を黙って見過ごしていたわけではない。将軍に就任した義澄もまた、全国の大名たちに対して御内書を送り、支持を求めたのである。畿内近国では、細川政元（山城・摂津・丹波・

赤松政則画像　京都市・六道珍皇寺蔵

讃岐・土佐）をはじめ、六角高頼（近江）、武田元信（若狭）、赤松政則（播磨）、畠山基家《もといえ》（河内）らが義澄支持を表明するなど、義澄派も全国規模で形成された。義澄と義稙の政治抗争は、全国の大名をいかに自陣営に取り込むかという、外交戦として展開したのである。

しかし、大名の立場に立つと、義澄と義稙のいずれかと特別に近しい関係にある場合でもない限り、積極的に支持する理由は乏しい。そのため、双方に対して友好的な姿勢を示し、態度を明らかにしないものも多かった。また、大友政親《まさちか》・材親《きちか》父子（豊後）のように、支持勢力をめぐって家中が分裂することもあった。義澄・義稙の双方が決め手を欠き、数年にわたって膠着状態が続いた。

足利義稙の上洛運動

先手を打ったのは義稙である。明応七年（一四九八）八月、義稙は改名（義材を改めて義尹を名乗る）し、心機一転を図る。義稙は上洛を目指し、九月には越前に到着した。北陸地方最大の勢力を誇る朝倉貞景の助力により、京都奪還を果たそうと目論んだのである。畿内では畠山尚順が攻勢を強め、明応八年（一四九九）正月には畠山義豊《よしとよ》（基家）を敗死させ、畿内南部を制圧しつつあった。義稙は好機到来とみなし、畠山尚順に呼応して南北から京都を挟撃する作戦に出る。朝倉貞景が動かなかったため、当初の予定通りにはいかなかったが、明応八年（一四九九）十一月、越前国敦賀《つるが》（福井県敦賀市）を出立し、上洛を開始した。

上洛を開始した義稙に対し、義澄政権は直ちに対抗策を打ち出す。明応八年（一四九九）七月、義稙に応じた延暦寺の僧侶が、義稙方の武士とともに延暦寺の根本中堂などに立て籠もった。細川政元は直ちに家臣の赤沢宗益《そうえき》らを派遣し、延暦寺内の義稙派を攻め滅ぼした。十一月、義稙が上洛を開始すると、二十一日、一族の細川政春《まさはる》・高国《たかくに》父子を大将とする軍勢を義稙が本陣を置く近江国坂本（大津市）に派遣した。琵琶湖西岸に位置する坂本は、延暦寺の門前町として栄えた、交通の要衝である。二十二日、将軍御所では、義澄の面前で細川政元・武田元信・伊勢貞宗の三者が今後の対応を協議している。

ところが、協議中に敵軍が敗北したとの一報が入る。細川勢に加勢した六角高頼が義稙を攻撃し、敗走させたのである。六角高頼は、延徳三年（一四九一）に行われた義稙の親征によって近江国を追われた大名である。だが、政変で義稙が失脚したことで無事に復権することができた。六角高頼にとって、義稙は自身を滅亡の危機に追い込んだ人物であった。六角高頼は、義稙が鎧を捨てて敗走するほどの大敗に追い込み、復讐を果たしたのである。敗れた義稙は西国に向かい、中国地方の有力大名、大内義興の本拠である周防国山口（山口市）へ落ち延びた。

伊勢貞宗に政治を委ねる

義稙の上洛は、細川政元や六角高頼ら義澄派の大名によって阻まれた。では、義澄はこの難局にどのように対応したのであろうか。十一月二十二日に行われた義澄政権の首脳会議は、義澄の面前で行われた。わざわざ義澄が臨席する形で会議が開催されたのは、義澄の意向をふまえた上で政権の方針を決定するためであった。このとき、義澄は二十歳、将軍就任から約五年が経過していた。まだ若年だが、将軍として幕府の意思決定に携わるようになっていた。

だが、義澄はすべて自身で判断していたわけではない。実際には、伊勢貞宗の影響が大きかったようである。会議の三ヶ月前の八月二十二日、義澄は景徐周麟《けいじょしゅうりん》（相国寺鹿苑院《ろくおんいん》の住持）と対談した。義澄は、「大名たちは在国して奉公衆（幕臣）や寺社本所領（寺院・神社・公家の領地）を押領し、将軍の命令に従わない。そのため、私に仕える者たちも困窮している」と、現状を嘆いている。その後、「我今弱年、委政於伊勢」（『鹿苑日録』）、すなわち、「私は若いので、政治を伊勢貞宗に委ねている」と述べている。

義澄が、政治を貞宗に委ねていたことを象徴する事件がある。九月八日、義澄は相国寺の僧侶たちから武具を借りようとしたところ、無いと断られた。激昂した義澄は、「武具がないならば、今日中に千貫献上せよ。もし、命令を聞かなければ、寺を壊す」と命じた。このことを聞いた景徐周麟が貞宗に相談したところ、貞宗は「大変不当である」と述べた。そして、幕府の奉行人を通じて義澄に意見を伝え、命令を撤回させた（『鹿苑日録』）。

　この武具借用をめぐる事件からは、義澄と貞宗の関係がうかがえて興味深い。武具の借用を断られたからといって、千貫という法外な大金の献上、もしくは、寺院の破壊を迫ったのは、理不尽な要求である。事件を聞いた貞宗は直ちに義澄を諫め、義澄もその意見を聞き入れて命令を撤回した。ここからは、若さと経験不足故にまだ将軍として未熟な義澄に対し、貞宗が諫言することで適切な判断を下させるという両者の関係がうかがえる。義澄も、政治経験豊かな宿老である伊勢貞宗（当時、五十六歳）を頼りにしていたのであろう。

四海太平の実現を願う

　義澄の治世の前半は、義澄政権の二枚看板である細川政元と伊勢貞宗によるところが大きかった。だが、義澄の意思も垣間見える。先述したように、義澄は国元へ帰った大名たちが命令を聞かず、領地の拡大に励んでいることを憂慮していた。しかし、ただ悲嘆にくれていたわけではない。景徐周麟との対談には続きがあり、義澄は初代将軍足利尊氏を描いた肖像画に膳を供え、跪いた後、「足利義満の百年忌は今年から九年後、私が二十八歳のときである。その間に四海太平を成し遂げたい」（『鹿苑日録』）と、決意を語っているのである。義澄は永正四年（一五〇七）の足利義満百年忌を節目の行事として重視し、それまでに太平の世を実現したいという願望を抱いていたのである。

　対談の二日後の八月二十四日、義澄は景徐周麟に命じて等持院の足利尊氏木像に願文《がんもん》を捧げた。等

足利氏の菩提寺・等持院　京都市

持院は、足利家歴代当主の墓がある臨済宗の寺院である。前日の八月二十三日には足利尊氏と酒杯を交わす夢を見ており、そのこともあって願文を捧げたようである。後にこの夢について振り返った際には、坂本で義稙に勝利したことと関連づけており、吉夢と考えていた。願文の中身は残念ながら不明である。義稙との対立が続いていた状況からすると、義稙への勝利を願った可能性が高い。しかし、二日前の対談をふまえれば、四海太平の実現も願っていたことであろう。義澄は、義稙との決戦という危機的状況を克服するなかで、将軍としての自覚を強めつつあった。

三、細川政元との確執――理想と現実の葛藤

義澄と義稙の外交戦再び

足利義稙は、周防下向後も上洛を諦めてはいなかった。義稙を迎え入れた大内義興は、周防・長門・筑前の守護を兼ね、中国地方西部から九州北部を治める有力大名である。義稙は、大内義興とともに味方を募り、毛利弘元《ひろもと》（安芸）、阿蘇惟長《あそこれなが》（肥後）、相良長毎（肥後）らに呼びかけている。

一方、義澄政権側も義興と対立する大友親治《ちかはる》（豊後）、大内高弘《たかひろ》（義興の兄弟）、少弐資元《しょうにすけもと》（肥前）らに働きかけ、義稙と義興に対抗する。さらに、文亀元年（一五〇一）五月、朝廷に働きかけて大内義興治罰の綸旨《りんじ》を獲得した（『実隆公記』、『大友文書』など）。大内義興を朝敵に指定することで、政情を優位に運ぼうとしたようである。義澄は細川政元とともに大内義興の討伐を呼びかけており、義澄・細川政元を中心とする義澄派と、義稙・大内義興を中心とする義稙派の対立が続いた。

以前から大内義興と敵対していた者にとっては、期せずして味方が増え、義興を攻撃する格好の口実を得ることになった。だが、そうでない者にとっては、将軍から命じられたとはいえ、難敵である大内義興と敵対する必然性は乏しい。そのため、双方から働きかけられて両勢力の間を揺れ動いた毛利弘元のように、去就が定まらない者も多かった。義稙側も事情は同じである。大内義興が味方になったとはいえ、畿内周辺で細川政元と積極的に敵対しているのは、畠山尚順だけであった。周防から京都は遠く隔たっている上、近隣に大友親治など敵対勢力が存在することもあり、大内義興の上洛も難しい状況であった。依然として義稙との対立は続いていた。しかし、義稙上洛の可能性が低下したことにより、義澄政権の脅威は遠のいた。

政元との対立と義澄の出奔

足利義稙の周防下向後、義澄政権は安定期に入る。だが、今度は政権の内部抗争が勃発する。文亀二年（一五〇二）二月十七日夜、細川政元は宿老の安富元家《やすとみもといえ》の宿所に行き、隠居の意向を示した。そして、三月九日、神吉（丹波）に下国した。義澄は隠居を慰留したが政元は応じず、真木島《まきしま》城（京都府宇治市）に移って在国を続けた。四月二十三日、義澄は自ら真木島に下向して政元を説得した。政元はようやく慰留に応じて隠居を撤回し、二十五日、上洛した。自ら慰留に当たらなければ政元を動かすことができないところに、義澄の置かれた厳しい立場がうかがえる。

細川政元が出奔したのは、義澄と対立したからであった。義澄は、足利義稙への内通などを理由に寺社本所領を闕所《けっしょ》とし、没収した所領を幕臣に与えていた（『宣胤卿記』）。所領の押領などにより経済的に厳しい状況にあった幕臣を支援するため、寺社本所領を代替地としたのである。だが、政元は寺社本所領の闕所地化に強く反発していた。政元が出奔したことからすると、義澄は政元の反対意見を受け入れなかったのであろう。義澄と政元の間で、政策をめぐる対立が激化していた。

八月四日、今度は義澄が隠居と称して金龍寺妙善院に出奔してしまった。義澄が出奔した原因も、細川政元との対立であった。義澄は、隠居を止めようと妙善院にやってきた政元に対し、実相院義忠（義稙の弟）の殺害を要求した。八月六日、政元は義澄の要求を受け入れて義忠を殺害した。さらに、朝廷に働きかけて後柏原《ごかしわばら》天皇の勅書を獲得し、帰京を促した。そこで、義澄はようやく隠居を撤回し、帰京した。

義澄の将軍就任後、幕臣や公家で義稙に内通する者が相次いでおり、義澄は義稙の親族の扱いにかなり神経質になっていた。また、義忠は将軍候補者であり、細川政元と対立した場合、かつての自分のように、将軍に擁立される可能性もあった。いずれにしても、義澄にとって義忠は自身を脅かす不安要素であるため、その排除を求めたのであろう。

義澄は、後に石清水八幡宮に対して義稙と三宝院周台《しゅうだい》（義稙弟）の死去を願う願文を奉納しており、義稙だけでなくその弟たちも脅威と感じていたようである。

政元に突きつけた五箇条の要求

義澄は、実相院義忠の殺害のほかに、五箇条の要求を政元に突きつけている。史料により若干異同があるが、要求内容は、「大礼事、禁裏門役事、納銭方事、武田御請伴陪膳事」（『実隆公記』）、「御即位事、内裏門役事、納銭事、武田相伴御供衆陪膳事可申付事」（『後法興院政家記』）と、「京兆可聞天下之公事篇事」（『後法興院政家記』）、もしくは、「国々所々進物違例事」（『実隆公記』）である。

五箇条の要求からは、義澄が政元に対して抱いていた不満の内容が読み取れる。「大礼事」は、後柏原天皇の即位礼の費用の分担、「禁裏門役事」は、内裏警備の負担を求めたものである。「納銭方事」は、酒屋・土倉役徴収の請負者である納銭方に対する課税への協力、「武田御請伴陪膳事」は、在京奉公を続ける恩賞として相伴衆《しょうばんしゅう》に任命された武田元信に対し、御供衆の細川一門へ陪膳を命じるよう求めたものである。「京兆可聞天下之公事篇事」は、幕府裁判への協力、「国々所々進物違例事」は、進物が滞っていた在国大名や奉公衆に対する督促への協力を求めたものである。義澄は、政権運営への協力を政元に要求したのである。

なお、義澄は伊勢貞宗に対しても七箇条の要求をしている（『後法興院政家記』）。納銭方は政所との関係が深いため、この条目は伊勢貞宗に対する要求に含まれた可能性が高い。

反発する義澄

義澄の出奔には、伏線があった。出奔の前月にあたる七月十二日、義澄は参議に昇進し、従四位下に叙され、左近衛中将を兼任した。二十一日には、義高から義澄に改名した。義澄は公卿への昇進を政治的節目と認識し、改名することで決意を新たにしたものと見られる。

ところが、政元はそんな義澄に水をさす。義澄は、参議および左近衛中将への任官に対する返礼として、拝賀《はいが》をするつもりだった。しかし、政元は「昇進したとしても、人々が下知に従わなければ無意味である。将軍職さえあればよく、参議と左近衛中将への任官は無益である」と反対した（『大乗院寺社雑事記』）。また、後柏原天皇に対しても、「即位礼は無益である」と述べている。政元は、「大規模な儀礼は末代不相応のことなので、挙行は無益」と考えていた。

政元の意見は幕府と朝廷で賛同を得られたため、昇進こそ実現したものの、義澄の拝賀は中止された。幕府財政が経済的に厳しい状況を踏まえれば、現状にあわせて儀礼を縮小するという政元の主張は現実的なものであった。

だが、義澄にとって、参議昇進は人生の晴れ舞台であった。その輝かしい場が、政元の意見によって縮小を余儀なくされたのである。後柏原天皇の即位礼にしても、朝廷儀礼の実施を財政面で支えていたのが幕府だったため、実施できなかったとなれば将軍の落ち度となる。晴れ舞台のはずの拝賀ができず、天皇の即位礼も実現できず、義澄の面目は損なわれた。元服延期と同じ事態が再発してしまったのである。また、儀礼の再興は、戦乱から幕府と朝廷が再興しつつあることを示す好機だが、政元にそのような考えはなかった。義澄と政元では、儀礼に対する認識が大きく異なっていた。

　こうした対立が積み重なった上で起きたのが、義澄の隠居未遂事件であった。出奔前の状況をふまえると、自身を蔑ろにする政元への反発が限界を超え、出奔に至ったようである。ただ、義澄は感情的な反発だけで動いたわけではない。隠居を撤回する代償として政元に自分の要求を認めさせており、隠居を政治的要求実現の手段としたのである。即位礼をはじめ、実際には実現しなかった要求も多い。しかし、最大の目的だった実相院義忠の殺害を果たすという成果も見られる。出奔という非常手段を用いたとはいえ、将軍就任から七年を経て、義澄は政元を動かす政治力を発揮できるようになったのである。

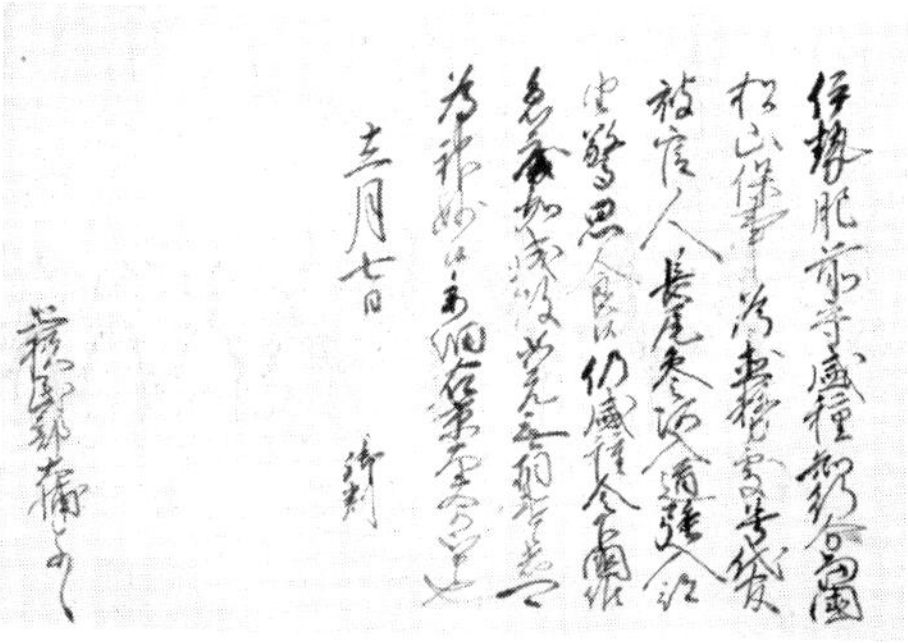
足利義澄御内書案　「朽木家古文書」　国立公文書館蔵

石清水八幡宮に奉納した願文

　文亀二年（一五〇二）十二月二十五日、義澄は石清水八幡宮に一通の願文を奉納した。願文は、「今出川義材死去候事」、「前三宝院同意趣」、「いせい可出事」、「諸大名上洛候事」、「無病そくさい事」

の五箇条である。五条目の健康を願う「無病息災」はよくある条文だが、ほかの四条は義澄の考えを示していて興味深い。

一条目は「足利義稙の死去」、二条目は「前三宝院院主了玄《りょうげん》（義稙弟）の死去」を願っている。死去を願っていることもさることながら、足利の名字ではなく「今出川《いまでがわ》」（義稙の父、義視《よしみ》は今出川に居住していたことから、今出川殿と呼ばれていた）と呼び、実名を呼び捨てにしていることから、義稙に対する強い敵意がうかがえる。五条の中でも特に優先順位が高い一条目と二条目に挙げていることから、義澄は自身の脅威となる義稙の一族が絶えることを心の底から願っていたようである。三条目の「威勢が出ること」と四条目の「諸大名が上洛すること」は、関連する条文である。大名たちが自身の命令に従い、応仁・文明の乱以前のように京都に集住して将軍を支える、昔日の幕府が復興することを願ったのであろう。

四、足利義澄の最期――四海太平の終焉

足利義満百年忌法会

永正四年（一五〇七）五月六日、相国寺鹿苑院で足利義満の百年忌法会が行われた。法会に先立ち、諸国への段銭《たんせん》の賦課、香典の徴収が行われ、法会は幕府の一大行事として挙行された。室町期に行われた足利尊氏百年忌法会の規模には遠く及ばないが、義澄は無事、節目の仏事を実施することができ

た。

一方、国内では各地で戦乱が続いていた。細川政元は、一色義有《いっしきよしあり》と争う武田元信に加勢して丹後に出陣中で、法会の際は不在であった。前年には大和で赤沢宗益（細川政元家臣）と、畠山尚順に味方する筒井順賢《じゅんけん》らが合戦を行うなど、義澄が目指した四海太平にはほど遠い状況であった。

しかし、足利義稙のように京都を脅かす勢力はない。細川政元との対立もしばしば生じていたが、文亀二年（一五〇二）のように危機的な状況には至っていない。道半ばではあったが、義澄は一定の平穏を実現することができたのである。

細川家の内部抗争と義澄の失脚

ところが、足利義満百年忌法会後、義澄政権をめぐる政治状況は急変する。六月二十三日、細川政元が家臣によって殺害されたのである。享年四十二歳であった。

政元には実子がおらず、三人の養子がいた。当時、後継者と目されていたのが、阿波細川家出身の細川澄元《すみもと》（細川義春《よしはる》の子）である。だが、政元は細川澄元を養子に迎える前に、公家の九条家からも細川澄之《すみゆき》（九条政基《まさもと》の子）を養子に迎えていた。そのため、細川家の家臣団は澄元派と澄之派に分かれてしまった。劣勢の澄之派は、情勢を挽回するために政元殺害を決行し、細川澄元を襲撃して京都から追い落とした。

しかし、細川澄之が政元殺害を企てたことが発覚すると、細川家一門は激しく反発した。八月一日、

細川高国画像　京都市・東林院蔵

細川高国や細川政賢《まさかた》ら細川家一門は、細川澄之やその家臣たちを攻撃し、一掃した。細川家一門は細川澄元を当主に擁立したので、義澄も家督として認めている。

義澄の失脚

細川家の内部抗争は、義澄政権を弱体化させた。周防にいた足利義稙は、この状況を好機とみて再度上洛を開始した。今回は、西国の有力大名大内義興が加勢しており、細川家に対抗する軍事力も整っていた。

義澄政権側では、義稙と大内義興に対抗するため、朝倉貞景、大内高弘、大友親治など、各地の大名に対して味方に加わるよう命じている。このときの大名たちへの指示は、義澄の御内書で行われている。前回の義稙上洛時は、細川政元や伊勢貞宗の尽力が大きかった。今回も伊勢貞宗は健在だったが、家督を継いだばかりの細川澄元には大名たちを動かす政治力は期待できない。政権の実力者である細川政元がいなくなったことで、義澄が主導権を発揮する状況が生まれたのである。

だが、大名たちは動かなかった。悪化する情勢に拍車をかけたのが、細川高国の離反である。細川澄元の家督継承後、細川家では細川澄元の出身である阿波細川家の家臣が台頭した。そのため、細川家では譜代の家臣と新参の阿波細川家出身者との対立が生じていた。

細川高国は細川家一門の野《や》州《しゅう》家当主で、細川家当主の細川澄元を補佐する立場にあった。ところが、細川家の内部抗争のなかで細川高国は譜代家臣の中心となり、細川澄元とも対立するようになった。さらに、細川政元の養子であったことから、細川高国は細川家当主の座を狙っていると細川澄元に疑われ、ついに出奔して反旗を翻してしまった。その結果、細川家は澄元派と高国派に分裂してしまい、細川高国は細川澄元と対立する足利義稙と提携した。頼りの細川家が分裂した状況では、大軍を擁する義稙に対抗することはできない。永正五年（一五〇八）四月十六日、義澄は義稙と戦うことなく京都を去った。

義澄が京都から没落して三年後の永正八年（一五一一）八月十六日、義澄派の細川政賢が上洛した。

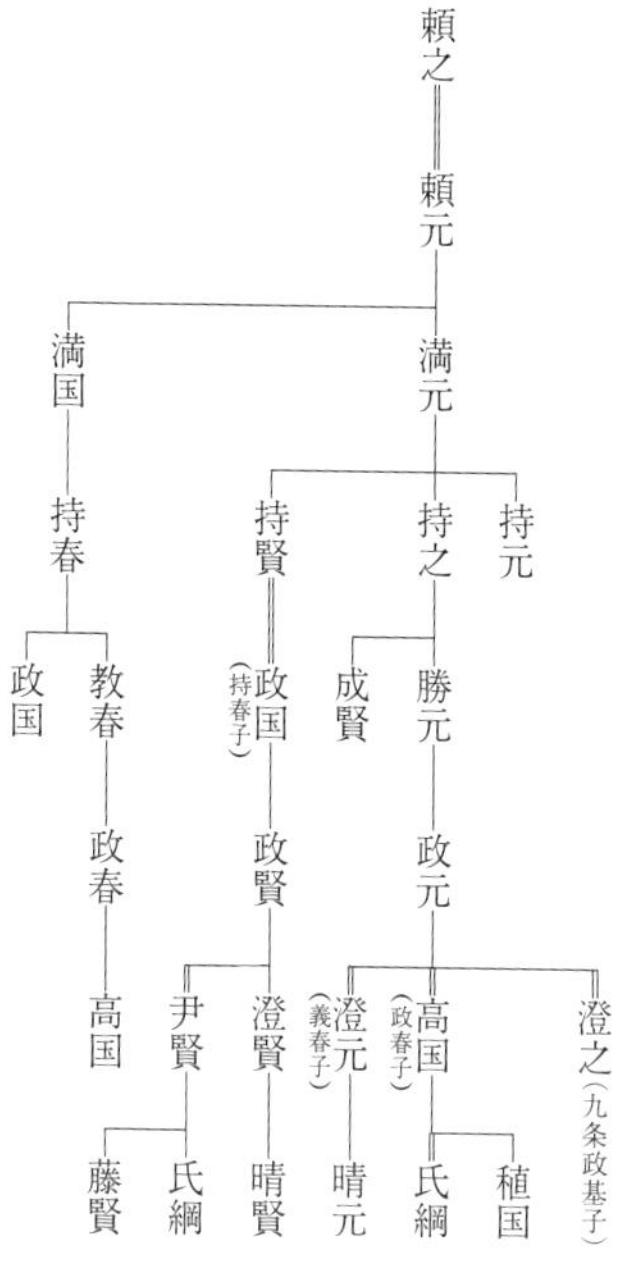

系図　細川氏略系図

義澄、細川澄元ら義澄派は義稙への抵抗を続けており、ついに念願の京都奪回を果たしたのである。しかし、義澄が上洛することはなかった。永正八年（一五一一）八月十四日、義澄は近江国岡山で病死した。享年三十二歳であった。

そして、義澄の死去から十日後の

八月二十四日、京都船岡山（京都市北区）において義澄派と義稙派の決戦が行われた。だが、船岡山合戦は大将の細川政賢が討ち死にするなど、義澄派の大敗に終わった。

戦国の将軍

永正五年（一五〇八）四月十六日、義澄が京都から没落したことを知った近衛尚通《このえひさみち》は、「戦国のようだ」という感想を日記に記している。古代中国の春秋《しゅんじゅう》・戦国時代になぞらえて日本でも戦国時代という時代区分が用いられているが、近衛尚通の用例はそのなかでも早いものである。現職の将軍である義澄が、前将軍義稙の軍事的圧力に抗せず京都から没落する姿は、武力で物事が決まる時代を象徴する事件だった。

足利義澄が生きた時代は、戦国時代の転換期だった。応仁・文明の乱後、多くの大名が下国し、幕政から離れた。幕府は将軍や将軍側近を中心に運営されるようになり、将軍の政治的発言力は向上した。しかし、明応の政変により、政治経験の乏しい義澄が将軍に擁立された。義澄は、自身の擁立者である細川政元の意向を尊重せざるをえなかった。政変を境として在京大名の政治的発言力が強まり、将軍にとって困難な時代となった。

だが、義澄は細川政元や伊勢貞宗の傀儡だったわけではなかった。擁立当初は、自身を支える側近を持たず、政治経験も乏しいことから政元や貞宗に政務を委ねる姿が見受けられた。だが、経験を重ねるにしたがって独自の政治的主張を行い、自身の政策を実現するようになった。

また、義澄の政敵である義稙、孫の義輝や義昭が、大名との対立によって失脚や殺害に追い込まれたことをふまえると、良好な関係ではなかったとはいえ、細川政元との関係を破綻させず、連立政権を維持したことは評価すべきである。明応の政変以前のように、将軍が幕府政治を主導することはもはや困難であった。だが、義澄は在京大名と共存しながら幕府を運営するという、戦国時代に適応した新たな将軍像を作り上げた。義澄は、目標である四海太平を実現することはできなかった。しかし、義澄が作り上げた将軍像は政敵義稙や、義晴をはじめとする子孫に継承され、幕府は義澄の失脚後も約六十年続くこととなった。

（浜口誠至）

【主要参考文献】

今谷　明『室町幕府解体過程の研究』（岩波書店、一九八五年）
宇田川武久「足利義澄」（桑田忠親編『足利将軍列伝』秋田書店、一九七五年）
久留島典子『日本の歴史13　一揆と戦国大名』（講談社、二〇〇一年）
桑山浩然『室町幕府の政治と経済』（吉川弘文館、二〇〇六年）
設楽　薫「足利義材の没落と将軍直臣団」（『日本史研究』三〇一号、一九八七年）
末柄　豊「細川氏の同族連合体制の解体と畿内領国化」（石井進編『中世の法と政治』吉川弘文館、一九九二年）
浜口誠至『在京大名細川京兆家の政治史的研究』（思文閣出版、二〇一四年）
藤井　崇『大内義興――西国の「覇者」誕生』（戎光祥出版、二〇一四年）
二木謙一『中世武家の作法』（吉川弘文館、一九九九年）

山田邦明　「戦国の争乱」（『岩波講座　日本歴史　第9巻』岩波書店、二〇一五年）
山田貴司　「足利義材の流浪と西国の地域権力」（天野忠幸・片山正彦・古野貢・渡邊大門編『戦国・織豊期の西国社会』日本史史料研究会、二〇一二年）
山田康弘　『戦国期室町幕府と将軍』（吉川弘文館、二〇〇〇年）
山田康弘　『足利義稙——戦国に生きた不屈の大将軍』（戎光祥出版、二〇一六年）

第十二代　足利義晴

――マジナイに込めた血統

生年　永正八年（一五一一）三月五日
没年　天文十九年（一五五〇）五月四日
院号　万松院

父　足利義澄
母　御末者の阿与

官職の変遷
大永元年（一五二一）七月二十八日に従五位下／同年十一月二十五日に正五位下・左馬頭／同年十二月二十五日に征夷大将軍／大永二年（一五二二）二月十七日に参議・従四位下・左近衛中将／享禄三年（一五三〇）十月二十日に権大納言・従三位／天文十五年（一五四六）十二月二十日に右近衛大将／天文十九年五月七日に左大臣・従一位（追贈）

近江で生まれ、近江で没する

足利義晴の人生は、近江（滋賀県）との関わりが深い。何よりも義晴自身、近江で生まれ、近江で没した。また、京都で政治を執ることができないとき、必ず落ち行く先は近江であった。生没地が京都でなかった点は、父義澄《よしずみ》も伊豆の堀越《ほりごえ》（静岡県伊豆の国市）で生まれ、近江で没したのと同様であった。誕生後、わずか五か月後に父が近江岡山城（滋賀県近江八幡市）で死去したため、父の面影はほとんど知るよしもなかった。父が後継者を決めずに三十二歳で逝ってしまったことが、弟（兄ともいわれる）義維《よしつな》と争う原因となったことを反面教師としつつも、父を慕い顕彰した。

義晴は近江に生まれると、すぐに播磨の赤松義村《あかまつよしむら》のもとで育てられ、播磨で十年四か月を過ごす。十一歳のときに上京して将軍となり、十七歳まで京都にとどまるが、それは細川高国《たかくに》（細川政元の養子で、細川本家の家督継承者）に支えられての将軍職であった。しかし、十七歳のときに八か月を近江に過ごし、入京後わずか七か月で再び近江へ移り、そのまま十八歳から二十四歳に到る六年四か月を過ごす。その後、近衛尚通《このえひさみち》の娘を娶《めと》って、再び入京を果たし、二十六歳のときに嫡子《ちゃくし》（後の義輝《よしてる》）が誕生し、七年二か月を京都に過ごす。しかし三十一歳の時、五か月を再び近江に過ごし、その後、京に五年、近江坂本（大津市）に一年二か月、京に一年、そして坂本へと居所を変え、そのまま近江穴太《あのう》（大津市）で死去した。

義晴は、三十九年二か月の人生のうち、播磨に十年四か月、京都に十九年四か月、近江に九年六か月を過ごし、その人生の半分を京都以外の地で過ごしたのである。息子への将軍職譲渡の場所も近江で行われ、九年六か月の間、近江の地で幕府の政権運営が図られた。

将軍在位二十五年は、歴代将軍の中でも四代義持（二十八年）、三代義満（二十六年）に次いで長く、直前の十代義稙《よしたね》（十六年）、十一代義澄（十三年）と比べても十年も長く政権を維持している。室町時代前期の義満や義持が、幕府体制を安定に向かわせた画期とみるならば、義晴の将軍在任期間は、明応の政変以降、義澄系と義稙系の二つに分裂し拮抗《きっこう》した足利将軍権力のなかでも、戦国時代の室町将軍として長期政権であった。

そこには、長期政権たる理由が存在する。その鍵は、義晴を支える大名勢力と、将軍家の直臣《じきしん》たちで構成される奉公衆《ほうこうしゅう》である。大名たちの衆議《しゅうぎ》による政治から、大名の力に依存しつつも、奉公衆に代表される将軍直臣たちへの依存も強めていく政治へと変化していくのである。

以下、義晴をめぐる政治体制や社会状況から、その人生をひも解き、後期幕府政治において長期政権を維持した核心に迫っていきたい。

一、権力の錯綜《さくそう》する播磨赤松氏の下で

赤松氏のもとに避難する

足利義晴は、永正八年（一五一一）三月五日に近江国の九里備前守《くのりびぜんのかみ》の館で生まれ、亀王丸《かめおうまる》と名付けられた。父は三年前に将軍職を解かれ、京都を追われた足利義澄で、母は公家の東坊城和長《ひがしのぼうじょうかずなが》の

日記によれば、「御末者《おんすえもの》」の「阿与《あよ》」であった（『菅別記』）。

義澄の従兄の足利義稙が、大名の大内義興《おおうちよしおき》を引き連れ周防《すおう》山口から上京し、再度将軍に任じられたため、父は将軍職を解任された。亀王丸が生まれたのは、ちょうど京都を追われることとなった義澄が、政権奪還のため近江に滞在していたときである。亀王丸はすぐに播磨の守護である赤松義村のもとに預けられた。これは、義澄を庇護した近江守護の六角高頼《たかより》が、将軍義稙と通じているとの噂から、信頼できる赤松氏のもとへと避難させたことによる。亀王丸は十一歳で上京するまで、この義村のもとで養育される。

亀王丸には兄弟がいた。後に亀王丸と対立し、「堺武家」「堺大樹《たいじゅ》」と呼ばれた義維《よしつな》である。この義維を亀王丸の一歳もしくは二歳年上の兄とする説と、弟とする説がある。兄とする説は後世の編纂物に多い（『足利季世記』『重編応仁記』等）が、公家の鷲尾隆康《わしおたかやす》の日記に「江州（足利義晴）武家御舎弟也」とあって、人々の認識は、義維は義晴の弟とするものだった（『二水記』）。義維は、阿波の細川澄元《すみもと》（細川政元の養子で、本家家督を将軍足利義稙によりはく奪された。家督を継いだ細川高国と対立）のもとへ預けられている。

播磨で育てられた幼少期

亀王丸が育ったのは、播磨の守護赤松氏の拠点で守護所《しゅごしょ》である置塩《おしお》（兵庫県姫路市）であった。それまで赤松氏は、書写山円教寺《しょしゃざんえんぎょうじ》の南麓の坂本（姫路市）を拠点としていた。しかし永正頃（一五〇四―一二〇）、坂本から北東四キロメートルに位置する置塩へと守護所は移っていった。この地は古くから赤松氏の直轄《ちょっかつ》地で、姫路の経済圏内にありながら、背後に詰城《つめじろ》となる山城を備えることができる地であった。この新たな拠点に、亀王丸は迎えられたのである。後に山城が築かれる置塩城の麓にあった置塩館には、冷泉為広《れいぜいためひろ》など、毎年のように京都の公家や歌人が訪れ、歌会や宴会が行われた。義村の三十三回忌に記された法語《ほうご》によれば、義村は和歌や書道に秀《ひい》で、前将軍義澄から託された生まれたばかりの亀王丸を「慈愛」をもって「保護」し、「賢臣《けんしん》の忠を尽くした」という（『縷氷集』）。

置塩城跡の石垣　兵庫県姫路市

　義村が当主をつとめた時期は、女大名とも評価される義母めし（洞松院《とうしょういん》。細川勝元《かつもと》の娘）や守護代の浦上村宗《うらがみむらむね》が赤松家の実権を握っており、義村は家臣の村宗との間で対立と懐柔を繰り返していた。翌九年閏《うるう》四月には、将軍義稙は細川高国を摂津尼崎（兵庫県尼崎市）に遣わし、義村の義母めしと交渉して和睦し、先に敵対した義澄の息子を匿《かくま》う義村を赦免《しゃめん》した。公家の近衛尚通はその日記に、この和睦を「天下いよいよ無事、珍重《ちんちょう》々々」と記している。

　翌十年二月には和睦《わぼく》の証《あかし》として、義村自身が上洛し、亀王丸から預かった太刀《たち》と馬を義稙に進上した。なお、義晴（亀王丸）と義維は共に、この和睦以降のある時期、子のなかった義稙の猶子《ゆうし》となっている（『菅別記』『二水記』『足利家官位記』）。

　永正十七年（一五二〇）十一月、赤松義村は義母めしと家臣の村宗によって隠居を強要され、家督を七歳の嫡子才若丸《さいわかまる》（赤松晴政《はるまさ》）に譲り剃髪《ていはつ》した。翌月、義村は亀王丸と共に置塩を脱出、播磨端谷《はしだに》（神戸市）の衣笠《きぬがさ》五郎左衛門《ざえもん》を頼り、三か月後、村宗を備前三石《みついし》城（岡山県備前市）に攻めようと、同国の御着《ごちゃく》（兵庫県姫路市）に出陣するが、先陣の裏切りにより東条（兵庫県加東市）の玉泉寺へと移り、その後、村宗と和睦し、片島（兵庫県たつの市）の長福寺へと移った（永正十八年四月二日）。

ちょうど亀王丸が義村に連れられ、播磨国内を点々としている同十八年三月七日、京都では将軍足利義稙が管領細川高国の専横に怒り、和泉堺（大阪府堺市）へと出奔《しゅっぽん》し、その後淡路へと下向した。義稙は、細川澄元を頼っての行動であったが、頼りの澄元は六月に阿波で亡くなり、帰京の機会を失った。高国はすぐに、義稙に替わる将軍候補の擁立を図る。実の子のない義稙の猶子となっていた義澄の二人の子が候補となるが、弟の義維（幼名不明）は高国と敵対する澄元の下で育てられていた。そのため高国は、政情不安定な播磨国内で義村に匿われている亀王丸に目を付ける。

四月十九日、高国は早くも若狭守護の武田元光《もとみつ》へ亀王丸の入京にあわせて上洛を促し、赤松義村と敵対していた赤松家臣の浦上村宗へも呼びかけた。村宗は忠臣を誓うことで義村と和睦し、亀王丸を義村のもとから離し、上京させることに成功した。その五か月後、亀王丸を失った義村は、村宗により播磨の室津（兵庫県たつの市）に幽閉され謀殺された。

二、十一歳の将軍

将軍となるべく上京

永正十八年（大永元、一五二一）七月六日、十一歳の足利亀王丸は第十二代将軍となるべく、播磨から三万人の供勢を引き連れ入京した。午後四時頃に入京した亀王丸を、二条辺りまで見物に行った公家の鷲尾隆康は、その日記に「御容顔美麗也」と亀王丸の容姿を記している。また、「不慮の御運で、誠に奇特だ（意訳）」と、突然に将軍職が転がり込んだ亀王丸を珍しがっている（『二水記』）。亀王丸は仮の御所として上京《かみぎょう》の岩栖院《がんせいいん》に入った。

足利義晴画像　京都市立芸術大学芸術資料館蔵

　義晴は、七月二十六日に学習開始の儀式である読書始《はじめ》を行い、二日後、従五位下《じゅごいげ》に叙《じょ》され、朝廷から「義晴《よしはる》」の名をもらった。選字をした公家の東坊城和長は、「義晴とした場合、将軍から晴字を与えられた者の名は、最初に晴字がくることとなるが、それは好ましいありかたではなく、人々に迷惑をかけることとなる」と不満をもらしながらも、細川高国が推す「義晴」となった。

　八月九日には鉄漿《かね》で歯を黒くする元服前の儀式である涅歯《でっし》を行い、十一月二十五日には正五位下《しょうごいげ》に叙され、左馬頭《さまのかみ》に任じられた。

三日後、高国を義晴の代の管領職に就け、十二月二十四日に新たに将軍御所と定めた三条御所へと移り、元服した。その儀式は、高国を加冠役《かかんやく》とし、八代将軍足利義政の故実《こじつ》に則ったものであった（『菅別記』）。三条御所への移動は午前八時頃で、見物人の老若男女で溢《あふ》れかえったというから、人々の関心は高かった。

元服の翌日、義晴は征夷大将軍に任じられ、同日中に「沙汰始《さたはじめ》」「評定始《ひょうじょうはじめ》」「判始《はんはじめ》」といった政務を執り行うための儀式が行われた（『義晴将軍元服并判始記』）。この間、十一年前に失意のうちに近江で亡くなった実父義澄に、左大臣、従一位が贈られている。翌年二月十七日には、義晴は従四位下に叙し参議《さんぎ》となり、左近衛中将《さこのえちゅうじょう》を兼ねるという昇進を果たす。これらの叙任は義晴方からの申し出でによりなったもので、朝廷はすべてを追認する状況であった（『菅別記』）。

主導権を握る細川高国

義晴の政権運営は、細川高国に擁立されたことに示されるように、高国と共同で政策決定がなされた。将軍は管領に諮問《しもん》し、管領は将軍へ報告・相談を行ったが、その多くが高国の意見を将軍が追認するものが多く、政策決定の主導権は高国が握っていた。十一歳で突然、政権の中枢にまつり上げられた義晴に対し、前将軍義稙が高国を嫌って出奔する事態にまで至った三十八歳の高国とでは、政治手腕の優劣は明らかであった。自ら主張するには義晴の年齢は若く、経験も伴っていなかったのである。

三、九年六か月に及ぶ近江での幕府政治

近江に留まる理由

幕府政治を細川高国が主導する政治も五年で潰《つい》える。大永六年（一五二六）七月、細川尹賢《ただかた》（従兄の細川高国を支えた細川氏庶流家の当主）が高国へ讒言《ざんげん》し、高国の糺問《きゅうもん》によって有力家臣の香西元盛《こうざいもともり》が自殺した。これに元盛の兄たちである丹波の波多野稙通《はたのたねみち》や柳本賢治《やなぎもとかたはる》らが、阿波の細川晴元《はるもと》（細川高国と対立した細川澄元の嫡男で、後に高国を自害に追い込む。高国亡き後、将軍義晴を支えたが、旧高国勢力と戦うこととなる）と通じて尹賢と対立し、軍事行動を起こした。

晴元方の阿波の細川澄賢《すみかた》（細川澄元と共に細川高国と戦って戦死した細川政賢《まさかた》の子）・三好勝長《かつなが》・政長《まさなが》等は和泉堺を経て上京し、義晴方と対戦し勝利する。敗れた義晴は近江坂本、次いで蒲生郡長光寺（滋賀県近江八幡市）へと移った。この間、三好元長《もとなが》が足利義維・細川晴元を奉じて阿波から和泉堺まで上ってきた。その後、一時勢力を挽回して義晴は入京を果たし、近江の六角定頼を介して晴元との和議が成るかにみえたが、晴元の発言に反し、堺の義維は退却しなかった。そのため義晴は晴元を疑い、同八年五月に軍勢二万、うち六角勢一万で、奉公の者は残らず近江坂本へと移り、九月に途中《とちゅう》（滋賀県大津市）を経て高嶋郡朽木庄《くつきのしょう》（滋賀県高島市）へと移った。

義晴はなぜ朽木庄を選んだのか。その理由は、将軍の身の安全を確保できる地が選ばれたからである。この騒擾《そうじょう》前後、義晴は身を脅かす義維勢力の基盤である四国・丹波を取り囲むようにして、軍

旧秀隣寺庭園　朽木庄滞在中の将軍義晴をもてなすために造られたと伝わる　滋賀県高島市・興聖寺

事要請をしていた。

実際に軍勢を出兵させたのは、越前守護の朝倉孝景《たかかげ》、但馬守護の山名《やまな》誠豊《のぶとよ》（義晴は誠豊と因幡守護山名誠通《のぶみち》との和議を画策した）、若狭守護の武田元光、近江守護の六角定頼、播磨守護の赤松政村《まさむら》（同守護代の浦上村宗等）、河内守護の畠山稙長《たねなが》、大和の筒井《つつい》順《じゅん》興《きょう》、伊勢国司の北畠《きたばたけ》晴具《はるとも》（大和長谷《はせ》に出陣した）であった。

さらに義晴は、美濃守護の土岐頼芸《よりあき》への分国の静謐《せいひつ》と忠節を求め、豊後守護の大友義鑑《よしあき》や土佐国司の一条房家《ふさいえ》に阿波への出兵を要請していた。なかでも丹波に出陣した但馬守護の山名誠豊、京都で奮戦した越前守護朝倉孝景・若狭守護武田元光・近江守護六角定頼らの活躍は、中央で義晴を軍事的に支えた勢力が彼らであったことを示している。

義維が和泉堺にいて、柳本賢治らとの畿内での戦闘に対し、義晴の安全が最も確保される地は京都から北東の地であった。近江湖東地方では、六角氏が湖北地方の京極《きょうごく》・浅井《あざい》氏と対立しており、義晴は朝倉孝景に近江北境を守らせ、細川高国を仲介として六角・浅井双方の和議を図っていた。

京都から北東で義晴方の主力となったのは、但馬山名・越前朝倉・若狭武田・近江六角各氏であったから、義晴が近江湖西地方の朽木庄へ下向した理由は、日本海側への逃走ルートを確保できる位置を選んだためであった。万一のとき、朽木から若狭小浜《おばま》（福井県小浜市）へ行き、そこから但馬もしくは越前へ行くことを想定した。朽木庄を含む高嶋郡内には、七氏もの奉公衆がいて、地域支配のための一揆を結んでいた。その一角を形成したのが、朽木杣《そま》ともいわれた山中にある朽木庄の領主朽木《くつき》氏であった。

義晴は京都から西方の勢力と対立している以上、東方へ後退せざるをえなかった。とくに朽木庄への移動は、比較的京都に近く、かつ、いざとなれば義晴方勢力のある山陰・北陸へ抜けることができるルート上の、奉公衆朽木氏の本拠地が選ばれたのであった。

存在感を増す奉公衆

これまで将軍が京都を離れるときは、多くが守護や大名に庇護《ひご》されて再起が図られた。しかし義晴は、近江の奉公衆である朽木氏のもとに滞在した。奉公衆とは、将軍家にお目見《めみえ》を果たすことのできる将軍の直臣で、将軍家の軍隊である。江戸時代の制度では、将軍家の直参《じきさん》で、お目見できる一万石未満の旗本《はたもと》にあたる。

もともと、鎌倉時代の将軍にはわずかな家人《けにん》しかいなかった。そのため源氏三代の後、摂関家の子弟や皇族に連なる者が入れ替わり将軍となって、一つの家が将軍職を継承することはなかった。室町幕府の御家人は、守護の統率のもとで軍事動員され、また、守護を通じて国ごとに賦課される税（段《たん》銭《せん》）も徴収された。有力大名らの連合政権的要素が強い室町幕府は、足利将軍家と並ぶ実力の持ち主が多く、足利家が将軍であり続けるには、同家が他の大名（守護）より優位な勢力を形成する必要があった。その対策の一つが、有力大名の勢力削減（土岐氏の乱、明徳の乱、応永の乱）で、さらに足利将軍家自らの力を蓄えるために、守護を介さない将軍直属の御家人を整備していった。

全国の有力御家人たちを、三代将軍足利義満は五つに分けて番衆《ばんしゅう》として編成したが、さらに六代将軍義教は、大名依存の軍事力の見直しを図って、将軍の軍隊である奉公衆体制を充実させた。八代将軍義政期には、奉公衆は外様衆《とざま》（三十〜四十家）、御供衆《おとも》（十〜二十家）、番衆（三二〇〜三四〇家）と三ランクに編成され、さらに整備された。

奉公衆は地方の有力者であったから、全国に散在していた。これが江戸幕府の旗本になると、より直截《ちょくせつ》的に将軍の膝元である江戸と、その周辺に集住して将軍を支えるようになる。江戸時代でも、一部に残った地方の旗本が参勤交代をする交代寄合となったその淵源は、室町幕府の奉公衆にあった。奉公衆は応仁・文明の乱後、新興勢力が台頭するなか多くが没落し淘汰されていき、明応の政変後は大幅に縮小しながらも足利将軍家を支える数少ない存在として機能していく。将軍が奉公衆朽木氏を頼り長期にわたり拠点としたのは、将軍家が奉公衆を重視し、頼りにしている状況を示している。

朽木庄での幕府政治

義晴は朽木庄に、享禄元年（一五二八）九月から同四年二月までの約二年半を過ごした。この間、幕府の意志決定を示す奉行人奉書が、京都権門《けんもん》（有力寺社等）からの要請で山城国内の所領保障のために出されている。敵対する堺の義維政権が発給する奉行人奉書もほぼ同数あり、京都権門は自衛手段として、義晴・義維双方から保障の証判を得ていた。

朽木谷の義晴周辺には、公家衆・外様衆・御供衆・御部屋《おへや》衆・申次《もうしつぎ》衆・番衆・奉行衆・同朋《どうほう》衆・御末《おすえ》衆など、名前が確認できる者で三十名おり、それ以上の者が付き従っていた。享禄二年八月に、公家衆十七人が細川高国に背いて朽木谷から退散した事実を勘案すれば、その数はほんの一部で、供

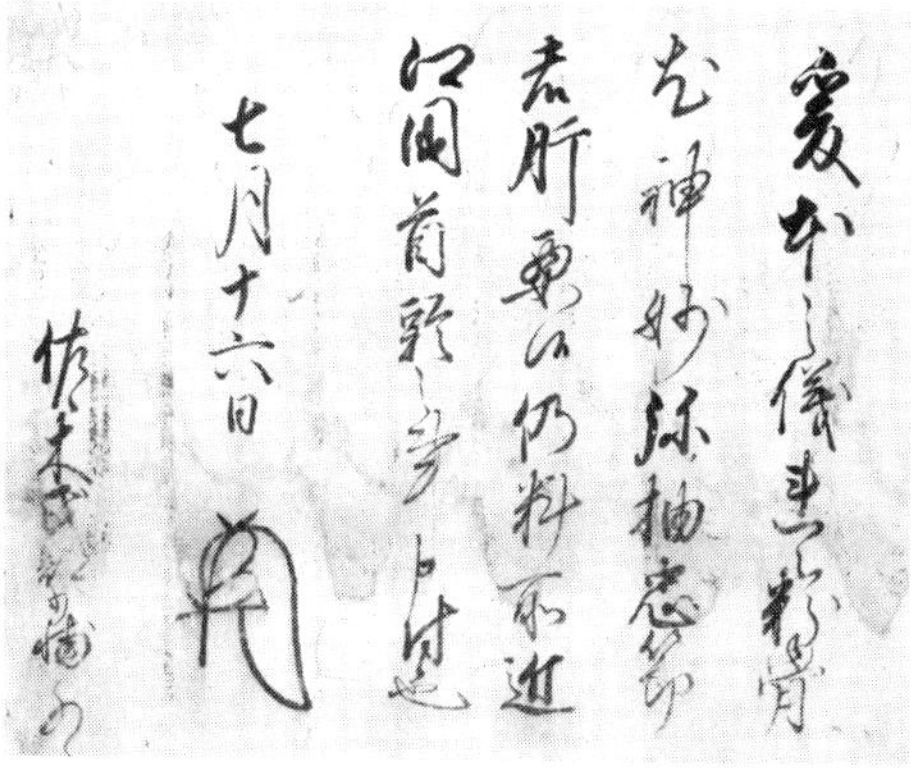

（享禄２年）７月16日付朽木稙綱宛足利義晴御内書　「朽木家古文書」　国立公文書館蔵

の者を含めれば相当数の者が朽木庄に滞在していた。義晴は岩神《いわがみ》に住んだが、その他の者は、たとえば阿野季時《あのすえとき》亭や大和兵部少輔《やまとひょうぶのしょう》亭などで歌会が開かれ、大館常興《おおだちじょうこう》も「庵」に住んでいたことなどから、それぞれに宿所を持っていた。軍事的役割を果たす奉公衆や、将軍の意志を伝える奉行人奉書を作成する奉行人の存在は、亡命先での幕府政治の機能存続を可能とした。

享禄三年正月、朝廷は義晴を、従三位《じゅさんみ》、権大納言《ごんのだいなごん》に昇進させることとした。その宣旨を下すために勅使《ちょくし》清原業《なり》賢《かた》が雪深い朽木へと下向し、将軍と対面を果たしたときの様子は、公家烏丸光康《からすまみつやす》が申次を勤める状態で、平時とは異なっていた。細川高国も遊説に出ていたため、高国の意

見を常に得ることも困難であった。

京都と朽木庄との情報のやり取りは頻繁になされており、京都の公家等もしばしば朽木を訪れた。また、京都の権門も朽木の義晴の許へ使者を下していた。朝廷との関係も享禄（在坂本時）・天文のそれぞれの改元に、朝廷は義晴方とのみ交渉を持ち、義維方には諮《はか》っておらず、義晴方を正統な政権とみていた。諸大名への偏諱《へんき》授与や毛氈鞍覆《もうせんくらおおい》・白傘袋《しろかさぶくろ》・塗輿《ぬりごし》の免許・昇進申請などの栄典授与においても、義晴方のみがこれを行っている。

義晴が朽木へ来る一年前、一時入京を果たしたときの畠山稙長宛の御内書《ごないしょ》では、細川高国・六角定頼の両人が将軍の意志を代弁する役割を担っていた。しかし、朽木滞在時においては、両人は将軍の側に居なかったためこのような活動もなく、定頼の幕府政治への関与もうかがえない。朽木谷滞在時の政務は、通常の形態ではなかったものの執り行われていた。朝廷・権門・大名など、いずれも義晴の権威を期待していたのである。

六角定頼を頼る政治

享禄四年（一五三一）正月末、近江湖北地方の浅井亮政《すけまさ》が、細川晴元に呼応し朽木庄のある高嶋郡に攻めてきた。そのため義晴は、二月一日に葛川《かつらがわ》（大津市）へ南下、堅田《かたた》を経て、十七日に坂本へ移った。四月には湖東の箕浦《みのうら》（滋賀県米原市）での合戦で、六角氏は浅井氏を破り、浅井氏の南下を防いだ。義晴の近江逃亡中、高国は近江・伊賀・伊勢・越前・出雲・備前へと遊説に出て、諸大名に出兵の協力を説いたが、彼らの同意は得られなかった。ただ、かつて高国に協力して義晴の上京に功績のあった播磨守護代の浦上村宗は高国に味方し、そのため高国は享禄三年八月には摂津神呪寺《かんのうじ》（兵庫県西宮市）に入った。しかし翌四年六月、高国は播磨守護の赤松政祐《まさすけ》の裏切りにあい、足利義維方の三好元長らによって、摂津天王寺（大阪市）で惨敗し、尼崎で自害する。村宗も逃げる途中に野里《のざと》川で溺死《できし》した（大物崩れ《だいもつくずれ》）。

大物崩れの戦跡碑　兵庫県尼崎市

高国という有力な後ろ盾を失った義晴は、七月には湖東の蒲生郡武佐《むさ》（滋賀県近江八幡市）の長光寺に、翌天文元年（一五三二）七月には六角氏の居城観音寺城《かんのんじじょう》に隣接する桑実寺《くわのみでら》（近江八幡市）に移る。義晴が桑実寺に移ったのは、日本海へ抜けるルートが危なくなった以上、最も京都に近く安全な守護六角氏に庇護されざるをえなかったためである。義晴は同三年六月に坂本へ移るまでの約二年間を、この地で過ごすこととなる。

桑実寺滞在時においても、義晴のもとには、京都権門から訴訟などが持ち込まれ、審議が行われていた。京都大徳寺が持ち込んだ訴訟の場合、正式な幕府奉行人を窓口に訴えると同時に、さきに朽木庄で義晴を匿った奉公衆の朽木稙綱《たねつな》を通じて内々に義晴へ訴える方法がとられた。採決も、義晴を庇護している近江守護の六角定頼の意見が採り入れられた。定頼の意見が尊重されているのは、義晴が定頼のもとに庇護されているためであった。大永七年以降、若狭の大名武田氏や越前の朝倉氏も軍事出兵はしなくなっていた。細川高国の死は義晴にとり、政治・軍事共に頼った一方の支柱を失うこととなった。義晴はもう一方の支柱である、六角定頼に全面的に頼らざるを得ない状況となったのである。

すでに定頼は、享禄二年から晴元との姻戚関係を画策するなど、晴元との和睦への状況作りを行っており、義晴入京のためには、中核となる軍勢を動かすためにも、定頼の意向が重視されるようになっていった。義晴は高国に代わる存在として定頼に意見を求め、また、定頼からの幕府政治への関与も行われるようになった。この間の天文二年九月十二日、朝廷は故足利義澄に太政大臣《だじょうだいじん》を追贈している。これは足利尊氏以来のことであった(『鹿苑日録』)。

四、二十六歳の決断――マジナイに込めた血統

結婚と六年ぶりの上京

天文三年(一五三四)十月から、義晴は病気を理由に一切の面会を断っていた(『言継卿記』)。「虫《むし》気《け》」とあるので、腹痛を伴う腹部の病気とみられる(『兼右卿記』)。そのため、将軍の決済が必要な政務は滞ってしまった。政務が再開される八月までこの状態は続くが、この間の六月八日、二十四歳の義晴は前関白の近衛尚通の娘(二十一歳、後の慶寿院《けいじゅいん》)を正妻に迎えた。その婚儀は雷《かみなり》の鳴る夕立

の中で行われた（『御湯殿上日記』）。足利家は三代将軍義満以来、大納言を極官《ごっかん》とする名家《めいけ》の家格をもつ日野家から正妻を迎えていた。しかし義晴は、より上位である摂関家の近衛家から正妻を迎えた。朝廷との関係は密となり、また、京都の公家からも義晴は頼りにされていたのである。

細川高国が亡くなった翌天文元年には、六角定頼は敵対する細川晴元との和睦に成功しており、ようやく同三年六月に義晴は坂本へ移ることができた。入京を目前にして、政務が止まった状態を、幕府の奉行衆や奉公衆らが連名で政務の再開を義晴に要請した。これにより、八月から政務は再開される。義晴の直接指揮による政務再開を、幕臣が一致して求める状況は、二年後、義晴による新たな組織創設を容易にした。

九月に義晴は入京を果たす。しかし、幕府政治に関与する定頼は京都に留まらなかった。それは、京都がいまだ晴元の勢力下にあったことだけでない。定頼は、永正末〜大永年間にかけて有力家臣の伊庭《いば》貞説《さだとき》・九里某・蒲生《がもう》秀紀《ひでのり》らを討っており、在京中の国内在地勢力の伸長を恐れたためであった。定頼が近江に在国しながら幕府政治に意見するというのが、この時期の幕府政治の特徴である。

嫡子義輝の誕生

婚儀から一年九か月後の天文五年（一五三六）三月十日、京都南禅寺で義晴と近衛家の娘との間に男子が生まれた。菊幢丸《きくどうまる》と名付けられたその子は、後に十三代将軍となる足利義輝である。

京都に復帰した将軍のもとへは、さまざまな案件が定頼の口入《くにゅう》や、内々《ないない》の披露によって持ち込まれて判断が仰がれた。訴訟などを有利に運ぼうとする権門などは、将軍への口入を期待して定頼へ案件を持ち込み、また、将軍の側近を通じて内々に将軍へ働きかけを行った。通常の奉行衆を通じて定例の日時に披露される審理とは別に、かなりの数の案件が内々に将軍のもとへ持ち込まれていた。細川晴元と和議を結んだといはいえ、晴元方との山城国内における土地をめぐるさまざまな争いは未決着であった。

義晴の入京により、定期的に開かれる審理日だけでは追いつかない、多くの政務処理が求められた。かつては管領が在京し政務を補佐・代行したが、管領に代わるべき定頼は上京してこなかった。義晴は、京都における政務の補佐・代行者を必要としていたのである。

京都では七月に、延暦寺の衆徒が、京都法華宗徒を武力で洛外へ追放した天文・法華の乱が起っていた。これにより下京が炎上、上京も三分の一が焼け、町衆の死者も三千人を数えた。

義晴の隠居と呪《まじな》い――新たな政治体制の確立

京都の騒擾がようやく落ち着いた翌八月二十七日、義晴によって内談衆《ないだんしゅう》（八人奉行・年寄衆）が創設され、義晴自らは「隠居」し、内談衆に政務（公事《くじ》）を任せた（『厳助往年記』）。このとき義晴は、「マシナイ（呪い）」として「御代《みよ》」を若君（菊幢丸）に譲ると宣言した（『鹿苑日録』）。義晴は家督を、三月に生まれたばかりの若君に譲り、自らは隠居して、内談衆を設置し政務を代行させることにしたのである。内談衆は生まれたばかりの若君を補佐し、政務を代行するために設置された組織だった。

内談衆のメンバーは一部入れ替わるが、天文八年時には摂津元造《もとなり》、大館常興、大館晴光《はるみつ》、朽木稙綱、細川高久《たかひさ》、海老名《えびな》高助《たかすけ》、本郷光泰《ほんごうみつやす》、荒川氏隆《あらかわうじたか》の八名であった。摂津元造は評定衆（奉公衆の外様衆と同格）、大館常興・晴光父子は奉公衆の番頭をつとめる御供衆であり、細川高久は奉公衆佐々木大原《おおはら》氏の出身、朽木、海老名、本郷、荒川も奉公衆であり、いずれも義澄や義晴に仕えた側近たちであった。かつて幕府の意志決定は、大名の衆議によって決定されていたが、在京する大名がいなくなるなか、奉公衆の衆議に基づく形へと変化していったのである。

現実問題として、生まれたばかりの若君に家督を譲ることはできないであろうから、将来若君に家督を譲ることを宣言し、義晴自らは政務全般を扱うことをやめ、名目上は若君を、現実には義晴を補佐し、政務を代行する内談衆に政務処理を任せることにした。義晴の隠居とは、そのような意味での隠居であった。名目的にしろ、生まれたばかりの若君へ家督譲渡を表明したのは、次期将軍が誰であるかを宣言することと、これからの政務が究極的には誰のために行うものなのかを明示することに目的があった。

若君誕生をきっかけとして、義晴はそれまで一々判断を求められた案件の処理に対する煩わしさを打開するため、内談衆を創設して政務全般を彼らに任せる体制を整えたのである。そしてそのうえで、内談衆でも判断できない重事のみ、将軍である義晴の判断が仰がれることとなった。

内談衆が組織される以前からすでに、定頼の意見は当該期の幕府政治に必要不可欠なものとなっていた。本願寺の宗主《しゅうしゅ》証如光教《しょうにょこうきょう》は、義晴が定頼の意向を無視しては、「天下進退」の意志決定ができないという認識を示している。義晴は、定頼の意見と内談衆の衆議を中心とした政治を構想していたのであった。

時に義晴は二十六歳、将軍職も十五年目を迎えようとしていた。嫡子の誕生と血統の継承を願い、隠居の身で将軍職に在位し、政務を担当する内談衆と六角定頼の意見、そして山城を押さえる細川氏領国においては細川晴元の協力を得るという、当時として最もバランスの取れた政治体制を生み出したのである。翌天文六年四月には、定頼の娘が晴元のもとへ嫁ぎ、六角・細川両氏の姻戚関係が築かれ、より晴元との関係は強固になった。しかし、晴元が管領に任命されることはなかった。それは、義晴が晴元を信頼していなかったことによる。晴元は有力大名にすぎない立場だった。

願いの成就

天文十五年（一五四六）、菊幢丸（義輝）は十一歳となった。義晴は、自らが将軍となった年齢を迎えた息子に将軍職を譲渡し、後見人となった。菊幢丸が誕生したときに懸けた呪《まじな》いは、十一年後、見事に叶ったのである。しかし、その晴れの舞台は京都ではなかった。

将軍職を譲る三年前、細川晴元に対抗して細川氏綱《うじつな》（実父細川尹賢と養父細川高国の二人を細川晴元に殺害され、両父の宿敵として晴元と対立）が挙兵した。細川晴元は三好長慶《ながよし》を堺に派遣し、いったんは沈静化に向かう。しかしその二年後、氏綱に与《くみ》する細川国慶《くによし》（細川高国亡き後、旧高国勢力をまとめて細川晴元と対立した細川庶流家）が挙兵し、京都を制圧、晴元は丹波へと逃亡した。この細川氏の内《ない》訌《こう》に、翌天文十五年夏頃から義晴は、頼りにする存在を、京都支配を維持できない晴元から、新たな実力者である氏綱へと変えようとする動きがあり、義晴と晴元との決裂が人々の間でも噂された（『北野天満宮史料』古文書九九）。義晴も東山慈照寺《じしょうじ》へと居所を移して万一に備えたが、晴元配下の三好長慶の弟実休《じっきゅう》らが、二万の大軍で阿波から京都を目指したことにより、義晴も十一月には、北白川（京都市左京区）に勝軍地蔵山《しょうぐんじぞうやま》城を築城し始めた。そして義晴は、二月から進めていた嫡子菊幢丸（義輝）の元服、そして将軍職譲渡を実行に移す。

このとき、晴元配下の長慶らが摂津まで進出してきたことで京都は物騒となったため、急遽、近江坂本へと移り（十二月十八日）、にわかに修築した坂本の日吉社祠である樹下成保《じゅげなりやす》の邸宅で菊幢丸を元服させて義輝と名乗らせ（十九日）、翌日、将軍職の譲渡を果たした。元服と将軍職譲渡の儀式が終ると、すぐに京都へと戻り（二十四日）、わずか六日間の坂本滞在であった。

年が改まり天文十六年に入ると、敵対する晴元が摂津を平定した。そのため義晴は、去年から築城を進めていた北白川の勝軍地蔵山城に入り、氏綱方を助けることをはっきりと示した（三月）。これに対して六角定頼は、三好長慶の勧めを受けて、婿である晴元を助けた。定頼は、政務を担当する内談衆と六角定頼の意見、そして山城を押さえる細川晴元の協力を得るバランスのとれた政治体制の再現を望んだ。定頼が晴元に味方したのは、義晴を警《いさ》めるためであった。そのため義晴・義輝父子は、勝軍地蔵山城を焼いて近江坂本へ落ちた（七月十九日）。

直後の天王寺の舎利寺《しゃりじ》の戦いで晴元配下の長慶らが大勝したことを聞いた義晴は、定頼・晴元を赦免する形で和議を結んだ（二十九日）。この状況をみた阿波にいた弟の足利義維が、和泉堺まで上ってきた。そのため、義晴らは近江坂本に留まらざるを得なかったが、義維が淡路まで退いた後の翌十七年正月に晴元が坂本から上京した。ついで、義晴・義輝父子も六月にようやく京都へ入ることができた。

これもつかの間、晴元の寵愛《ちょうあい》を受けている三好政長の数々の不始末を糾弾するため、長慶が晴元・政長と敵対し決起した。翌十八年六月の江口《えぐち》の戦いで、晴元・政長方は長慶との戦いに大敗を喫し、政長も敗死する。帰京した晴元は、義晴・義輝父子とともに近江坂本へと落ちた。京都は、細川氏綱を擁する長慶によって制圧された。

義晴は、京都奪回のため、十月に東山慈照寺の背後の山に中尾《なかお》城を築き始め、翌十九年三月には坂本から穴太《あのう》（滋賀県大津市）まで行くが、冬から引きずっていた水腫《すいしゅ》のために五月四日午前八時頃（辰の刻）、亡くなった（『言継卿記』）。側近く仕えた進士晴舎《しんじはるいえ》の手紙には、義晴が「自害」したとある（『集古文書』）。前々から義晴は、辰の日の辰の刻に死ぬと宣言し、数日前から家臣を集め、今後のことを言い置きしている（『万松院殿穴太記』）ため、死期を察した自殺とみられる。数えで四十歳であった。その遺骸は七日に東山慈照寺に運ばれ、二十一日に葬儀が行われた。この間、子の将軍義輝は、穴太から比叡辻《ひえいつじ》の宝泉寺へと後退し、山を越えて父の葬儀に立ち会うことは叶わなかった。

（西島太郎）

【主要参考文献】

天野忠幸『三好長慶』（ミネルヴァ書房、二〇一四年）
今谷　明『室町幕府解体過程の研究』（岩波書店、一九八五年）
今谷　明『天文法華の乱』（平凡社、一九八九年）
奥村徹也「天文期の室町幕府と六角定頼」（米原正義先生古希記念論文集刊行会編『戦国織豊期の政治と文化』続群書類従完成会、一九九三年）
置塩城跡調査委員会編『置塩城跡総合調査報告書』（夢前町教育委員会、二〇〇二年）
木下昌規「戦国期足利将軍家の任官と天皇」（『日本歴史』七九三、二〇一四年）
木下昌規編著『足利義晴』（戎光祥出版、二〇一七年）
設楽　薫「大館尚氏（常興）略伝」（昭和六三年度科学研究費補助金一般研究（B）研究成果報告書『室町幕府関係引付史料の研究』研究代表　桑山浩然、一九八九年）
設楽　薫「将軍足利義晴の政務決裁と「内談衆」」（『年報中世史研究』二〇、一九九五年）
設楽　薫「将軍足利義晴の嗣立と大館常興の登場」（『日本歴史』六三一、二〇〇〇年）
設楽　薫「足利義晴期における内談衆の人的構成に関する考察」（『遙かなる中世』一九、二〇〇一年）
設楽　薫「将軍足利義晴期における「内談衆」の成立（前編）」（『室町時代研究』一、二〇〇二年）
清水久夫「将軍足利義晴期における御前沙汰」（『日本史研究』二〇七、一九七九年）
鈴木智子「室町将軍家の女房について」（『年報中世史研究』二五、二〇〇〇年）
長江正一『三好長慶』（吉川弘文館、一九六八年）
西島太郎『戦国期室町幕府と在地領主』（八木書店、二〇〇六年）
西島太郎「室町幕府奉公方と将軍家」（『日本史研究』五八三、二〇一一年）
羽田　聡「足利義晴期御内書の考察」（『年報三田中世史研究』三、一九九六年）

羽田　聡　「足利義晴期における内談衆編成の意義について」（『年報三田中世史研究』六、一九九九年）
羽田　聡　「室町幕府女房の基礎的考察」（『京都国立博物館学叢』二六、二〇〇四年）
浜口誠至　『在京大名細川京兆家の政治史的研究』（思文閣出版、二〇一四年）
古野　貢ほか　「戦国期畿内研究の再構成と「細川両家記」」（『都市文化研究』一二、二〇一〇年）
水野恭一郎　「守護代浦上村宗とその周辺」（『武家社会の歴史像』国書刊行会、一九八三年）
山田康弘　『戦国期室町幕府と将軍』（吉川弘文館、二〇〇〇年）
山田康弘　「戦国期大名間外交と将軍」（『史学雑誌』一一二―一一、二〇〇三年）
湯川敏治　「足利義晴将軍期の近衛家の動向」（『戦国期公家社会と荘園経済』続群書類従完成会、二〇〇五年）
夢前町教育委員会編　『播磨置塩城跡発掘調査報告書』（夢前町教育委員会、二〇〇六年）
依藤　保　「晴政と置塩山城」（播磨学研究所編『赤松一族　八人の素顔』神戸新聞総合出版センター、二〇一一年）

第十三代　足利義輝

——大名との同盟に翻弄された生涯

生年　天文五年（一五三六）三月十日
没年　永禄八年（一五六五）五月十九日
院号　光源院

父　足利義晴
母　慶寿院（近衛尚通娘）

官位の変遷
天文十五年（一五四六）七月二十七日に従五位下／同十一月十九日に正五位下・左馬頭／同十二月二十日に従四位下・征夷大将軍／同十六年二月十七日に参議・左近衛中将／同二十三年二月十二日に従三位／永禄八年（一五六五）六月七日に死去にともない贈従一位・左大臣

「同盟にともなう危機」とは何か

戦国時代の足利将軍家については、しばしば「重臣らに権力を奪われ、その傀儡《かいらい》となってしまった」とか、「各地に割拠する大名たちにたいする影響力をまったく喪失し、その威令はせいぜい京都とその周辺しかおよばなかった」などといわれることが多い。

だが、こうした見方はいずれも正しくない。戦国期の将軍は、決して誰かの傀儡ではなかった。また、大名たちにたいする将軍の命令も、単なる「一片の紙片」のごとき無意味なものではなかった。これは、戦国期においても大名たちにとって将軍が、なお利用価値のある存在であったからにほかならない。それゆえ多くの大名たちは、将軍とのあいだに良好な関係が保たれることを望み、将軍の命令を(これが自分たちの死活的利益を侵《おか》すようなものでなければ)それなりに遵守していた。そうした点からいえば、戦国時代にいたっても将軍は、大名たちにたいしてなお一定の影響力をもっていた、といえよう(山田二〇一一・二〇一六)。

もっとも、だからといって戦国時代の将軍が、大名たちを強力に統制していたというわけでは無論なかった。それどころか、「将軍が大名たちの動向に振りまわされる」ということも多かった。これは、将軍家にもともと十分な独自基盤がなく、それゆえ、どうしても大名たちと同盟し、彼らに頼らざるをえなかったからであった。将軍が大名たちに頼っているかぎり、大名たちの動向に振りまわされる、ということは避けられなかった。

したがって、戦国期の歴代将軍たちにとって最大の課題は、「大名たちにできるだけ振りまわされないよう、彼らとの同盟関係をいかにうまくはかっていくか」ということになった。だが、この課題を克服することは容易ではなかった。そもそも、「誰かと同盟し、これを円滑に維持していく」ことはそう簡単なことではない。というのは、同盟にともなってさまざまな危機が生じえたからであった。

たとえば、「頼りになる」相手を見つけてこれと同盟したとしよう。この同盟は、もし相手と自分との双方がバランスよく補完しあっているうちは、きっと安定するだろう。しかし双方のうちどちらか一方が、他方より優勢になってくると、この安定は崩れてくる。というのは、㋐たとえ同盟している者同士であっても、たがいに「相手が何を考えているのか」を正確には知ることはできない。㋑そのため、どうしても劣勢となったほうは、優勢になった同盟相手にたいして「自分を裏切って攻めてくるのではないか」という不安や不信をいだきやすい。㋒そしてその結果、同盟が破綻していくという、いわば「不安による対立」の危機が生じえたからであった。

また、たとえ「頼りになる」相手と同盟することができたとしても、相手にあまり過度に依存してしまうと、ただちに次のような三つの危機に直面することにもなった。すなわち第一は、同盟相手の意思を拒否することができなくなってしまう、という「拘束」の危機であった。第二は、同盟相手がかかえる紛争に自分が不本意に巻き込まれてしまう、という「巻き込まれ」の危機である。そして第三は、この同盟相手が没落すると、自分もまたこれに連動して没落せざるをえない、という「連鎖没落」の危機であった。

では、これらの危機を回避すべく、同盟相手と距離をおき、その依存度を低下させれば安泰であっ

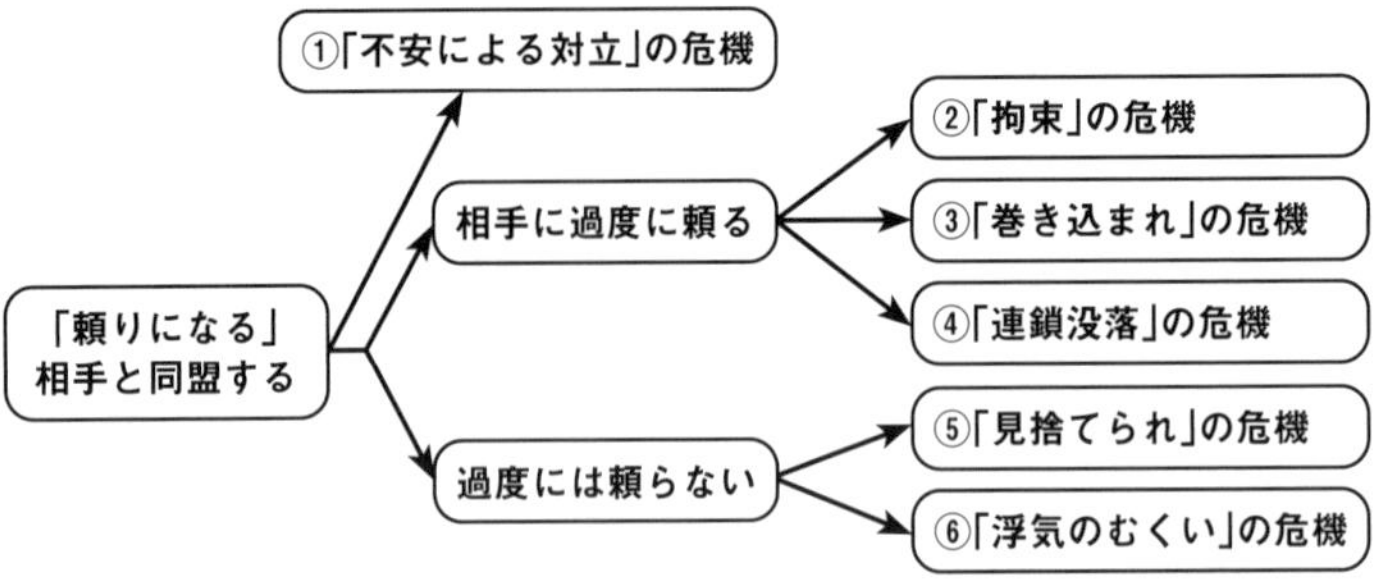

図　大名と同盟した将軍にせまる「６つの危機」

たのだろうか。しかし、そうともいえなかった。というのは、今度は同盟相手との関係が希薄になり、万一のときには助けてもらえなくなってしまう、という「見捨てられ」の危機が生じえたからである。つまり、同盟相手に依存しすぎれば、相手に「拘束」されたり、不本意に相手のかかえる紛争に「巻き込まれ」る危機などが生じることになる。しかし、かといって距離をおいたならば、今度は「見捨てられ」る危機が生じる、というディレンマに直面したわけであった。この二つは両立することはない。

では、ひとりの同盟相手に過度に依存することなく、同盟相手を複数にしたらどうだろうか。しかし、多くの者に同盟を求めたりすれば、最初に同盟した相手から、このような「浮気」というべき行為をせめられるかもしれない。そしてこの結果、最も「頼りになる」同盟相手との関係が悪化してしまう、という「浮気のむくい」の危機が生ずることもありえた。たとえば、足利義昭《よしあき》は永禄十一年（一五六八）に織《お》田信長《だのぶなが》とともに上洛すると、信長に過度に依存することから生じる危機（先にあげた「拘束」や「巻き込まれ」、「連鎖没落」の危機など）を回避しようとして、信長だけでなく信長以外の大名とも連携しようとした。しかし、信長はこのような義昭の「浮気」を喜ばなかった。この結果、義昭と信長との関係は悪化し、ついに義昭は、信長によって京都を追放されてしまった。これなどは「浮気のむくい」の危機を示す一例といえよう。

以上のように、同盟に際しては多くの危機――①「不安による対立」の危機、②「拘束」の危機、③「巻き込まれ」の危機、④「連鎖没落」の危機、⑤「見捨てられ」の危機、⑥「浮気のむくい」の危機という、少なくとも六つの危機にさらされることがあった（図参照）。このように整理してみると、同盟を構築し、これを円滑に維持していく、ということがいかに困難であったかを理解することができよう。しかし、足利将軍家には十分な独自基盤がなかったから、歴代将軍たちはいずれも、どこかの大名とこうした困難な同盟をどうしても結んでいかねばならなかった。そしてその当然の帰結として、将軍たちは右にあげた同盟にともなういくつかの危機に直面することになった。

本稿でとりあげる第十三代将軍足利義輝《よしてる》も、そうした同盟にともなう危機に直面した将軍のひとりであった。では、彼はどのような危機に、そしていかにして直面していったのだろうか。以下、この点をみていくことにしよう。

一、義輝の元服・将軍宣下をめぐる駆け引き――「拘束」の危機

父義晴はなぜ六角定頼を頼ったのか

足利義輝は、戦国時代中期にあたる天文《てんぶん》五年(一五三六)三月十日に生まれた(『鹿苑日録』ほか。なお、初名は義藤《よしふじ》だが、以下「義輝」で統一して表記する)。父は第十二代将軍の足利義晴《よしはる》であり、母はその御《み》台所《だいどころ》(=正妻)である近衛氏(公家最高の名門たる近衛家当主、近衛尚通《ひさみち》の息女。夫義晴の死後に剃髪して慶寿院《けいじゅいん》と号した)であった。なお、義輝は生まれてまもなく「菊幢丸《きくどうまる》」という幼名をつけられた。ちなみに、この幼名の影響もあったのか、後年、彼の住んだ将軍御所の庭には菊が植えられ、その見事な花は御所を訪れた人びとを感嘆させている。

ところで、義輝の父である義晴は、当初はさまざまな政争に遭遇し、長期にわたって京都から近江に亡命するなど、その地位は不安定であった。しかし彼は、しだいに細川晴元《ほそかわはるもと》(畿内最大の勢威をもつ細川一門の惣領《そうりょう》)と六角定頼《ろっかくさだより》(南近江を領する有力大名)の二人に将軍家が支えられる、という態勢をきずきあげていった。そして義晴は、この細川と六角という「二枚看板」によって、その地位をじょじょに安定化させていった。

さて、こうしたなかで義晴は天文十五年になると、嫡男である義輝(当時十一歳。年齢は数え年。以下同じ)を元服させ、彼に将軍位を譲ることを決意した。そして義晴は、同年十二月十八日に息子の義輝を連れて京都から近江国坂本《さかもと》(現滋賀県大津市)に下り、十九日にこの坂本で義輝の元服式を、

次いで翌二十日には将軍宣下の儀式をあげさせた。その際に義晴は、将軍家を支える「二枚看板」のひとつであった六角定頼を坂本に招き、定頼に命じて元服する義輝の烏帽子親《えぼしおや》をつとめさせている（『厳助往年記』、『康雄記《やすおき》』ほか）。

　こうして義輝が第十三代将軍となった。しかしなぜ父の義晴は、まだ壮年であったにもかかわらず（当時三十六歳）、この天文十五年十二月という時期に息子の義輝を元服させ、いまだ十一歳でしかなかった義輝に将軍位も譲ったのだろうか。

足利義輝画像　京都市立芸術大学芸術資料館蔵

　この点については最近、「義晴の先例にならったものだ」とする意見が出されている。すなわち、義晴は十一歳に達した大永《だいえい》元年（一五二一）十二月に京都において元服・将軍宣下を果たしていた。それゆえ、その先例にならい、嫡男義輝の元服・将軍宣下も、彼が同じく十一歳という年齢に達した天文十五年の、しかも十二月という時期を選んでこれをおこなったのではないか、というのだ（木下二〇一四）。たしかに、義輝の元服などが天文十五年末におこなわれたのは「先例」ということで説明できるかもしれない。でも義晴の元服・将軍宣下は京都においておこなわれていた。これにたいし、義輝のほうは坂本でおこなわれていたのであり、これでは「義晴の先例」にならったとはいえない。いったい、なぜ義輝の元服式は京都でおこなわれなかったのだろうか。そして、なぜ坂本という地で実施されたのだろうか。

従来の研究では、この理由として、このころの京都周辺における政情不安があげられている（木下二〇一四）。たしかにこの当時、六角氏とともに将軍家を支える「二枚看板」のひとつであった細川晴元にたいし、一族の細川氏綱《うじつな》が攻勢をかけていた。それゆえ、京都周辺はやや政情が不安定ではあった。しかし京都の政情が、義輝の元服式などをおこなえないほどに不安定であった、とは考えにくい。というのは、このころ義晴・義輝父子は、京都郊外の東山・慈照寺《じしょうじ》（銀閣寺）を住居としていたし、天文十五年末に坂本で義輝の元服式などを済ませると、すぐにこの慈照寺に戻っていた。さらに彼らは、この直後にはかつて住まいとしていた京都・上京《かみぎょう》にある今出川《いまでがわ》御所や、やはり上京にある後奈良《ごなら》天皇の御所を訪問してもいたからである（『言継卿記』）。つまり、義晴・義輝父子は、多少の政情不安はあったとはいえ、京都郊外はもとより、京都内にいられなかったわけでもなかった。したがって、京都で義輝の元服式をあげてもよかったのだ。にもかかわらず、なぜ京都で元服式などが実施されなかったのだろうか。また、なぜ元服式の場所に坂本が選ばれたのだろうか。

そこで注目したいのが、義晴と、これを当時支えていた細川晴元との関係である。

実は、両者はこの少し前の天文十四年ごろからはげしく対立していた。たとえば、ある公家の日記によれば、天文十四年二月に義晴が細川晴元以下の諸臣に酒を賜ろうとしたところ、晴元は義晴への「意趣《いしゅ》」（＝恨《うら》む心）から酒を辞退したという。また、天文十四年末には諸臣が義晴のもとに出仕して歳末の挨拶を申し述べたものの、細川晴元は義晴のもとに出仕せず、これを知った義晴は「以外御機嫌悪」くなったという（『言継卿記』）。なお、義晴と細川晴元とは、これまで比較的良好な関係を保ってきた。にもかかわらず、この二人がなぜこの時期にかくも激しく対立するようになったのか、その理由は定かではない。ただ、上述のように当時、細川晴元は一族の氏綱と抗争して苦戦していた。そのため義晴は、こうした晴元を見限って氏綱のほうと手を組もうとしていたのかもしれない。とすれば、これが二人の対立の原因であった可能性もあろう。

さて、このように義晴は、息子義輝の元服・将軍宣下がなされる少し前の天文十四年ごろから、自分を支える「二枚看板」の一方であった細川晴元と対立するようになっていた。さすればここに、義輝の元服式などが坂本において実施された理由があったと考えることもできよう。すなわち、①義晴は、細川晴元と対立し、これと距離をおこうとしていた。②そこで義晴は、「二枚看板」のもう一方であった六角定頼との同盟関係のほうをより一層強化しようとはかった。③そして義晴は、息子義輝の元服式などを六角定頼の領内である坂本でおこない、将来を託すべき有力者に頼むことが多かったという烏帽子親の役目を六角定頼に命じ、「六角重視」の姿勢を鮮明にした、という見方である。おそらく義晴には、「細川晴元に対抗するために六角定頼との同盟関係を強化しよう。そして、新将軍義輝の将来を六角に託そう」という意図があったのではないだろうか。

ところが、義晴に頼られた六角定頼は、これに大いに困惑した。なぜだろうか。

六角定頼はなぜ義晴を裏切ったのか

それは、六角定頼にとって細川晴元は娘婿《むすめむこ》であり、また、畿内における重要な連立パートナーであったからにほかならない。したがって六角定頼としては、細川晴元と対立するわけにはいかなかった。とはいえ六角定頼にとって義晴との関係もまた重要であった。義晴との友好関係は、対大名外交を有利に進めるうえでさまざまな利用価値があったからだ。つまり、六角定頼にとっては細川晴元も義晴もどちらも重要であったわけであり、したがってこの両者が対立するなどということは不都合この上なかった。

それゆえ六角定頼は、天文十四年ごろから義晴と細川晴元とが対立しはじめると、双方の「板ばさみ」になって困惑した。そこで彼は、両者を和解させようと動き出した。たとえば、天文十五年五月ごろに、細川晴元の息女と義晴の息子義輝とを結婚させ、これによって義晴と晴元とを和解させようと画策している（『天文日記』）。しかし、この計画は結局実現しなかった。そのため、義晴と細川晴元との対立はますますエスカレートし、ついに義晴・義輝父子が天文十六年三月に、かねてから建設中であった北白川《きたしらかわ》（京都市左京区）の城にたてこもり、細川晴元と対決する、という事態となってしまった（『天文日記』）。もはや、義晴と細川晴元との関係は修復困難であった。

ここにいたり、六角定頼はついに決断した——。

天文十六年七月、彼は大軍を派遣して義晴父子がたてこもる北白川城をたちまち包囲した。そして義晴にたいして「城を出て坂本に下り、細川晴元と和睦されたし」と強要した（『伺《うかがい》事《ごと》記《き》録《ろく》』ほか）。

これをみた義晴はさぞかし驚いたことだろう。前述のように義晴は、わざわざ嫡男義輝の元服・将軍宣下の儀式を六角氏の領国内である坂本でおこない、しかも六角に義輝の烏帽子親までつとめさせることで「六角重視」の姿勢をとりつづけた。それほどまでに義晴は、六角定頼を頼りにしていたのだ。にもかかわらず、その六角から裏切られた形になったのであるから、義晴の驚愕はひとしおであったにちがいない。

しかし、義晴としては自分を支えてきた「二枚看板」の一方である細川晴元と対立するなかで、もう一方の六角定頼からも見限られては成す術はない。それゆえ義晴は、やむなく籠城していた北白川城にみずから火を放つと、六角定頼の要求にしたがって義輝とともに坂本に下り、六角の仲介によって細川晴元としぶしぶ和解するにいたった。このとき、義輝は坂本で細川晴元に謁見を許したが、義晴のほうは晴元と対面しなかったという。ここからは、義晴の無念さが伝わってこよう（『厳助往年記』）。

「拘束」の危機

以上のように義晴は、細川晴元に対抗しようと六角定頼を頼ったが、まさにそれゆえに義晴は、六角から出された要求を拒否することができず、晴元との和解を受けいれざるをえなくなってしまった。さすればここからは、「はじめに」で紹介した同盟に際して生じうる六つの危機のひとつ――「拘束」の危機を見出しえよう。特定の同盟相手（右のケースでは六角定頼）に依存しすぎると、この相手からの要求を拒否できなくなってしまう、という「拘束」の危機が生じえたのである。右のケースはその好例といってよい。

さて、こうして六角定頼の強要によって、義晴・義輝父子は細川晴元と和解することになった。この結果、これまでどおり将軍家が六角氏とともに細川晴元によって支えられる、という態勢がふたたび維持されることになり、義晴・義輝父子は天文十七年六月に坂本から帰京した（『言継卿記』）。しかし、細川晴元との連携が維持されたことは、将軍家にあらたな危機――「巻き込まれ」の危機と「連鎖没落」の危機をもたらしていくことになる。次に、これらの危機について考えていこう。

二、義輝と三好長慶との対立――「巻き込まれ」の危機と「連鎖没落」の危機

義輝はなぜ京都を追われたのか

右にのべたように、義晴・義輝父子は、六角定頼の要求によって細川晴元との和解を強制されてしまった。ところで、ちょうどそのころ細川晴元は、重臣の三好長慶《みよしながよし》との関係をしだいに悪化させていた。そこで細川晴元は、同じ三好一門の三好政長《まさなが》を積極的に登用することで三好長慶を牽制しようとはかったが、政長は天文十八年（一五四九）六月末、長慶と激闘した末に滅ぼされてしまった（『私心《ししん》記《き》』ほか）。そのため、細川晴元はその立場がいちじるしく悪化し、ついに舅《しゅうと》である六角定頼を頼って京都から坂本に脱出するにいたった。この結果、義輝とその父義晴も、晴元と同盟していたことからそのあおりを受け、この直後にやはり六角定頼を頼って京都から坂本に脱出せざるをえなくなって

しまった（『鹿苑日録』ほか）。

その後、義輝とその父義晴、そして細川晴元は、三好長慶から京都を奪い返そうとはかった。だが、これはなかなかうまくいかなかった。そして、このような最中の天文十八年末ごろから、義晴が病を得てしまった。義晴の病は「水腫張満」という症状があらわれるものであり、京都から名医を呼んで治療にあたらせたものの病状は一向に改善せず、ついに天文十九年五月四日に、義晴は近江国穴太《あのう》（滋賀県大津市）で死去した。享年、四十歳であった（『言継卿記』ほか）。

義晴は、死の直前まで帰京を望み、近侍の者の制止を振り切って、病躯のまま最前線に出陣しようとしていたという（東京大学史料編纂所架蔵謄写本『足利譜』）。

そこで息子の義輝は、こうした父の遺志を実現すべく、その後ただちに細川晴元・六角定頼の兵とともに京都に進撃し、三好長慶勢に立ち向かった。だが三好勢はつよく、実に四万もの大軍をくりだして反撃してきた。それゆえ、義輝はやむなく天文十九年十一月に帰京をあきらめ、近江国堅田《かたた》（滋賀県大津市）、次いで同国朽木《くつき》（滋賀県高島市）に退却することになった。結局、義輝は亡父の遺志を果たせなかったわけである。義輝としてはさぞかし無念なことであったろう（『言継卿記』ほか）。

三好長慶画像　東京大学史料編纂所蔵模本

ところが、義輝の帰京は意外に早く実現されることになった。なぜだろうか。

義輝はなぜ再び京都を追放されたのか

それは、義輝と三好長慶とのあいだで和解が成立したからであった。そもそも、三好長慶にとって真の敵は、三好政長を登用して自分を排斥しようとした旧主の細川晴元であって、義輝ではなかった。そうしたこともあって、義輝と三好長慶とは「義輝が細川晴元と断交する」ということで和解した。そして、これを受けて義輝は天文二十一年正月二十八日、約一年ぶりに近江国朽木から帰京を果たした。一方、義輝に断交された細川晴元は、この直前に舅である六角定頼が病没したこともあってますます勢威をうしない、近江から若狭国（福井県西部）に落ちていった（『言継卿記』ほか）。

さて、こうして義輝は三好長慶と和睦し、朽木から帰京を果たした。だが、義輝の近臣たちのあいだでは、三好にたいする反発がくすぶっていた。たとえば、帰京した義輝の周辺では、「義輝が朽木に滞在中、三好長慶に味方して朽木の義輝のもとに挨拶に来なかった者がいた。こういった不心得者は、もう義輝に謁見する資格はない」という声などがあがっていた（『言継卿記』）。そして、こうした反三好の義輝近臣たちは、しだいに「三好長慶とは早々に手を切るべきだ。そして、ふたたび細川晴元と連携すべきだ」と主張するようになった。しかし、義輝の近臣たちのなかには「このまま三好方と連携しつづけるべきだ」と主張する者もあった。それゆえ、義輝の周辺では「反三好派」と「親三好派」とに近臣たちが分かれて争うようになっていった。

　こうした状況のもと、若狭に没落していた細川晴元が勢威をしだいに取り戻し、天文二十一年末ごろには晴元勢が京都近くまで攻め寄せてくるようになってきた。このような細川晴元方の攻勢は、「三好長慶と手を切り、細川晴元と連携すべきだ」と主張していた反三好派の義輝近臣たちを勢いづかせることになった。たとえば天文二十二年閏正月、反三好派の近臣たち六名が細川晴元に内通し、これを知って驚いた三好長慶が京都から山崎に退避する、といった騒動が起きている。なお、この反三好派六名の近臣の中には、義輝が最も信頼していた近臣（上野信孝《うえののぶたか》）が入っていた。このことは、義輝がしだいに反三好派に傾きつつあったことを示している（以上、『厳助往年記』、『言継卿記』ほか）。

　もっとも、義輝はすぐに三好長慶と手を切ったわけではなかった。この直後の天文二十二年二月末には、三好長慶と対面し、同盟を確認している。また、細川晴元に内通した右の六名の近臣からは人質をとり、これを三好方に差し出してもいた。つまり義輝は、いったんは三好方との同盟を維持しようとはかったのだ。しかし、義輝と三好長慶との対立はくすぶりつづけ、ついに義輝は天文二十二年三月、かねてから清水寺《きよみずでら》の裏山に建設していた霊山《りょうぜん》城に入り、長慶と戦うかまえをみせた。そして、それから四か月後の七月二十八日、義輝は三好長慶とは完全に手を切り、細川晴元とふたたび連携するにいたった（以上、『言継卿記』ほか）。

　こうした事態に三好長慶は怒り、ただちに行動をおこした。

　彼は、天文二十二年八月一日に二万五千もの大兵を率いて京都に進撃した。そして、義輝と細川晴元の連合軍に猛攻を加え、これを完膚なきまでに打ちやぶった。この結果、義輝が居城としていた霊山城は三好勢によって火が放たれて焼失し、これをみた義輝は、やむなく細川晴元らとともに京都を脱出して近江に逃れることになった（『言継卿記』ほか）。これ以後、義輝は永禄元年（一五五八）まで五年ものあいだ、近江国朽木での滞在をしいられる。まさに義輝の完敗であった。

「巻き込まれ」の危機と「連鎖没落」の危機

さて、ここまでの一連の経緯からは、「はじめに」で紹介した同盟の際に直面しうる二つの危機を見出しうる。

すなわちひとつは、「巻き込まれ」の危機である。義輝は三好長慶と対立し、京都を追われてしまったが、義輝はもともと三好と対立していたわけではなかった。三好と対立していたのは義輝ではなく細川晴元であった。ところが、義輝はこの細川晴元と同盟していた。それゆえ義輝は、細川と三好の抗争に巻き込まれることになり、ついに京都を追放されることになったわけである。このように、特定の同盟相手（右のケースでは細川晴元）に過度に依存してしまうと、この同盟相手がかかえている紛争に自分が不本意に巻き込まれてしまう、という「巻き込まれ」の危機に直面することになった。

もうひとつは、「連鎖没落」の危機である。義輝は細川晴元と同盟していたために、晴元が三好長慶に敗北して京都を追われると、これに連動して二度にわたって京都から近江に亡命せざるをえなくなった。あまり特定の同盟相手（ここでは細川晴元）に頼りすぎていると、その同盟相手が没落した場合、自分もまたこれに連動して没落せざるをえなくなる。義輝の没落も、こうした「連鎖没落」の危機の一事例といえよう。

さて、こうして義輝は、細川晴元を重要な同盟相手としたことから三好長慶と対立することになった。そして、細川の敗北に連鎖して自分も京都を追われることになってしまった。このように考えてみると、義輝にとって、細川晴元との同盟は「失敗であった」といえるかもしれない。では、義輝は細川晴元でなく、もし三好長慶のほうと同盟しつづけていれば安泰であったのだろうか――。

実は、そうとも言い切れなかった（ここに同盟のむずかしさがある）。というのは、義輝はその後、永禄元年に三好長慶と和解して帰京を果たし、これ以降は三好のほうと同盟することになった。ところが、しだいに義輝と三好とのあいだに「不安による対立」の危機が生じることになり、ついに義輝の殺害がおきることになったからにほかならない。

では「不安による対立」の危機とは、どのようなものであったのか。

三、義輝の殺害

「不安による対立」の危機

永禄元年（一五五八）、義輝は三好長慶と和解し、五年ぶりに近江国朽木から京都に戻った。これ以降、義輝と三好は相互に補完し、そしてまたそれゆえに相互に牽制しあい、どちらか一方が他方より圧倒的に優位に立つことなく、いわばバランスを保ちながらしばらくは同盟関係を維持していった。しかし、このバランスはしだいに崩れていく。

その一因は永禄元年以降、三好一門において有力者がつぎつぎと死没したからであった。すなわち、永禄四年には三好長慶の弟である十河一存《そごうかずまさ》が死去し、翌五年には同じく長慶の弟である三好実休《じっきゅう》が討ち死にした。さらにその翌年の永禄六年には、長慶の嗣子である三好義興《よしおき》が病没し、次いでその翌年の永禄七年には、長慶の弟である安宅冬康《あたぎふゆやす》が長慶によって殺害された。そして、この直後には三好一門を率いる長慶自身も、また死亡してしまった。長慶の死後、三好氏の家督は三好義継《よしつぐ》（長慶の甥）が継承したが、このような一門有力者たちの相次ぐ死去という状況が、三好氏の勢威を大きく低下させたであろうことはいうまでもない。

一方、義輝のほうは永禄元年の帰京以降、各地の大名たちからの要請を受けて積極的に大名間の和平調停を果たし、これによって将軍としての「存在感」を内外に示していった。

たとえば永禄三年に義輝は、薩摩島津《しまづ》氏（貴久《たかひさ》）と日向伊東《いとう》氏（義益《よします》）とのあいだで生じた紛争を調停した。そして、双方が領有を主張していた日向国飫肥《おび》（宮崎県日南市）を「将軍家の御料所《ごりょうしょ》にすることで対立を棚上げする」という調停案を提示することで、一時的とはいえ和平を実現させることに成功した（山田二〇一五）。

また、同じ永禄三年に義輝は、山陰地方の有力大名尼子《あまご》氏（義久）の依頼を受け、中国地方の有力大名である毛利《もうり》氏（元就《もとなり》）と尼子氏との紛争調停にも動いた。ところでこのとき義輝は、母方の叔父にあたる聖護院道増《しょうごいんどうぞう》を将軍上使《じょうし》として毛利氏のもとに派遣し、毛利氏に「尼子と和平せよ」と命じた。これにたいして毛利氏側では、「尼子との和平は受けいれがたい」としながらも、明白に義輝の命令を拒否する態度は示さなかった。そのうえ毛利氏は将軍上使がやって来ると、「将軍上使の機嫌を損なわないようにしなくてはならない。気が重いことだ」と嘆いていた。当時、毛利氏は日本有数の有力大名であった。しかし、その毛利氏といえども、義輝の意向を簡単には無視できず、将軍上使には気を使わなければならなかったのだ（山田二〇一〇）。

さて、このように存在感を内外に示す義輝のもとには、大名たちの上洛もあいついだ。とりわけ永禄二年には美濃の斎藤義龍《さいとうよしたつ》、尾張の織田信長、そして越後の長尾景虎《ながおかげとら》（上杉謙信《うえすぎけんしん》）が立てつづけに上洛を果たしていた。こうしたことも、義輝の存在感を内外に示したことであろう。なお、このうち長尾景虎は上洛した際、義輝にたいして「義輝様が近江国朽木に滞在中、なんとしてもその帰京をはかろうと考えていたのだが、信濃方面での戦況が思わしくなかったことから、これを果たせなかった」とのべている。そして、「我が領国がどのようになろうとも、義輝様からお召しがあれば領国を捨て、義輝様をお守りするつもりだ」と言上し、義輝を喜ばせた（『上杉家文書』四七〇号）。

この景虎の発言は、義輝を朽木に追いはらったのがほかならぬ三好氏であったことを考えたならば、三好氏を暗に批判したもの、と解釈することも可能である。おそらく三好氏としては、この景虎の発言は不快であったろう。この直後、景虎を京都から早々に越後に帰国させよう、という動きがあったようだが、以上の状況を考えると、このような動きを主導していたのが三好氏であった可能性は高い（『上杉家文書』一一四二号）。

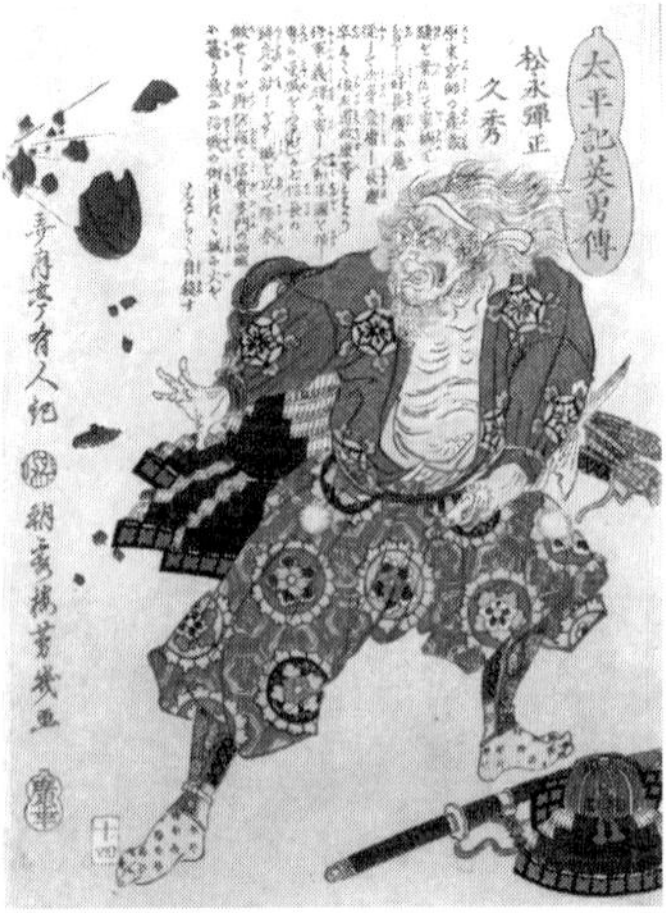

『太平記英雄伝』に描かれた松永久秀　個人蔵

以上のように永禄元年以降、義輝は将軍としての存在感を内外に示し、いっぽう三好のほうは一門の有力者をつぎつぎに喪《うしな》ってその勢威を低下させていた。しかも、長尾景虎のように三好氏を暗に批判し、義輝への支援を明確に表明する大名まで出現していた。こういった状況は三好氏に、義輝にたいするつよい警戒心をいだかせたであろうことは想像にかたくない。永禄六年三月、八歳になる義輝の息女が三好氏の重臣松永久秀《まつながひさひで》のもとに人質に出された（『言継卿記』）。将軍の息女が人質になるというこの異例の出来事からは、三好方が義輝にたいして、いかにつよい警戒心をいだいていたかを知ることができる。そしてこうした状況の延長線上に、永禄八年五月十九日における三好方の義輝殺害事件が起きるのであった。

このように、永禄元年以降における義輝と三好との同盟関係をめぐる一連の経緯を整理してみると、「はじめに」で紹介した、同盟に際して生じうる六つの危機のひとつ――「不安による対立」の危機を見てとることができよう。そもそも、たがいに自立しており、それゆえ「たがいに相手が何を考えているのか正確に把握することができない」という主体同士の場合、同盟することは簡単ではない。双方のうちのどちらか一方が他方より優勢となると、どうしても他方の側には「裏切られるのではないか」という疑心暗鬼が生じやすいからだ。それが対立を生み、ついには同盟を破綻させていくのである。義輝殺害という結果に終わった義輝と三好方との同盟は、こうした「不安による対立」の危機を示す好例といってよかろう。

では、義輝はいかにして殺害されたのだろうか。

義輝の死をめぐる謎

永禄八年五月十九日の午前八時ごろ、三好兵約一万人が突然、京都にある義輝の御所を襲った。ふいをつかれた義輝はそれでも奮戦したが、ついに昼ごろに力尽きて三好兵に討たれ、御所には火がかけられた。義輝の近臣らも奮戦の末にその多くが三好兵によって殺され、さらに義輝の生母慶寿院《けいじゅいん》や弟の周暠《しゅうこう》、義輝愛妾の小侍従局《こじじゅうのつぼね》までもが三好兵によってあいついで殺害された（『言継卿記』ほか）。

この事件を『足利季世記《あしかがきせいき》』という軍記物は次のように伝えている。

五月十九日朝、三好氏当主義継とその重臣松永久通《ひさみち》（松永久秀の子）に率いられた三好兵は将軍御所に押し寄せ、これを包囲した。しかし、三好方は偽《いつわ》って「義輝様に訴えたいことがある」と称していたので、義輝側では三好兵が攻撃してくるとは思わず、それゆえ油断して守りを固《かた》めるのが遅れた。義輝側が変事をさとったときには、すでに三好兵が御所内に次々と侵入したあとであったという。それでも義輝の近臣たちは奮戦し、たちまち数十人を倒していったんは三好兵を押し返した。だが、義輝側の劣勢は明らかであり、これをみた義輝は死を覚悟した。そして彼は、生き残った三十人ほどの近臣たちを近くに召して酒をあたえ、最後の酒宴をもよおした。義輝のもとに集まった近臣たちは、皆々別れの酒をくみかわした。その際に近臣のひとりは、近くにあった女物の小袖《こそで》を使って見事な舞を披露し、義輝を大いに喜ばせたという。

さて、こうして別れの盃事を終えた義輝と近臣たちは、ただちに三好兵に向かって討って出ると、斬って斬って斬りまくり、たちまち二百人もの三好兵を斬り倒した。しかし、三好兵はつぎつぎに入れ替わって攻めてきた。そのため、義輝の近臣たちも力尽き、ついに奮戦の末に一人も残らず討ち取られてしまった。一方、そのころ義輝は、近くに刀を何本も立て、一本の刀が使えなくなると次の刀を引き抜いてこれを使い、三好兵を次から次へと斬り倒していった。この義輝の勇戦には、さしもの三好兵も「さすがは将軍家よ」と震えあがり、義輝を遠巻きにしてあえて誰もこれに近づかなかったという。ところがこうしたなか、三好兵のひとりが戸の陰から義輝の足をふいに斬りつけた。これにたまらず義輝が倒れると、三好兵どもは倒れた義輝の身体の上から障子《しょうじ》をおおいかぶせ、鑓《やり》をもって障子ごと義輝を刺し殺した。義輝はこうして壮烈な討死をとげた。享年三十歳であった。

ところで、三好方は最初から義輝を殺害するつもりだったのだろうか。

右に紹介したように、『足利季世記』によれば、義輝方は主従で別れの酒宴をもよおし、近臣の一人は舞を披露してこの酒宴に花を添えていたという。もしそうだとすると、義輝側にはかなり時間的な「余裕」があったことになる。これは、三好方が一挙に義輝を攻めなかったからにほかなるまい。しかし、三好方の目的が最初から義輝の殺害だけであったならば、義輝を一挙に攻めてもよいわけで、三好方がそうしなかったとすれば、彼らの目的が義輝殺害ではなかったからではないのか。

そこで注目したいのが、右の『足利季世記』に、三好方は「義輝様に訴えたいことがある」と称して義輝の御所に押し寄せた、とあることである。このことは、当時のほかの史料――たとえば義輝殺害直後、この事件を越後長尾氏に報じた越前朝倉《あさくら》氏側の書状のなかにも見えるので、おそらく事実であったと思う（『上杉家文書』五〇四号）。『足利季世記』は、これを「三好方が義輝側を油断させるためにとった策謀だ」としているのだが、「将軍殺害」は当時にあっても重大な犯罪行為と認識されるものであり、このようなことをあえておこなえば、三好方が悪評をこうむることは確実であった。このことと、三好方が義輝を一挙に攻めず、その殺害まで義輝側にかなりの時間的余裕を与えていた可能性のあること、を考えあわせるならば、あるいは三好方の本来の目的は義輝の殺害ではなく、将軍御所を包囲することで義輝側に圧力をかけて「訴訟」し、自分たちの要求を義輝にのませる、ということであった可能性もゼロとはいえない。

前にも述べたように、これより十八年前の天文十六年七月に六角定頼は、対立しあう義晴と細川晴元とのあいだで「板ばさみ」になって苦慮した。そこで彼は、義晴・義輝父子の籠城する北白川城を大兵で包囲して圧力をかけ、義晴に細川晴元との和解を承諾させた。ひょっとしたらこれと同じように、三好方もその目的は、大兵でもって将軍御所を包囲して義輝に圧力をかけ、三好の意向どおりに動くようにと「訴訟」することであったかもしれない（清水二〇〇四、柴二〇一六）。

かつて明応二年（一四九三）四月二十二日、有力大名の細川政元《まさもと》らは、クーデターを起こして足利義澄《よしずみ》を新将軍に擁立する一方、当時将軍であった足利義稙《よしたね》を降参させたうえ京都に監禁し、その後はこれを小豆島《しょうどしま》（現香川県）に流そうとした（山田二〇一六）。こうした先例を考えたならば、三好方もまた、当時阿波国（現徳島県）にあって三好氏の保護を受けていた足利義栄《よしひで》（義輝の従兄）を新将軍に擁立する一方、義輝を「訴訟」して降参させ、そのうえでどこかに島流しにする、というのが本来の目的であった可能性は十分にある。

だが、三好方が将軍御所を囲み、義輝に「三好へ降参するように」と「訴訟」しようとしていたとき、三好方にとって思いがけないことに義輝側が早々に死を覚悟し、三好勢に向かって果敢に討って出てきてしまった。その結果、大混乱のなかで義輝殺害という事態にいたってしまったのではないか。もしそうであったとするならば、三好方にとって義輝の殺害は「大きな誤算」であったということになるわけだが、その真相は今もって判然としない。

現代でも話題になる「同盟のむずかしさ」

以上、本稿では足利義輝の生涯を、天文十五年末に坂本で実施されたその元服・将軍宣下から、永禄八年五月における殺害までの約二十年間を中心にみてきた。そして、将軍が大名との同盟を安定的に保つことがいかに困難であったかをのべてきた。

そもそも、足利将軍にはもともと十分な独自基盤がなかったから、戦国期の歴代将軍にとって、どこかの「頼りになる」大名と同盟を結んでいくことは、その存続をはかっていくうえで必要不可欠なことであった。だが、同盟にともなってはさまざまな危機が生じえた。それゆえ、大名と同盟を結び、これを安定的に維持していく、ということはそう簡単なことではなく、本稿で論じてきたように、義輝やその父義晴も大名との同盟にともなうさまざまな危機に遭遇した。すなわち、

①義輝の父義晴は、将軍家を支える「二枚看板」のひとつであった細川晴元と対立した。そのため、「二枚看板」のもう一方であった六角定頼を頼りにし、嫡男義輝の元服・将軍宣下の儀式をわざわざ坂本でおこなうなどして六角重視の姿勢をとった。しかしそれゆえに義晴は、六角定頼の意向を無視できないという「拘束」の危機に直面することになり、六角が求める細川晴元との和解を強制されてしまった。

②父から家督を譲られた義輝は、六角氏とともに細川晴元をみずからの支柱とした。しかしその結果、義輝は細川晴元と三好長慶との抗争に巻き込まれてしまう、という「巻き込まれ」の危機に直面することになった。さらに義輝は、細川晴元が没落すると、これに連動して自身も没落するという「連鎖没落」の危機にも直面することになった。

③永禄元年以降、三好氏と同盟することになった義輝は、大名間の和平調停を積極的に担うなどして将軍としての存在感を内外に示していった。だがこのことは、一門有力者のあいつぐ死によって勢威を低下させていた三好氏とのあいだに、「不安による対立」の危機を生じさせることになり、ついに三好氏による義輝殺害事件を引きおこすことになった。

独自基盤の乏しい将軍家にとって、「大名たちとの同盟をいかにうまく維持していくか」というこ

とは、その存続を左右する安全保障上の重要な課題であった。そのため、この問題をめぐる歴代将軍の悩みも大きかったにちがいない。戦国期歴代将軍たちを苦しめた悩みの過半は、この「大名との同盟問題」にあったといってもいいすぎではなかろう。

ところで、このような同盟をめぐるさまざまな危機は、戦国期における将軍と大名との関係にかぎったものではない。これらの危機は、今日における国家と国家、あるいは企業同士の関係、さらには個人と個人との「人間関係」においてもしばしば見出しうる。

たとえば、今日の日米同盟や「集団的自衛権」をめぐる議論において、しばしば「巻き込まれ」の危機と「見捨てられ」の危機のディレンマが話題になっている。すなわち、日本がアメリカとの同盟をあまり強化すれば、日本がアメリカと他国との戦争に不本意に巻き込まれる恐れが生じることになる（「巻き込まれ」の危機）。さりとて、日本がアメリカとあまり距離をおけば、今度はアメリカに見捨てられ、万一のときに日本はアメリカから支援をうけられなくなってしまうかもしれない（「見捨てられ」の危機）。まさにディレンマであり、これがしばしば議論の的になっていることはよく知られていよう。そう考えたならば、本稿で論じてきたような、「同盟をめぐるさまざまな危機にどう対処するか」という問題は、われわれが今日においてもなお十分に解決することができない、やっかいな問題だといってもいいかもしれない。

（山田康弘）

【主要参考文献】

木下昌規「戦国期足利将軍家の任官と天皇」（『日本歴史』七九三号、二〇一四年）
柴　裕之「永禄政変の一様相」（『戦国史研究』七二号、二〇一六年）
清水克行「「御所巻」考」（同『室町社会の騒擾と秩序』吉川弘文館、二〇〇四年）
山田康弘「戦国期将軍の大名間和平調停」（阿部猛編『中世政治史の研究』日本史史料研究会、二〇一〇年）
山田康弘『戦国時代の足利将軍』（吉川弘文館、二〇一一年）
山田康弘「戦国政治と足利将軍」（藤田達生・福島克彦編『明智光秀・史料で読む戦国史』八木書店、二〇一五年）
山田康弘『足利義稙――戦国に生きた不屈の大将軍』（戎光祥出版、二〇一六年）

コラム
Column

足利義維

父　足利義澄
母　斯波氏カ

生年　永正六年（一五〇九）
没年　天正元年（一五七三）十月八日
院号　慶林院

幻の将軍

戦国時代の足利将軍家出身者のなかで、将軍就任の野心をもったものの、結局、将軍就任が叶わなかった人物がいた。それが「堺《さかい》公方《くぼう》」足利義維《よしつな》である。義維は一般的な知名度はないが、戦国時代の一時期（大永七年〈一五二七〉～天文元年〈一五三二〉）に、畿内の政治社会に多大な影響を残した。そのため、戦国期の足利将軍家、そして畿内政治史を見ていくうえで、重要不可欠な人物である。

では、義維は一体どういう人物であったのだろうか。本コラムでは、義維とはどういう人物で、なぜ将軍になれなかったのかを見ていく。

「堺公方」義維

義維は、第十一代将軍足利義澄《よしずみ》（一四八一～一五一一、在職：一四九四～一五〇八）の子として生まれた。しかし当時、義澄は前将軍義稙《よしたね》の復権によって、将軍職を追われて流浪していた。兄弟には第十二代将軍足利義晴《よしはる》（一五一一～一五五〇、在職：一五二一～一五四六）がいる。義維はその後、子供のいない義稙の養子になった。

しかし、義稙が幕府を支えていた大名細川《ほそかわ》高《たか》国《くに》と対立し、永正十八年（一五二一）に京都を出奔してしまう。その後、高国は義澄の子である義晴を擁立し、第十二代将軍に就任させる（『二水記《にすいき》』）。

　大永六年（一五二六）、義晴政権を支える高国家中の内紛により、幕府が動揺することになる。その隙を狙い、高国と対立する阿波細川氏出身の細川晴元《はるもと》（当時は六郎）とその重臣三好《みよし》元長《もとなが》らが挙兵した。翌年の桂川《かつらがわ》の合戦により、

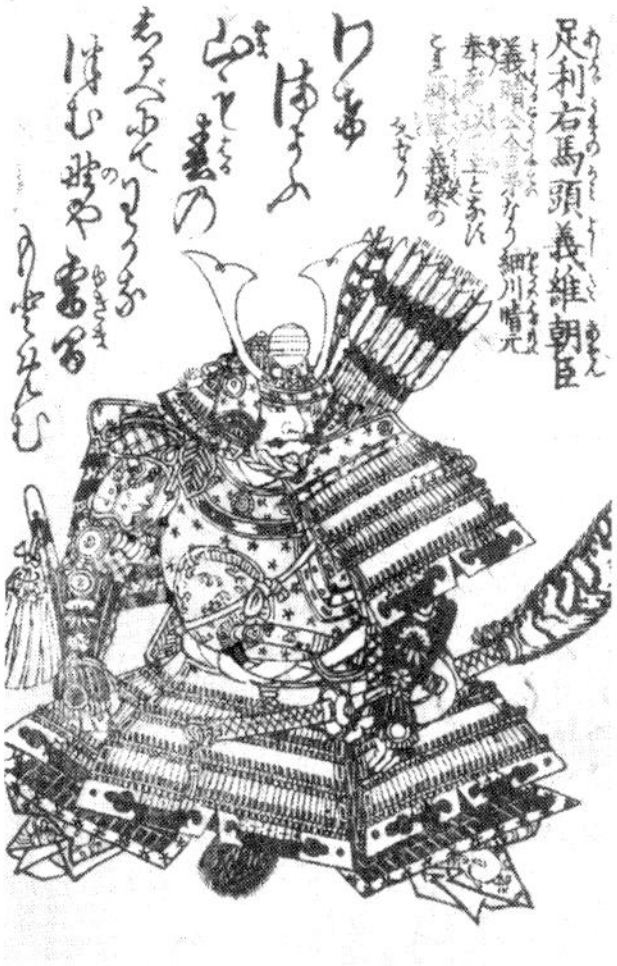

『英雄三十六歌仙』に描かれた足利義維

義晴・高国方が敗北し、義晴は京都から近江に没落を余儀なくされる。その際、将軍義晴に対抗するために晴元らが擁立したのが、義晴の兄弟義維であった。

　義維はその後、京都に入らず、和泉国堺（大阪府堺市）に滞在しながら、細川晴元方とともに京都を実質支配するようになった（ただし、当時晴元は若年であり、重臣たちが主体であった）。そのため、義維は現在の戦国史では一般的に「堺公方」と呼称される（「公方」とは、一般的には将軍のことを指す）。

　義維は、将軍義晴を京都から追った年に左馬《さまの》頭《かみ》に任官する。左馬頭とは、将軍家督者やその後継者が任官する象徴的な官職であり、義維はこれによって、将軍就任の前提を得たことになる。

　さらに、当初の名「義賢《よしかた》」を改めて「義維」

に改名する。義維は当時、「武家」・「公方」・「大樹《たいじゅ》」と呼称された。これらはすべて、将軍と同義である（ただし、それによって自動的に将軍になれるわけではない）。

この義維を擁立した政権について、今谷明氏は事実上の将軍義維と細川晴元を管領とする幕府であるとして、「堺幕府」と呼称した。ただし、「幕府」の呼称については、現職の将軍義晴のもとで体制が維持されていること、実際に義維は将軍になっていないことなどから批判もあり、現在では「堺幕府」と呼称する研究者は少ないため、以下、その用語は用いない。

二人の「将軍」

この結果、畿内には二人の「将軍」が存在することとなるが、実際に、義維と義晴はどちらが優勢であったのか。京都を没落したとはいえ、現職の将軍である義晴には奉公衆《ほうこうしゅう》や奉行衆《ぶぎょうしゅう》などの多くの将軍直臣が従っており、また、一部の直臣は義晴から義維のもとに出仕したり、所領の安堵を受けるなどして生き残りを図っている。

実際に京都を支配するようになったのは、前述のように義維方であった。義維側は京都支配のために、幕府の公文書形式である幕府奉行人奉書と同一の奉行人奉書を発給し、各種の訴訟や嘆願に対応していた。ただ、義維自身は京都に入ることがなかった。京都は古来より、攻めやすいが守りにくいとされる。敵対する義晴陣営が存在する限り、たとえ京都に入っても、すぐに奪還される恐れもあった。

幕府が不在となった京都を支配していたのは、義維を擁する晴元の家臣たちであり、前述の奉行人奉書こそ発給されたものの、義維自身の支配体制は脆弱であった。義維には義稙より引き継いだ近臣や、裁判や事務を担当する奉行人が少なからずいたものの、そのほかの近臣数は多いとはいえない。仮に上洛しても、幕府を構成できるほどの数の人材にもまだ恵まれていなかったのである。

義維は、その陣営が実際に洛中支配を行っていることで、朝廷や寺社から「将軍」として各種の訴訟や依頼などが提起されていた。しかし、あくまでも今現在の状況に対応した結果であり、義維への支持の有無とは別個の問題である。さらに、同様の案件が、京都より離れた義晴に訴訟が持ち込まれることもあった。正統性という面では、現職の将軍である義晴と対峙すると、義維は劣っていたのである。

義維と朝廷・大名

二人の「将軍」が併存する状況で、朝廷・天皇側は基本的には将軍は義晴と認識していた。実際に、朝廷は義晴に対して、洛中の治安維持のために、「権大納言《ごんのだいなごん》」に昇進させて帰洛を促していた。

一方の義維は、当初の左馬頭のままで、将軍就任はおろか、官位昇進もなかった。昇進には当然費用がかかるが、義晴の昇進はいわば無償で行われている。これには、義晴・義維に対する朝廷の対応の差が垣間見られて興味深い。さらに、「大永」から「享禄」に改元した際（一五二八年）も、朝廷は義晴へ諮ったが、義維へは何も話がなかった。あくまで、将軍は義晴なのであった。

さらに、後奈良《ごなら》天皇は皇位継承後いまだ即位式を挙行できていなかった。本来、即位式の挙

『英雄三十六歌仙』に描かれた細川晴元　個人蔵

行の費用面などを援助するのは天下人たる将軍の役割であり、即位式の挙行を目指す天皇側は、義晴に期待していたのである。義晴に対抗して、義維側が即位式を挙行する姿勢を見せていれば、朝廷側の認識も変化しただろうが、義維側は特別、即位式の挙行に動いた形跡がない。したかったのかもしれないが、義維側にはその費用もなく、直接支える阿波細川氏出身の細川晴元やその重臣らのほかは、各地の諸大名の支援はなかった。全国の守護・大名に、即位式のための段銭《たんせん》賦課（臨時の課税）を行うだけの力がなかったのである。

　各地の大名も、義維ではなく、義晴を名実ともに将軍として対応していた。天野忠幸氏も指摘しているように、義晴のもとにはなお全国の守護や大名への軍事動員権が握られており、全国的に見ても義維を「将軍」として支持していなかった。

　そのうえ、晴元やその重臣の一部は対立しているはずの義晴とも接触し、義晴との和睦の道も探っていた。これにより、義維の自立性は不安定なものであったが、享禄四年には対立する高国を滅ぼすことに成功して、畿内において軍事的優位に立つことができた。

　しかし、そのようなか、政権の崩壊は外部からではなく、内部より起こった。晴元の重臣三好元長は義維陣営を軍事的に支えてきたが、ほかの重臣とも対立し、天文元年（一五三二）には主君晴元とも対立してしまう。結果、元長は晴元に協力した本願寺《ほんがんじ》の軍勢に攻められ、自害してしまう。義維はこのとき元長と共におり、自害しようとしたとされるが、晴元側に制止されたという。

義維は細川家内部の内紛によって、同年九月には阿波へ逃げることになる。これによって、「堺公方」としての義維の活動は終焉する。なお、晴元はその後、将軍義晴と和睦し、義晴政権を支える有力大名の一人となる。晴元側も正統の将軍義晴を選んだのである。

義晴の兄か弟か

ところで、義維を義晴の兄弟と曖昧に記述したのには理由がある。実は、義維の出自には多少の問題が存在している。義維と義晴は、どちらが兄で弟かが判然としないのである。歴史のなかでは、しばしばこのように、兄弟の上下が判然としないことがある。この場合、義維の生年には疑問が多く、実際に何年に誕生したのかが明確でないのである。このことについては、古くは長江正一氏の指摘もある。

なお、室町・戦国期の足利将軍の男子で俗体《ぞくたい》（つまり、出家していない）の人物のうち、生年が不確定の人物はこの義維だけである（出家した人物では生没年が不詳の場合はある）。

なにより、同時代の史料で義維の年齢を記録したものはない。さらに、義維の出自を記したものも少ないが、公家の日記である『二水記』（大永七年七月十三日条）では、義維は「武衛《ぶえい》腹」で、義晴の「舎弟」、第十代将軍足利義稙の猶子《ゆうし》であると見える。「武衛」とは、この時代では管領斯波《しば》家のことを指すから、この日記の記述が正確ならば、母は管領家斯波氏の出身で、義晴の弟であるということになる。

しかし、軍記物《ぐんきもの》（同時代もしくは、後世に物語的に編纂されたもので、同時代の日記や古文書のような一次史料と比較して内容の正確性は劣る）である「足利季世記《あしかがきせいき》」では、永正八年（一五一一）に義澄に二人の若君（のちの義維と義晴）が誕生したとある。つまり、ここでは、義晴と同年生まれの兄弟ということになる。

義晴は赤松《あかまつ》氏に預けられ、一方の義維は晴元の実家である阿波細川氏に預けられた。晴元の父澄元は、義澄期の永正四年に京兆《けいちょう》家当主となり、義澄政権を支える大名の一人であった。赤松氏と比較すれば、当然、澄元のいる阿波細川氏のほうが家格は高く、義維への扱いのほうが上ともいえる。

これに対して、義維の孫である義種《よしたね》が寛永《かんえい》六年（一六二九）に記した「阿波平島家記録《あわひらしまけきろく》」には、永正六年（一五〇九）の生まれで、天正元年（一五七三）に六十五歳で没したと見える。つまり、この孫の記録では義維は義晴の二歳上の兄となる。

さらに、同記では、母も斯波氏でなく、阿波守護の細川成之《しげゆき》の娘となり、『二水記』に記載された義維の出自の内容と異なる。先の長江氏は、孫の義種の記載をおおむね肯定し、義維は義晴の兄であろうとしている。また、母については、後述する義維の活動と阿波守護細川家の関係性から見れば、「武衛」ではなく、細川成之の娘（猶子かもしれないが）と考えるほうが自然かもしれない。

しかし、確実なことは義澄の子で義晴の兄弟ということだけであり、新たな同時代史料の発見を待つしかない。ただし、義維の将軍就任に対する執念は、自分が将軍の兄という自負から来たともとれる。「弟」義晴ではなく、「兄」の自身こそが正統な将軍にふさわしいと感じていたのかもしれない。

「平島公方」義維

「阿波平島家記録」などの後世の編纂物によれば、義維は堺政権が崩壊したのち、阿波細川氏の庇護のもと、阿波国平島庄（徳島県阿南市）に滞在する。そのため、義維とその子孫は俗に「平島公方《ひらしまくぼう》（阿波公方）」とも呼称される。

しかし、庇護者の阿波守護細川氏之《うじゆき》が三好氏によって殺害されたため、義維正室の実家、周防大内《おおうち》氏を頼ったともいう。義維の正室は養父義稙を支えた有力大名大内義興《よしおき》の娘であったという。しかし、この間のことは同時代の一次史料が残されていないため、実否の判断はできない。事実上、歴史の影に追いやられていたといえる。

ところで、後世の編纂物によれば、義維は政権の崩壊後に「義冬《よしふゆ》」に改名している（便宜上、義維のまま表記する）。なぜ「冬」という字を用いたのかは判然としないが、自らの境遇に重ねていたのだろうか（「義」は将軍家の通字なので変更しない）。ただし、「義冬」と称した当時の確実な史料もやはりないため、その実態は不明である。

確かな一次史料である本願寺《ほんがんじ》証如《しょうにょ》による『天文日記《てんぶんにっき》』によれば、その後、義維は大坂の本願寺を頼ろうと何度か音信《いんしん》をしたが、本願寺は将軍義晴との関係を重視したために、迷惑に思い、いくらかの金銭を遣わして適当にあしらっている。

足利義維（義冬）の墓　徳島県阿南市・西光寺

息子義栄の将軍就任

ところが、義維はこのまま歴史に埋もれてしまったわけではなかった。阿波にあってなお上洛の機会を狙っていた義維にとって、大きな事件が起こった。義晴の子第十三代将軍義輝が永禄八年（一五六五）五月十九日に、三好義継や松永久通、三好三人衆によって弑逆《しぎゃく》されたのである。

このとき、義輝の後継者として阿波公方家が噂されている（『言継卿記《ときつぐきょうき》』）。実際に阿波公方家を擁立するつもりで義輝を襲撃したのかは判然としないが、義維父子は好機と捉えたであろう。とくに阿波三好氏の重臣篠原長房《しのはらながふさ》が擁立の中心となった。それらの経緯については、本書の義栄の項を御覧いただくとして、第十四代将軍の候補とされたのは、すでに五十代であった義維ではなく、子義栄であった。

義栄陣営は対抗する義昭《よしあき》陣営との競合に勝ち、永禄十一年二月八日に義栄は滞在先の摂津にて将軍に就任できた。義維は子義栄と同道しており、実際主体的に動いていたのは義維であった可能性が高い。そして、将軍にこそ就任できなかったものの、自分が将軍の父「大御所《おおごしょ》」として、義栄を後見しようとしたのだろう。その点、自身でなく、やはり息子が将軍となった足利義視に近いかもしれない。

しかし、義栄は将軍就任後わずか七ヶ月ほど経った永禄十一年九月に、京都に入ることなく病死してしまう（死去の月には諸説あり）。直後には、義昭が織田信長に擁立されて上洛し、第十五代将軍に就任してしまった。これにより、義維の夢は瞬く間に儚くも崩れ去ったといえよう。その後の義維の活動はほぼ同時代史料が存在せず、動向は不明であるが、もとの阿波に戻ったのだろう。

義維の最期と血筋

義維は、足利義昭が信長に敗れて京都から没落した年、天正元年（一五七三）十月八日に阿波国平島で死去したという。義維も将軍となった義栄も、将軍家の人間ながら一度も上洛することがなかった。その後も義維の子孫は平島公方家として同地に居住し、近世では徳島藩主蜂《はち》須《す》賀《か》家の客分として、足利将軍家の血筋を伝えて継続した。

戦国時代にあって将軍就任の野心を最後まで失わず、結果、数奇な運命をたどることになった義維だが、血筋の絶えた義晴の系統と比較すれば、後世に尊氏以来の血筋を残した分、勝っていたのかもしれない。

（木下昌規）

【主要参考文献】
天野忠幸『三好長慶』（ミネルヴァ書房、二〇一四年）
天野忠幸『増補版　戦国期三好政権の研究』（清文堂出版、二〇一五年）
今谷　明『室町幕府解体過程の研究』（岩波書店、一九八五年）
奥野高廣「『堺幕府』論」（『日本歴史』三二八号、一九七五年）
岡田謙一「足利義維の御内書について」（『古文書研究』七三号、二〇一二年）

木下昌規『戦国期足利将軍家の権力構造』（岩田書院、二〇一四年）
木下昌規「戦国期足利将軍家の任官と天皇」（『日本歴史』七九三号、二〇一四年）
馬部隆弘「『堺公方』期の京都支配と柳本賢治」（『ヒストリア』二四七号、二〇一四年）
馬部隆弘「『堺公方』期の京都支配と松井宗信」（『中近世の領主支配と民間社会』熊本出版文化会館、二〇一四年）
若松和三郎『阿波細川氏の研究』（戎光祥出版、二〇一三年）

第十四代　足利義栄

――戦国の幸運と不運の体現者

生年　天文七年（一五三八）
没年　永禄十一年（一五六八）
院号　光徳院

父　足利義維
母　大内義興娘

官位の変遷
永禄九年（一五六六）十二月二十八日に従五位下／同十年正月五日に左馬頭／同十一年二月八日に征夷大将軍

悲運の将軍

十四代将軍足利義栄《よしひで》は、永禄十一年（一五六八）に約半年間だけ在職した将軍である。この年、十三代将軍足利義輝《よしてる》の弟である足利義昭《よしあき》と、東海地方の一大名であった織田信長《おだのぶなが》は、義栄から将軍の座を奪い取るために上洛の兵を起こした。信長の敵役であれば、多くの人が義栄のことを知っているはずである。しかし、実際は義栄の名前すら知らない人がほとんどである。それは、義栄は三好三人《みよしさんにん》衆《しゅう》（三好長逸《みよしながやす》・三好宗渭《そうい》・石成友通《いわなりともみち》）に擁立されただけで、何の主体性もない傀儡の将軍だと考えられてきたためである。

また、源頼朝《みなもとのよりとも》から徳川慶喜《とくがわよしのぶ》にいたる歴代将軍のうち、将軍に就任しながら、幕府の所在地に入ることができなかったのは、足利義栄と徳川慶喜のみであった。そのため、義栄の存在はまったく忘れ去られてしまったのである。

義栄は、十一代将軍足利義澄《よしずみ》の孫にあたる。父は「堺公方《さかいくぼう》」「堺大樹《たいじゅ》」と称され、一時は畿内を制した足利義維《よしつな》であった。しかし、義維は享禄五年（天文元年、一五三二）に十二代将軍足利義晴《よしはる》や細《ほそ》川晴元《かわはるもと》に敗れ、阿波で無念の日々を過ごしていた。そうした最中の天文五年に、義栄は阿波の平島《ひらしま》（徳島県阿南市）で生まれた（『言継卿記《ときつぐきょうき》』）。畿内復帰の野望を燃やす父と共に少年時代を過ごしたが、その詳細はまったく不明である。

「平島殿先祖并細川家三好家覚書」（別名「阿州足利平島伝来記」「平島記」「平島家旧記」）など後世の軍記物によると、母は西国の雄として知られた大内義興《おおうちよしおき》の娘で、その所縁から、義維・義栄親子は後に大内氏を頼って阿波から周防に下ったとされている。しかし、実際には大内氏は毛利元就《もうりもとなり》に滅ぼされており、周防への下向は事実とは考えられない。

十六世紀中葉、京都では畿内や四国を支配する三好長慶《ながよし》と十三代将軍足利義輝が争っていたが、その過程で長慶が義維や義栄を擁立することはなかった。もし、長慶が長生きすれば、義栄は祖父や父と異なり、中央の政治史にまったく関わることなく、阿波でひっそりと生き、死んでいったであろう。義栄は将軍の孫でありながら、室町幕府の本拠地である京都を見たことがなく、有力な将軍候補者という期待された存在でもなかったのである。

一、義輝の死と三好家の内紛

将軍義輝の討ち死に

永禄八年（一五六五）五月十八日、その前年に満四十二歳で死去した三好長慶の跡を継いだ三好義《よし》継《つぐ》（長慶の三弟十河一存《そごうかずまさ》の長男、当時は義重《よししげ》）は、一族の長老である三好長逸や、重臣松永久秀《まつながひさひで》の家督を継いだ息子の松永久通《ひさみち》（当時は義久《よしひさ》）をはじめ、一万余りの兵を率いて上洛した。そして、翌十九日に将軍足利義輝を討ち取った。織田信長ですら足利義昭を殺害しなかったのであるから、義継が義輝を白昼堂々と京都で殺害したのは、まさしく青天《せいてん》の霹靂《へきれき》であった。そして、この事件こそが、足利義栄（当時は義親《よしちか》）の運命を大きく変えていくことになる。

三好義継画像　京都市立芸術大学芸術資料館蔵

この事件について、公家の山科言継《やましなときつぐ》は阿波の義栄を将軍にするためではないかと見ていた（『言継卿記』）。フロイスが六月九日付で豊後に送った書状でも、義継が義輝を討ったのは、阿波に住む義栄を将軍にするためであったと見ている（『耶蘇会士日本通信《やそかいしにほんつうしん》』）。義継の居城である飯盛《いいもり》城（大阪府大東市、四條畷市）にいたヴィレラが八月二日付で、口《くち》ノ津《つ》（長崎県南島原市）のトーレスに送った書状でも、義継と久通がキリシタンを京都より追放しているため、宣教師たちは阿波に出向き、四国を支配する三好長治《ながはる》の宿老で大軍を率いる篠原長房《しのはらながふさ》や、上洛をもくろむ義栄に、キリシタンが京都に復帰できるよう許可を得ようとしていると、より詳細な状況を伝えている（『耶蘇会士日本通信』）。

ところが、義輝の母親や正室の実家である近衛《このえ》家と関係の深い梅仙軒霊超《ばいせんけんれいちょう》は、義輝の死を伊予の大名である河野通宣《こうのみちのぶ》に伝えた五月二十六日付の書状の中で、自分は義栄を擁立するつもりではと疑っているのだが、世間ではとくにそういった風聞はないと記している（「河野文書」）。

当時は、有力な戦国大名であっても、表向きは足利将軍家を擁立して戦うのが常識の時代であった。たとえば、大内義興は足利義稙《よしたね》を擁して上洛し、尼子晴久《あまごはるひさ》や毛利隆元《たかもと》、武田信玄《たけだしんげん》は足利義輝に守護職を求めた。また、上杉謙信《うえすぎけんしん》は足利藤氏《ふじうじ》を、北条氏康《ほうじょううじやす》は足利義氏《よしうじ》をお互いに正統な古河公方《こがくぼう》として推戴し、関東で戦っている。公家や宣教師が、三好義継は足利義栄を擁立しようとしていると考えてもおかしくはない。

ただ、世間ではそうした噂はないともある。実際に、義栄が阿波から畿内に渡海するのは義輝の敗死から、一年四か月も経た後のことであった。かつて義栄の父の義維は、大永七年（一五二七）二月十四日に桂川《かつらがわ》（京都市）の戦いに敗れた将軍足利義晴が京都を退去すると、三月二十二日には早くも阿波から堺への渡海を果たしている。このことをふまえると、義継らが義栄と事前に準備や相談をしていたとは考えられず、義継が義栄を擁立するつもりはなかったと見るのが自然であろう。

そもそも、義栄の父の義維はかつて「堺公方」と称され、畿内では将軍格として遇されたが、地方の大名からはまったく相手にされなかった。そのように諸大名に影響力を持たない義維の子の義栄を、義継がわざわざ擁立する意味が見出せない。むしろ、擁立するのであれば、松永久秀が身柄を確保した足利義輝の弟の義昭（当時は一乗院覚慶《いちじょういんかくけい》）であろう。

また、義継は義輝を討った直後に「義重」から「義継」と改名した。この改名には、大きな政治的意味が感じられる。三好氏が「義」を通字とする将軍家の地位を「継」ぐという意思表明である。すなわち、三好義継は足利将軍家の擁立を放棄し、自らが将軍になることを志向したのであろう。

松永久秀の失脚と三好本宗家の内紛

公家や将軍直属の奉公衆《ほうこうしゅう》が三好義継に抵抗することはなく、義継の目論見は成功したかに見えた。しかし、七月下旬から八月上旬にかけて、状況は急転する。松永久秀が朝倉義景《あさくらよしかげ》の調略にはまり、足利義昭を取り逃してしまったのだ。また、久秀の弟で丹波支配にあたっていた内藤宗勝《ないとうむねかつ》が戦死してしまったのである。これにより、三好氏は丹波という領国を失うことになった。近江に逃れた義昭は、武田信玄・上杉謙信・島津貴久《しまづたかひさ》・相良義陽《さがらよしひ》などに上洛の支援を求め、反三好陣営はにわかに活気づき始めた。

当時の三好氏は、三好長慶の後を継いだ義継を当主、三好長逸や松永久秀らを重臣として、畿内を支配する三好本宗家と、三好実休《じっきゅう》（長慶の長弟）の長男長治《ながはる》を当主、三好康長《やすなが》や篠原長房らを重臣として、四国と南河内を支配する阿波三好家によって成り立っていた。

十一月十六日、三好本宗家の三好長逸は三好宗渭《そうい》や石成友通と共に、高屋城《たかや》（大阪府羽曳野市）を守る阿波三好家の三好康長と打ち合わせたうえで、義継の居城である飯盛城に入り、失態を積み重ねた松永久秀を見放すよう、義継に迫った（『多聞院日記《たもんいんにっき》』）。これにより、松永親子は失脚し、三好氏から追放されてしまった。松永久通の地位はこの後、石成友通に受け継がれた。ここに、三好本宗家は当主の義継を、三好長逸・三好宗渭・石成友通という三好三人衆が補佐する新体制に移行したのである。

よく概説書では、松永久秀と三好三人衆が若い三好義継をそそのかして、将軍義輝を殺害したと記されることが多い。しかし、これはあらゆる意味で正しくない。義輝を討ったのは、義継にとって自らの代始めを示すための軍事行動であった。また、久秀は大和におり、それに参加すらしていない。そして当時、三好三人衆はまだ形成されていなかった。足利義栄がなかなか畿内に渡海しなかったのは、松永久秀と三好三人衆が対立していたので環境が整わなかったと説明されるが、対立は、五月の義輝の殺害から半年後の十一月に起こった松永親子の失脚によって始まるのであった。

キャスティングボードを握る義栄

三好家を追われた松永久秀・久通親子は、足利義昭による将軍家の再興を旗印とする畠山秋高《はたけやまあきたか》・武田義統《よしずみ》・朝倉義景・織田信長・上杉謙信陣営に身を投じた。永禄九年（一五六六）二月、三好義継・三人衆方と久秀・畠山秋高方の間で戦争が始まった。義継・三人衆方はなんとか芥川山城《あくたがわやま》（大阪府高槻市）と飯盛城、京都や堺などの重要拠点を確保したものの、全体としては劣勢で追い込まれていった。

そうしたなか、義昭は朝廷に働きかけ、四月二十一日には次期将軍が就任する嘉例であった従五位《じゅごい》下《げ》左馬頭《さまのかみ》に任官した。また、久秀の守る筒井《つつい》平城（奈良県大和郡山市）には、信長の援軍と思われる尾張の国衆《くにしゅう》が援軍に駆けつけ、籠城していた（『多聞院日記』）。

義継・三人衆方は、こうした圧倒的に不利な状況を打開するため、阿波三好家との連携に踏み切った。六月、足利義栄が阿波より淡路の志知《しち》（兵庫県南あわじ市）に進出して四国一円に軍勢催促を行い、その先陣として、篠原長房が二万五千の兵を率いて兵庫津《ひょうごのつ》（神戸市）へ渡海した（「細川両家記《ほそかわりょうけき》」）。

足利義栄木像（部分）　栃木県足利市・鑁阿寺蔵

この篠原長房の援軍は六月から七月にかけて、摂津や山城の松永方の諸城を次々と攻略したので、畠山氏や根来寺《ねごろじ》は久秀を見放して、三人衆に対して和睦を申し入れた。

　堺のフロイスが六月三十日付で耶蘇会のパードレやイルマンに送った書状によると、足利義栄が京都を支配し、篠原長房がキリシタンを庇護することを期待している（『耶蘇会士日本通信』）。実は、義維・義栄親子の側近である畠山安枕斎守肱《あんちんさいしゅこう》は、三好実休と堺の豪商の茶会にたびたび参加しており、阿波三好家との間に友好関係を築き上げていた。実休も主筋である阿波守護の細川氏之《うじゆき》を殺害したことから、氏之を上回る権威である義維・義栄との関係を重視していたのであろう。その結果、三好本宗家は義輝と対立し排除する一方で、阿波三好家は義維や義栄と関係を結び、その擁立に動くことになった。

　義継は久秀のみを排除した形で、永禄九年末には畿内の平和を実現した。ただ、義栄を将軍に推す長房が、畿内の松永・畠山・根来寺連合軍や、その背後にいる義昭を奉じる諸大名連合に勝利する上で決定的な役割を果たしたことは、誰の目にも明らかであった。長く阿波に没落していた義栄は、一躍、畿内の政局を左右する最重要人物として現れたのである。しかし、足利将軍家の擁立を望まない義継や三人衆にとって、このことは大きな矛盾となっていく。

二、思いがけない将軍就任

将軍への野望と誤算

永禄九年（一五六六）九月二十三日、阿波より渡海した足利義維と義栄・義助《よしすけ》兄弟は越水城《こしみず》（兵庫県西宮市）に入城した（『言継卿記』）。それと入れ替わるように、二十九日には足利義昭が北陸へ退去した。義維は「咳気《がいき》」や「中風《ちゅうふう》」のため、義栄が中心となって、将軍就任に向けた活動を展開していくことになる。

十月四日、義栄は無位無官でありながら、伊予の大名である河野通宣《みちのぶ》に対して、将軍が発給する御《ご》内書《ないしょ》を下し、京都を平定したので上洛すると伝え、忠節を求めている（「二神家文書」）。ほぼ同文の御内書は、通宣の重臣である村上通康《むらかみみちやす》に対しても発給されている（「彦根藩諸士書上」）。義栄は、意識の上ではすでに将軍であったのである。義栄の先鋒となった篠原長房は、阿波や讃岐から大軍を率いて畿内に出兵しており、その背後の安全を確保する意味合いも強かった。義栄は決してお飾りではなく、諸大名を動員したり、自らを将軍に推す長房が心置きなく働けるように環境整備を図ったりするなど、それなりに自身の戦略を持っていたのである。

また、朝廷に対する工作も始まる。義栄は十月三日に太刀や馬を献上するが、朝廷も十月十一日に武家伝奏《ぶけてんそう》の勧修寺尹豊《かじゅうじただとよ》が玄猪《げんちょ》の礼に義栄のもとを訪れている。朝廷も畿内を制した義栄を認めざるをえなくなった。義栄は十二月七日に越水城から富田（大阪府高槻市）の普門寺《ふもんじ》に居を移した。そして、十二月二十四日には従五位下左馬頭への叙任《じょにん》を求め、二十八日にはこれを許された。これにより、義栄は官位上、義昭と対等になったのである。

翌永禄十年正月五日には消息宣下《しょうそくせんげ》を受けて、「義親」から「義栄」に改名している。朝廷は事実上、義栄の将軍就任を認めたといえよう。

「とんた《（富田）》のふけ《（武家）》」と称された足利義栄の将軍就任は間近であった。しかし、永禄十年二月十六日、三好義継が松永久秀陣営、すなわち、足利義昭陣営に身を投じるという大事件が起こった。将軍義輝を討ち、足利将軍家の擁立を放棄した三好義継は、義昭陣営に与《くみ》した松永久秀との抗争を勝ち抜くため、篠原長房と結び畿内を平定した。その結果、長房が推す足利義栄を擁立せざるをえなくなった。このため、義継が義輝を討った意味がなくなってしまったのである。また、三好本宗家の内紛が分家格の阿波三好家の介入によって解決されるという歪んだ構図により、義継は主導権を失い、不満を募らせていた。

義栄の目算は狂ってしまった。しかし、三好長治が阿波より軍勢を率いて畿内に渡海し混乱を鎮めると、義栄も態勢を立て直す。五月六日、義栄は室町幕府奉行人（松田藤弘《まつだふじひろ》、中沢光俊《なかざわみつとし》）連署奉書を発給して、石清水八幡宮《いわしみずはちまんぐう》の社務《しゃむ》職に新善法寺照清《しんぜんぽうじしょうせい》を補任しようとしたのである（「石清水文書」）。これは当時、将軍の代替りとともに、社務職も交替するのが慣例となっていたためである。義栄は事実上の将軍として、実績を積み重ねようとした。しかし、現職の田中長清《たなかちょうせい》はこれに猛反発し、義栄はいまだ将軍でないと朝廷に訴え出た。五月十一日には、朝廷も義栄を制止する。ところが、義栄は朝廷の命令を無視して、五月十七日に再び奉行人連署奉書を下し、長清は上意（義栄の命令）を軽んじており言語道断であると激しく批判し、照清の社務職補任を強行した。

義栄はまだ将軍職に就任していないが、すでに将軍として振る舞った。戦況も、三好三人衆や篠原長房が、三好義継や松永久秀の反抗を封じ込め、大和に追い詰めていった。十月十日の東大寺大仏殿の戦いで、久秀方の反攻を受けたが、三人衆方の優位を覆すほどではなかった。

十一月になると、朝廷からは勧修寺晴右《はれみぎ》と山科言継が富田に下向し、三人衆方からは伊勢貞助《いせさだすけ》や義栄側近の畠山守肱が入京するなどして、義栄の将軍宣下に向けた交渉が積み重ねられた。しかし、十一月十六日には、義栄の将軍宣下は拒否されてしまった。

将軍就任と義栄幕府の不協和音

永禄十年（一五六七）十二月、義栄は膠着した状況を打開するため、妹を正親町《おおぎまち》天皇の嫡男である誠仁《さねひと》親王に進めるという奇策に打って出る（『言継卿記』）。こうした形での公武合体構想はそれまでになく、却下されたが、義栄の執念が感じられる。

また義栄は、永禄十一年正月に、義輝によって政所執事《まんどころしつじ》の座を追放されていた伊勢貞為《さだため》（当時は虎福丸《とらふくまる》）を復帰させた。幕府の役職で、管領や侍所頭人《さむらいどころとうにん》は次々と交替したが、政所執事は義輝が将軍の乳父《めのと》の地位にあり、将軍の親政を支える存在であった。伊勢氏は世襲し独占してきた。伊勢氏は将軍足利氏―政所執事伊勢氏という盛期の幕府体制を復活させ、政権を担えることを主張したのである。義栄はそうした伊勢氏を復権させることで、摂津晴門《せっつはるかど》を登用するまで、長く伊勢氏が世襲し独占してきた。

こうした義栄の意気込みが朝廷に伝わったのか、正月十九日に、義栄が朝廷に年頭の御礼を申し入れたところ、朝廷はこれを認め、将軍就任は決定的となった。二月六日に義栄から献上された「宣下の総用《そうよう》」に悪銭《あくせん》が多く混じっていたことから、その受け取りをめぐって一騒動あったが、二月八日についに十四代将軍に任じられたのである（『言継卿記』「お湯殿の上の日記」）。

十三日、義栄は上洛することなく、富田でこの宣旨を受けとった。十八日、伊勢貞為は大館輝光《おおだちてるみつ》・細川駿河入道・畠山守肱・一色輝清《いっしきてるきよ》・畠山伊豆守・荒川三郎・畠山孫六郎・伊勢貞運《さだかず》・三好長逸・伊勢貞知《さだとも》に対して、御供衆《おともしゅう》として参勤せよと、義栄の命令を伝えている。故実《こじつ》に通じた大館輝光や政所を取り仕切ってきた伊勢一族、義維以来、苦楽を共にしてきた畠山守肱とその子の伊豆守・孫六郎兄弟や荒川氏、そして、三好三人衆筆頭の三好長逸を中核にして、義栄を主催者とする幕府が急速に形作られようとしていた。

足利義栄は、朝倉義景の居所である越前の一乗谷《いちじょうだに》（福井市）に身を寄せ、「越州武家」と称されていた足利義昭に先んじて、自らの幕府を発足させたのである。

しかし、その内部は実は一枚岩ではなかった。義栄の将軍就任に一番熱心であったのは、篠原長房であった。三好長逸をはじめとする三好三人衆は松永久秀への対抗上、長房や義栄と組んだにすぎない。義栄が長逸を御供衆へ登用したのは、懐柔の意味合いが強かった。ところが、義栄が将軍に就任した直後の二月十三日に、近江の六角承禎《ろっかくじょうてい》は三好長逸へ、「公儀《こうぎ》（足利義昭）」と「北辺《ほくへん》（朝倉義景）」について、美濃の織田信長と相談した際に得た情報として、信長が義景の息子と婚姻を模索していることなどを伝えている（「佐藤行信氏所蔵文書」）。義栄が将軍に就任し、義昭との対立が不可避となった二月段階においても、義栄を擁する三好三人衆と義昭に味方する信長は、まだ決定的な対立関係にあるわけではなかった。

四月になると、長逸と信長は直接交渉をおこなっていた。信長に属する稲葉一鉄《いなばいってつ》の家臣であった斎藤利三《さいとうとしみつ》が上洛し、長逸に音信《いんしん》や贈物を行った。長逸はこれを喜び、利三に自らの考えを伝えたので、信長に取り成してくれるよう、一鉄に依頼している（「保阪潤治氏所蔵文書」）。長逸はもともと三好氏の陪臣であった利三を通じて、信長と直接交渉していたのである。

このように、篠原長房と三好長逸には大きな温度差があった。なにしろ義昭・信長・久秀陣営には、長逸と同じ三好本宗家の当主である三好義継まで加わっていたのである。

義栄幕府の崩壊

永禄十一年（一五六八）七月、足利義昭は織田信長を頼って、美濃の立政寺《りゅうしょうじ》（岐阜市）へ移った。義昭の上洛に向けた動きが本格化するなか、三好三人衆は八月十七日に近江へ赴き、直接、六角承禎と談合して味方につけることに成功した（『言継卿記』）。しかし、義昭を擁する織田信長・松永久秀・

足利義栄の墓　徳島県阿南市・西光寺

三好義継・畠山秋高・毛利元就・村上武吉《たけよし》の連合軍と比べると、義栄の劣勢は明らかであった。

九月七日、信長は岐阜を出陣し承禎を破ると、二十六日には東寺《とうじ》（京都市南区）にまで進出した。ところが、信長はそのまま洛中に入るのではなく、石成友通の守る勝龍寺《しょうりゅうじ》城（京都府長岡京市）を攻め、二十九日にこれを攻略した。さらに信長の先陣が摂津に入ると、三好長逸は戦うことなく芥川山城を退去したため、三十日に信長は三好本宗家の居城の一つである芥川山城に入城し、義栄の在所であった富田などを焼き払った。

この頃、将軍足利義栄は腫物《はれもの》を患って病床にあったようで、九月三十日に死去した（『公卿補任《くぎょうぶにん》』）。義栄は長房の勧めにより阿波で養生することになり、三好長治らに付き添われて撫養《むや》（徳島県鳴門市）に下向したが力尽き、十月八日に死去したとも伝えられている（「平嶋記」）。いずれにせよ、こうした状況下にあっては、義栄幕府の主力で、最も頼りになるはずの篠原長房の軍勢も士気が上がるはずがない。長房は兵力を温存することを選び、信長と戦うことなく、阿波に撤兵した。

死去した義栄に代わり、十月八日に義昭が十五代将軍に就任した。義昭幕府の成立によって、義栄派の公家も朝廷を追われた。武家伝奏であった勧修寺晴右は蟄居《ちっきょ》を命じられ、高倉永相《たかくらながすけ》・永孝《ながたか》親子は大坂寺内町へ、水無瀬《みなせ》親氏《ちかうじ》は阿波へ逃れた。

義栄幕府は、わずか半年間しか存在しなかった。しかし、そもそも、三好長慶が若くして亡くならなければ、その跡を継いだ三好義継が足利義輝を討たなければ、また、松永久秀が失脚し三好本宗家が乱れなければ、義栄は畿内政治の舞台に上がることなく、誰からも忘れられて、その人生を終えていたはずである。

畿内に渡海しても、父の義維は病のため、その後見を受けることはできず、義維と共に京都から付いてきた奉行人たちは、すでに崩壊していた。同じ足利氏でも、義輝・義昭兄弟のように、生まれながらにして諸大名から将軍家として認められた血統ではなく、推戴される存在でもなかった。在京する幕府奉行人たちも、ほとんどが義昭を支持する有り様であった。

このような義栄が本当に頼ることができたのは、側近の畠山守肱と阿波三好家の宿老である篠原長房のみであった。しかし、自らを鼓舞して事実上の将軍として強く振る舞い、さまざまな戦略を駆使し、政所執事や御供衆などを編成して理想の幕府を目指し、将軍職にたどり着いた。その基盤は小さく不安定で、自身の病により早世することになった。しかし、病にならなければ、松永久秀や畠山秋高を一掃した篠原長房の軍勢と共に義昭・信長連合軍を迎え撃ったはずだ。後の元亀争乱において、三好長逸と篠原長房は摂津と河内を奪還し山城や大和にも進出する一方、信長と結ぶ毛利氏の備前にも攻め込んでいる。そうした篠原長房の実力を踏まえれば、義昭と信長の上洛も容易ではなかったに違いない。

義栄もまた、不屈の精神を持ち戦国の幸運と不運を体現した将軍であったといえよう。

阿波に生きる平島公方

大軍を温存したまま、阿波に退去した篠原長房は、永禄十二年（一五六九）から元亀三年（一五七二）にかけて、畿内や備前に出陣を繰り返し、本願寺顕如《けんにょ》や六角承禎・朝倉義景・浅井《あざい》長政《ながまさ》らと同盟して、足利義昭や織田信長、毛利元就を苦しめた。しかし、徐々に阿波三好家の体力は奪われていき、元亀四年（天正元年、一五七三）、長房は信長との和睦を模索する三好長治によって討たれた。「咳気」や「中風」であったはずの義維は、義栄や長房の死を見届けた後、同年十月八日に死去した。足利義栄、その父の義維が死ぬと、跡を継いだのは義栄の弟で、畿内にも渡海した義助であった。

天正十三年（一五八五）に四国を平定した豊臣秀吉《とよとみひでよし》は、蜂須賀家政《はちすかいえまさ》に阿波を与えた。家政は三千貫という義助の所領を没収し、わずか百石の茶料を平島に与えたのみであった（「渭水聞見録」）。畿内では、三好長慶や三好義継に否定された足利義維や義栄の権威も、四国では篠原長房に尊重されていた。しかし、関白豊臣秀吉の下で国持大名となった蜂須賀家政にとって、義助の権威は、自らの支配にとって邪魔でしかなかったのだ。義助の孫の義次《よしつぐ》は、足利姓も停止され、平島姓を名乗ることになった。

しかし、十九世紀になっても、阿波の人々にとって、義助の末裔である平島公方は藩主の蜂須賀家より高位の貴種《きしゅ》として尊崇の対象であった。人々は「足利家」とだけ書かれたり、「清和源氏之後」という朱印《しゅいん》が捺されたりしただけの守り札を競って求め、蜂須賀氏はたびたびそれを禁止していた。そうした守り札はマムシ除けの効能があったともされ、蜂須賀家をマムシに仮託したものともされている。

文化二年（一八〇五）、足利義根《よしね》は阿波を退去し、京都に居を移して足利姓に復した。その後は、紀州徳川家の援助などを受けたという。明治時代になると、足利義俊《よしとし》が華族《かぞく》として取り立てられるよう運動したが、華族どころか士族にもなれず、平民として近代を生きることになった。

（天野忠幸）

【主要参考文献】

天野忠幸　『三好一族と織田信長――「天下」をめぐる覇権戦争』（戎光祥出版、二〇一六年）
木下昌規　『戦国期足利将軍家の権力構造』（岩田書院、二〇一四年）
斎藤（瀬戸）薫　「足利義栄の将軍宣下をめぐって」（『國史學』一〇四号、一九七八年）
長谷川賢二　「阿波足利氏の守札」（伏見稲荷大社編『朱』四九号、二〇〇六年）
若松和三郎　『戦国三好氏と篠原長房』（戎光祥出版、二〇一三年）

第十五代　足利義昭

——信長の「傀儡」という虚像

生年　天文六年（一五三七）十一月三日
没年　慶長二年（一五九七）八月二十八日
院号　霊陽院

父　足利義晴
母　慶寿院（近衛尚通娘）

官位の変遷
永禄九年（一五六六）に従五位下・左馬頭／同十一年十月十八日に従四位下・参議・左近衛中将・征夷大将軍／同十二年六月二十二日に従三位・権大納言

「傀儡」という虚像

室町幕府最後の将軍、第十五代将軍足利義昭《よしあき》は、兄義輝《よしてる》の非業の死により、自ら将軍の地位をめざし、織田信長《おだのぶなが》の援助により将軍となり、やがて信長との対立で京都を追われ、室町幕府に幕を引いたことで知られている。このような経緯から名目だけの、信長の「傀儡」にすぎない将軍と見なされてきた。信長を変革期の「革命児」とみる見方と対になった見方といえよう。

ところが近年研究が進むにつれ、足利義昭の幕府は独立的であり、信長はこれを補完する立場にいたことが久野雅司氏らにより明らかにされつつある。一方、信長についても、必ずしも「革命児」とはいえないことが徐々に明らかになってきた。さらに政治史研究が畿内を中心に進んだ結果、決して「傀儡」とはいえない、義昭像が彷彿としてきたのである。

本稿では、こうした研究を参照しながら、新たにみえてきた義昭の人物像を紹介したい。

一、入京――将軍への道

永禄の政変

足利義昭は天文六年（一五三七）十一月三日、将軍足利義晴《よしはる》の次男として、京都で誕生した。母は関白の地位にあった近衛尚通《このえひさみち》の娘で、後に慶寿院《けいじゅいん》と称される。同母の兄は父義晴の跡継ぎとなり、後に第十三代将軍足利義輝となる。次男の彼はこの時代の風習に従って僧籍に入り、六歳で奈良興福寺一乗院《いちじょういん》に入室、永禄五年（一五六二）には一乗院門跡を継ぐことになり、一乗院覚慶《かくけい》と名乗った。このまま何事もなければ、将軍家出身の僧侶として、一生を終えるはずであった。

永禄八年五月十九日、三好義継《よしつぐ》と松永久秀《ひさひで》子久通《ひさみち》らの軍勢一万人が室町御所を包囲し、足利義輝を殺害した。三好義継やその家臣三好三人衆（三好宗渭《そうい》・三好長逸《ながやす》と家臣石成友通《いわなりともみち》）、三好家家老松永久秀の子久通らは、将軍義輝との対立を強めた結果、暗殺まで決行したとされる。阿波公方足利義維《よしつな》子足利義栄《よしひで》（当時の名ではないが便宜上この名で統一）を将軍に擁立するための行動とも噂され、事実その後義栄が擁立されたため、将軍のすげ替えを狙ったものともされてきた。

足利義昭木像　栃木県足利市・鑁阿寺蔵

しかし、いわば下剋上の極致ともされるこの事件は、実際はそれほど意図的な出来事ではなかったようである。柴裕之氏によれば、『永禄記』や、当時畿内にいたイエズス会宣教師ルイス・フロイスの報告書にあるように、三好義継らが「御所巻《ごしょまき》」（自らの訴えの承認を求め、軍勢を率いて将軍御所を包囲する実力行動）を試みた結果、軍勢の制御が効かなくなり、戦闘がエスカレートした結果、将軍殺害に至ってしまったのである。「御所巻」のはずが、とんでもない事態にいたったというのが真相に近いのではないか。

一見物騒にみえる「御所巻」は室町時代に何度か行われている。足利義満《よしみつ》の側近として権勢をふるった細川頼之《よりゆき》の排除を訴えた諸大名が、義満の御所を包囲して、訴えを承認させた康暦の政変（一三七九年）がそうである。また、畠山義就《よしひろ》と同政長《まさなが》との対立が激化した文正二年（一四六七）正月、義就に味方する山名持豊《もちとよ》は、同心する諸大名三十余名と共に足利義政《よしまさ》の御所を包囲し、管領を罷免された政長を依然として庇う細川勝元《かつもと》の非を訴えたと『応仁記』は記している。大名らが将軍御所を実力で包囲することは十分ありえたが、その内実は訴訟であり、将軍自身への武力行使など論外であった。

恐怖政治で知られる足利義教《よしのり》の暗殺、すなわち赤松満祐《みつすけ》による嘉吉の変（一四四一年）は、義教から殺されることを察知した満祐が非常手段に訴えたものとされる。ここまで切羽詰まった事態でなければ、将軍の暗殺はまず考えられない。足利義輝の暗殺は、いわばはずみで起こった、ありえないはずの事件だった。ここからみえてくるのは、この時代の将軍の権威の大きさである。よほどのことがない限り、指一本触れることさえ考えられなかった将軍の弟に生まれたことが、その後の義昭の総てを決したといってよいだろう。

奈良脱出・諸大名への呼びかけ

足利義輝を殺す羽目になった三好義継らが、将軍の肉親である一乗院覚慶つまり後の義昭を放っておくはずがなく、彼は一乗院に幽閉されることになる。しかし、義継らにしても覚慶本人に手を触れることはしなかった。殊に三好家の家老として知られる松永久秀は、三好家を主導する三好三人衆（三好宗渭・三好長逸・石成友通）の、足利義栄擁立の方針には従わず、いち早く覚慶と接触して覚慶を守る旨を伝え、覚慶も返書したことが天野忠幸氏により指摘されている。後にも久秀は、自分は義輝暗殺と無関係であり、三好らからの要請にもかかわらず、一貫して覚慶を守ったと陳弁している。

この年の七月二十八日、覚慶は朝倉義景《よしかげ》や、幕臣細川藤孝《ふじたか》・一色藤長《いっしきふじなが》らの手で近江国の和田惟政《わだこれまさ》の館に脱出し、八月五日には上杉謙信《けんしん》（当時は輝虎《てるとら》、以後謙信で統一）に対して、義輝の仇を討つべく尽力するよう依頼した。また義景の家臣前波吉継《よしつぐ》、河内の畠山尚誠《ひさのぶ》、さらに三河の松平家康《いえやす》らに、自らの入洛を助けるよう呼びかけ、彼らもまた覚慶に尽力を約束したことが、久保尚文氏により明らかにされている。十月には薩摩島津貴久《たかひさ》・義久《よしひさ》、肥後相良義陽《さがらよしひ》にも尽力を促している。

年末の十二月二十一日、覚慶は近江国矢島（滋賀県守山市）に移った（『上越市史』別編一・「謙信公御書集」、『越佐史料』では十一月二十一日）。義昭自身の弁では「越前か若狭を考えたが、都からは遠いので」ここに居を据えたという。久保尚文氏は折からの三好氏内部の分裂を考慮したとされる。十二月二日、近江の六角承禎《ろっかくじょうてい》（義賢《よしかた》）は上杉謙信に足利将軍家の再興のため、入洛に尽力するよう依頼しているので、六角氏の意向が背景にあることも想定されよう。

翌年早々に覚慶は還俗して足利義秋と名乗り、二月には内裏に太刀・馬代を進上し、四月には左馬頭に任じており、そこで乗馬始め、御判始めを行った。事実上の将軍として行動を開始したものとみられる。こうした点からみて興味深いのは三月には、上杉謙信に対して関東北条氏との和睦を勧告し、さらにこれと同じ頃に尾張の織田信長と美濃の斎藤龍興《たつおき》とに和睦を勧告したことである。もちろんお互いの戦いをやめて、自身の上洛に尽力せよ、というのがその趣旨であるが、足利義輝も安芸毛利氏と豊後大友氏との和睦を勧告していた点を考慮すると、すでに将軍としての自己認識のあったことを推測させる。

この義秋の勧告に応じたのが織田信長であった。七月に義秋の勧告に応じて停戦するとの合意が伝えられたため、八月下旬信長が出陣すること、それに呼応して出陣する命令が出された。この命令は七月に大和国の国民と呼ばれる主だった国衆《くにしゅう》の一人十市《とおち》氏に出され、最近村井祐樹氏が解明されたように近江、伊賀の国衆に、さらに八月、山城、伊賀の国衆らにも伝えられるはずだった。しかし尾張・美濃の停戦が破れ、八月二十九日織田信長が美濃に攻め込んで敗北したために、義秋の上洛作戦は失敗する。さらに六角氏が一転、三好氏と通じたため、義秋は近江矢島を引き払い、若狭へ出て越前朝倉氏の許に身を寄せた。

上洛を果たす

しかし、美濃との外交上の破綻から出陣を取りやめたとはいえ、織田信長が義秋の命令を忘れたわけではない。天野忠幸氏によると、翌永禄十年にも信長は松永久秀と結び、義秋上洛をめざして、八月に近江山岡氏や大和柳生氏に働きかけた。松永久秀もまた十月、備前児島に進出した村上武吉《たけよし》に対して、三好討伐を公言している。同じ頃、信長は宿敵斎藤氏の稲葉山城を攻略し、城下を岐阜と改め本拠地とした。その直後に「天下布武」の朱印状を用い始める。この朱印は、一般には日本の諸大名

織田信長画像　東京大学史料編纂所蔵模本

を武力で従わせることを意味すると解されているが、実は、五畿内に将軍の支配を確立することを意味したものである（この点は後で触れたい）。さらに十二月、織田信長は大和の柳生宗厳《むねよし》ら国衆に、自ら義昭に供奉して上洛すべきことを明言し、出陣を促している。

一方、義昭は同じ年に越前朝倉氏と加賀一向一揆とに和睦を勧告し、この和睦は年末に実現に向けて交渉が始まった（『多聞院日記』等）。おそらく翌年には事実上達成されたものと思われる。永禄十一年四月、足利義秋は越前国一乗谷の朝倉氏の館で元服して義昭と名乗った。この頃になると京都を押さえていた三好三人衆も、義昭を迎える場合を考慮して、四月、三人衆の一人三好長逸が織田信長配下の稲葉一鉄《いってつ》に、信長との交渉を依頼している。そして七月、信長の申し出を受け義昭は美濃国に移り、立政寺《りゅうしょうじ》に至った。八月、義昭は織田信長を供奉させて上洛することを決め、想定される六角氏の妨害に抗して路次の安全を図るよう甲賀郡国衆に命じた。同じころ信長は六角承禎に、義昭に供奉して出陣すること、義昭の御内書《ごないしょ》が出されたことを伝え、忠節を促している（承禎は拒絶）。

九月、よく知られるように織田信長は近江国へ出陣して、六角氏を追い、桑実寺《くわのみでら》に義昭を迎え、さらに進軍して二十六日、義昭を奉じて京都に至った。京都に入った義昭・信長は直ちに京都郊外の、三好三人衆の一人石成友通の籠もる勝龍寺城を攻略し、摂津芥川城に入った。十月二日、信長は池田勝正《かつまさ》の池田城を攻略し降伏させる。後、勝正は義昭の前に御礼に伺候して許されている。義昭のために働いていた松永久秀は大和一国を「切り取り次第」領知することを認められ、三好義継も河内半国の支配を認められた。

こうして山城・摂津・河内・丹波・近江等がことごとく義昭に服属する。まだ大和では戦争が家臣の細川藤孝・和田惟政、織田信長家臣の佐久間信盛《のぶもり》らの手で続いたが、十月十四日、義昭と信長は京都に凱旋し、十八日、義昭は従四位下に叙位され、征夷大将軍・参議・左近衛権中将に任じられた。こうして義昭は入洛を果したのである。

これまでは、上洛に関わる一連の軍事行動が、織田信長の軍事力に支えられていたことから、義昭は単に旗印に過ぎず、実際には信長の力によって果されたものだと考えられてきた。しかし、信長自身「公方様の上洛に供奉することを御約束した」と述べているのをはじめ、信長の親衛隊をも務めた太田牛一《ぎゅういち》の著した『信長公記』でも、「五畿内や隣国は悉く将軍の御下知に従った」といい「天下は将軍の思いのままになった」と記している。さらに『信長公記』は凱旋の後に行われた祝宴の場で、義昭に太刀・馬を進上した信長を、義昭は「ありがたくも御前に召しだし、信長は将軍の御酌で盃を、さらに剣を拝領した」と記している。つまり信長の家臣からみても上洛の主役は足利義昭その人であった。

義昭が上洛以前から、自ら将軍であるかに振る舞っていたことが想起されよう。義昭は義輝の弟としてまぎれもなく将軍に最もふさわしかった。そしてその立場に由来する威光があればこそ、松永久秀も主君三好義継の命令を聞かずに義昭を守り、朝倉氏家臣前波吉継、畠山尚誠、松平（徳川）家康も命を重んじるべく答礼したのだし、六角承禎も上杉謙信に上洛を促し、信長も供奉することを承知したのである。

これが当時の人々の見方であり、その前提があればこそ、義昭は上洛の主体となりえた。義昭は近江矢島から上杉謙信に宛てて「三好や松永久通の計略には言葉もないが、この世に『天道』のある限り、自滅は免れないだろう」と述べている。下剋上の時代とされる一方、将軍と臣下という関係を維持することが「天道」に適う絶対の正義である、との思想が強力だった時代であったことも、再確認する必要があるように思われる。

二、在京の将軍として

「天下」の主宰者

上洛した義昭は、当初洛中の本圀寺《ほんこくじ》を居館としていた。上洛の翌年正月、京都を追われていた三好三人衆は京都に侵入し、本圀寺を包囲した。将軍の奉公衆が奮戦し、三好義継、池田、伊丹ら摂津衆の軍勢が駆けつけ、奮戦した結果、撃退することができた。その際、義昭も自ら太刀をもって戦い、池田、伊丹衆らが敗勢になったところへ騎乗して駆けつけ、自ら切り掛り撃退したとの証言もある。三好義継の軍勢に対して自ら太刀を振るい戦ったという足利義輝を彷彿とさせるが、義昭も武門の棟梁らしく振る舞ったのであろう。

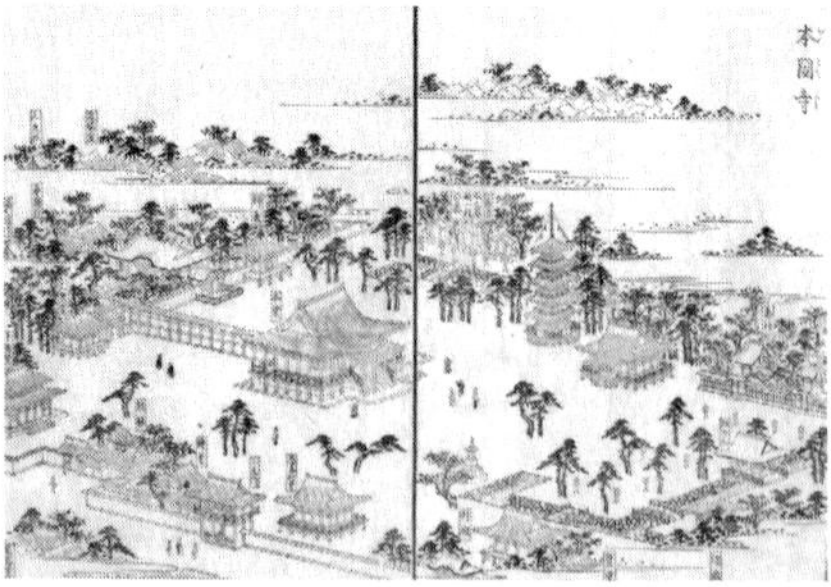

『都名所図会』に描かれた本圀寺　個人蔵

岐阜で急を聞いた織田信長は、直ちに単身、大雪の中を京都に向かって走り、十騎ばかりの人数で、三日の道のりを二日で走破し、本圀寺に駆けこんだという。わずか十騎では、独力で三人衆の襲撃を撃退した義昭の親衛隊や畿内の軍勢に比べて、物の数でない。それでもはせ参じた信長の行動が忠義をアピールする以外の何物でもなかったことは明らかである。このとき、信長の上洛を聞いて、尾張、美濃、伊勢、近江、若狭、丹波、摂津、河内、山城、和泉など諸国の武士が八万人ほどはせ参じたという。単に信長の息がかかった者ばかりではなく、畿内・近国一帯の武士たちが大勢、忠義のアピールを行ったところにも、先ほど述べた将軍の威光をみてとることができるのではないか。

この事件直後、阿波の三好氏を攻撃することを目的に掲げ、安芸毛利元就《もとなり》と豊後大友宗麟《そうりん》との和睦を勧告している。同じ頃、越後上杉氏と甲斐武田氏との和睦を勧告しているが、これには織田信長が、義昭の命を奉じてこの勧告を伝えている。義昭の御内書（将軍自身の命令書）には、この勧告に応じることが、「天下」への忠節であると明言されており、義昭が「天下」の名において、命令を発していることがみてとれる。

ところがこの年の十月、義昭と織田信長の間で不和が生じ、上洛中の信長は岐阜に帰ってしまう。そして翌永禄十三年正月に、両者の関係が修復され、明智光秀《みつひで》と朝山日乗《にちじょう》を証人として、両者は五ヶ条の条書を取り交わした。そこには「義昭の出した御内書には必ず信長の添状を付すこと」「義昭の以前の命令は全部一度破棄し、よくお考えの上定められるべきこと」「戦功を立てた者に恩賞を与える際に適当な土地がなければ信長の土地であろうと将軍の命令次第に信長が与えるべきこと」「天下のことを信長にお任せになった以上、義昭のご命令がなくとも信長は自分の判断で行うこと」「天下を平和にされた以上、義昭は朝廷に抜かりなくお仕えなさるべきこと」の五つが約束されている。

この契約は、信長がいよいよ天下に野望をもつ本性を現し、義昭の権限を掣肘し始めたことを示すものと考えられてきた。しかしこの三年後、織田信長は義昭の政治を批判した有名な十七ヶ条の諫言を義昭に呈するが、その内容からみると、義昭は訴訟の裁定であろうと家臣の扱いであろうと何一つ、信長の掣肘を受けていなかったことは明白である。確かに「天下のことを信長にお任せになった」と書かれている以上、信長が「天下」のことをある部分、専断で処理する権利を得たことは間違いない。しかしそれは、義昭の権限すべてを剥奪することと同義ではない。金子拓氏は「天下」の静謐を図る権限（平和と秩序の維持に関わる権限）であるとされるが注目すべき見解である。

実はこの契約と同日に、織田信長は諸国の大名に「内裏の修理、将軍に対する職務、及び天下の平和」のために上洛を促した命令書を発しており、これが五ヶ条の内容と関わっていることは推測に難くない。とすれば、単にこのとき行われた諸国大名への上洛命令という点に限って、信長に「天下」を任せたとも考えることができる。いずれにしてもこのとき信長に任せられた「天下」を、義昭の有する権限すべてと解釈するのは早計であろう。

元亀元年の争乱

元亀元年（一五七〇）四月、義昭の命で織田信長は若狭へと出陣した。守護武田氏に背く若狭の武藤という者に成敗を加える、というのがその理由であり、信長は若狭で武田家の家老らに迎えられたとは、明智光秀の報告である（『三宅家文書』）。ところが武藤の動きは越前朝倉氏の差し金であったことが分かり、越前敦賀郡に侵攻した、とは信長自身の言い分である。手筒山《てづつやま》・金崎の二つの城を攻略したところで、同盟していた北近江の浅井氏が突如寝返ったため、信長は急遽帰京した。畿内の面々から人質を取り、結束を固めてからいったん岐阜に戻ったものの、浅井討伐のために再び出陣し、六月に浅井氏・朝倉氏の連合軍を徳川家康の援軍を得て打ち破ったのが有名な姉川《あねがわ》合戦である。

この合戦には、義昭も兵を率いて出陣することが決まっていたが中止された。三好三人衆が摂津に進出したからである。しかし、織田信長の起こした浅井・朝倉との闘いが義昭の承認を得ていたことは明白である。浅井に呼応して、六角氏もまた蜂起しており、事態は急を告げていた。こうして義昭・信長に対立する諸大名の軍事的連携が行われ始める。義昭は摂津野田・福島（大阪府大阪市福島区）に拠点を築いた三好三人衆、阿波三好長治《ながはる》らの軍勢を攻めるために八月末に出陣する。まず二十四日に奉公衆と美濃の軍勢、二十五日に信長軍と烏丸光康《からすまみつやす》ら公家衆が出陣し、摂津で三好義継、松永久秀らが合流する。そしていったん出陣した公家衆、奉公衆が迎えのために上洛し、三十日に義昭自身が出陣した。いわば義昭傘下の勢力すべてが動員されたのである。

ところが、野田・福島がほぼ劣勢となり、降伏交渉が行われようとした矢先、九月に本願寺が蜂起した。本願寺は浅井と盟約を交わしており、阿波衆や三好三人衆らに呼応して蜂起したものと思われる。事態に慌てた義昭方は急遽、朝廷に頼み込んで本願寺に蜂起をやめるよう、勅使を下すよう要請している。この勅使下向は実現しなかったが、本願寺の本寺にあたる青蓮院《しょうれんいん》の尊朝《そんちょう》法親王が、本願寺に和睦するよう働きかけたため、十一月初旬には本願寺はいったん鉾を収めたようである。

こうした事態に勢いを得た朝倉・浅井勢は、比叡山延暦寺を味方につけ、京都を窺った。これを知った義昭・信長は軍勢を撤して京都に帰る。帰京した織田信長は、直ちに坂本に出陣し、徳川家康も援軍として出陣した。十一月、近江国堅田の砦の守将坂井政尚《まさひさ》が朝倉・浅井軍の攻撃で敗死し、信長はほとんど敗勢となる。義昭政権が重大な危機を迎えたとき、義昭自身が動いた。

「天下」人・足利義昭

義昭は、織田信長と朝倉義景双方に和睦を勧告したのである。園城寺《おんじょうじ》に関白二条晴良《はるよし》を同道させて出向いた義昭は、晴良に両者の中を斡旋させた。そして晴良を通じて、両者が和解しなければ自分は高野山に隠遁するとの言葉を伝えさせたところ、双方とも直ちに和睦に応じたという。信長は「将軍の命令である以上、義景との和睦は守る」と述べ、義昭は「様々に説得して和睦させた」と小早川隆景《たかかげ》に説明している。

姉川の合戦の直前には、義昭は自らも兵を率いて、織田信長の率いる朝倉・浅井討伐軍に加わるつもりでいた。その義昭がなぜ、織田信長と朝倉義景の間の仲介ができたのか。結論的にいえば、義昭は和睦を勧告できる将軍の地位にいたからだと考えられる。朝倉氏との和睦は十二月になったが、三好三人衆や三好長治ら四国衆との和睦は十一月中に成立した。興福寺大乗院門跡尋憲《じんけん》の日記によれば、まず織田信長と三好三人衆との和睦は松永久秀が仲介となって交渉が行われた。さらに織田信長と四国衆との和睦交渉が「大坂」、つまり本願寺の仲介で行われたという。いったんは蜂起した本願寺であったが、まもなく鉾を収めたようで、ここでは信長と四国衆とを仲介する立場に立っている。

さらに、四国衆と三好三人衆は「天下」と「信長」、つまり義昭と織田信長と和睦するために若江《わかえ》（大阪府東大阪市）で参会したという。そしてこの結果「江州」つまり浅井と「越州」つまり朝倉以外は、「天下和談」つまり義昭との和睦成立になることは間違いないとの観測が記されている。ここから、足利義昭その人が当時「天下」と呼ばれていたことがわかる。将軍を「天下」と呼ぶのは、足利義輝が「天下」と呼ばれた事例が知られるが、同じように義昭もまた将軍としてこのように呼ばれていたのである。

今まで何の説明もなく「天下」の語を使用してきたが、この時代「天下」はしばしば五畿内を指す言葉として用いられ、この領域が将軍の支配すべき領域と見なされていた（この点については参考文献拙著参照）。だから尋憲は日記に将軍義昭を「天下」と記したのであろう。また、だからこそ「天下布武」をめざした織田信長は、将軍に供奉して入京し、将軍と共に五畿内を平定して凱旋したのである。さらに、前述のように義昭との契約ではその将軍から「天下」を任されたと主張したのであり、五畿内平定によって「天下は平和になった」と確認したのである。

将軍、いわば「天下」人の役割の一つとして、諸大名への停戦命令があり、前任の足利義輝も行い、義昭が入京以前からしばしば行ってきたことは既述の通りである。後に「天下」人を称した織田信長も、豊臣秀吉も同様である。だから織田信長と朝倉義景とに対しても停戦を命じることができたし、両者も従ったのではないだろうか。この後も、元亀二年（一五七一）二月には、豊後大友宗麟に対して安芸毛利氏との和睦を促しているし、翌三年には安芸国毛利輝元《てるもと》と備後の山内隆通《たかみち》・元通《もとみち》父子との和睦を斡旋することを熊谷信直《のぶなお》に命じて七月に和睦させ、八月には武田信玄に命じて、織田信長と本願寺との間の和睦を斡旋させている。また同年閏正月には毛利輝元、備前浦上宗景《むねかげ》、宇喜多直家《うきたなおいえ》三者の和睦を勧告し、同年十月に実現している。

こうした将軍の役割は大名側からも期待されていたらしく、永禄十二年（一五六九）三月、武田信玄は上杉謙信との一戦を前に、将軍義昭の調停を期待し、織田信長に仲介を依頼している。また毛利元就・輝元は、丹後・但馬の武士らが尼子勝久《あまごかつひさ》に味方して、出雲・伯耆両国の沿岸で掠奪行為を働くのに対し、これを禁止する義昭の命令を出してほしいと、織田信長に要請し、元亀二年四月、信長は間違いなく義昭に取り次ぐことを約束している。大名同士、あるいは大名と国衆との間を調停する役割は義昭にも自覚される一方、大名らからも期待されていたと考えられる。

京都追放

こうして諸大名の上に君臨してきた義昭は、よく知られるように結局織田信長の手で京都から追放されてしまう。従来は天下統一の野望をもつ織田信長が、機会を得て義昭という「傀儡」を捨てるのは時間の問題と考えられていたため、なぜ五畿内＝「天下」の支配を回復した義昭が、その最大の功労者の手で追放されたのか、は問題とならなかった。しかし、「天下布武」が将軍による五畿内支配の再興を意味するのであれば、信長は、自ら貢献した「天下布武」を、自ら破壊したことになる。となれば将軍追放は、当初からの信長の意図ではないと考えざるをえず、その成り行きを考えてみる必要があろう。

織田信長と義昭との決定的な対立を端的に示すものは有名な、義昭に対する十七ヶ条の諫言である。従来はこれが元亀三年（一五七二）九月のものと考えられていた。しかし、柴裕之氏により明らかにされたように、これは元亀四年正月以降のものであり、少なくとも元亀三年末までは義昭と織田信長との間に対立はなかった。だからそれ以前の、元亀三年十月に始まる武田信玄の遠江・三河侵攻は、徳川家康を標的としたもので、決して義昭に通じた結果なされたものではない。元亀四年正月の時点では、義昭は武田信玄に織田信長・徳川家康と和睦するよう促していたことを伝える史料もあり、義昭入京と幕府再興の当初から、義昭と信長間に対立が潜在していたとみなすことはできない。

それでは、元亀三年末まで一体であったことが窺われる義昭と織田信長との間に何が起こったのか。『細川家記』は興味深い逸話を伝えている。それによると、武田信玄が徳川家康を撃破した三方原の戦いの頃、義昭が信玄に、織田信長・家康と和睦するよう勧告したところ、信玄は信長の罪状を述べ立てたので、それに対して信長も信玄の罪状を訴えた。そして両者の訴えの是非を裁定する際、意見を具申する義昭直属の家臣たちには信長をよく思わない者が多く、また信玄からの贈物に惑わされる者もおり、多くが信玄の肩をもったため、信長を誅罰する運びになったという。これに対し細川藤孝は、将軍家に対し全く功績のない信玄と、功績著しい信長とを比較するならば、両者を和睦させるのが適当であると諫言したけれども、義昭は聞き入れなかったという。

もちろん、後世の逸話に全面的に信を置くことはできないが、武田信玄の破竹の勢いが義昭と直属の家臣たちに動揺を与えたこと、幕府内部で織田信長と信玄とのどちらに依拠するかが論じられ、義昭側近の者たちの大勢が信玄支持に回り、それが義昭と信長とを離間する原因となったこと、の大筋は無理のない想定といえるように思われる。

二月、武田信玄、浅井長政《ながまさ》、朝倉義景と通じた義昭は、西近江で山岡景友《かげとも》や本願寺門徒らを糾合して石山・今堅田で蜂起させる。織田信長は義昭に和睦を請う一方、柴田勝家《かついえ》、明智光秀らに蜂起を鎮圧させた。三月、義昭は信長の人質を返して公然と敵対を表明する。信長は上洛して「君臣」の礼に従い赦免を請う一方、義昭の二条御所を包囲し、四月、上京を焼き払った。将軍の膝下にある住民たちが襲撃を受けたのに、将軍が住民を犠牲にするわけにはいかない。もし手をこまねいていれば、住民は無能な将軍を見捨てるに違いない。追い込まれた義昭は、天皇の勅命を奉じるという形式をとって信長と和睦した。

しかし七月、義昭は再び蜂起する。家臣の三淵藤英《ふじひで》に二条御所に立て籠もらせ、自ら京都郊外の槙島城に籠もって蜂起した。義昭の言い分は「信長との和睦について、大坂本願寺をはじめ、味方では信長への不信が晴れないので、槙島に移った（蜂起した）」とのことである。責任転嫁の言い分のようにもみえるが、「味方」全体の旗印となる将軍の立場上、その意向を重んじざるをえないのは、織田信長と絶交した際と同じなのかもしれない。

織田信長は直ちに槙島城を攻撃し、義昭はあっという間に降伏した。信長は義昭の子義尋《ぎじん》を人質として取ると、義昭の「命を助けて、後世の人々の褒貶に任せ、怨を恩によって報いようと」義昭を三好義継の若江城まで、木下秀吉に送り届けさせたという。この道すがら、人々は義昭を「貧報《(乏カ)》公方」と罵ったとは『信長公記』の記すところである。

三、京都復帰をめざして

流浪の将軍

河内国若江に落ち延びた後も、義昭は無念を散ずべく直ちに行動を開始し、毛利氏に働きかけた。毛利輝元が出兵すれば、その力によって五畿内を一統することは明らかであり、大坂本願寺も、三好義継も、遊佐信教《ゆさのぶのり》も、根来寺も味方についているから近日挙兵する、と輝元に伝えている。さらに信長に子供を人質に取られたのは口惜しい限りであるが、これも上野信秀《のぶひで》・三淵藤英ら家臣らが織田方に寝返ったためである、と述べている。二条御所を守っていた三淵藤英は早々に織田方に降参していた。義昭にしてみれば、家臣らの口車に乗ったあげくの果て梯子を外された、との思いもあったかもしれない。

ところが毛利氏は、義昭の入京以来、義昭とも織田信長とも良好な関係を保ってきた。卒爾に義昭の要請に応じて、織田方との関係を損ないたくはないことは想像にたやすい。いったん京都から追放した義昭を引き取ってくれないか、と毛利方から織田方に働きかけ、義昭を迎えてもよいとの意向を得た。そこで十一月、和泉国堺において、織田方の使者木下藤吉郎秀吉、朝山日乗と、毛利方の使者安国寺《あんこくじ》恵瓊《えけい》と、足利義昭三者で交渉が行われ、義昭帰洛のことが話し合われた。

しかし、義昭があくまでも織田方から人質を出すことに固執したため、木下秀吉は、「そこまで信頼されないのであれば、どこへもいらっしゃるがよい、信長には行方不明になったと報告するから」と言い捨てて座を立ってしまった。毛利方はくれぐれも西国などへ御下りされぬように、とやはり引き受けられぬ旨通告した。それでは下るまい、と義昭は答え、紀伊国由良の興国寺へ去ったのである。この折恵瓊は、秀吉の交渉ぶりを「なかなかのタフ・ネゴシエーター（さりとてはの者）だ」と褒める一方、織田信長は公家になって政権を維持するつもりだろうが、前途は不安定にみえる、と毛利家側に報告している。

翌天正二年（一五七四）二月、義昭は紀伊熊野本宮の衆徒たちに宛てて、織田信長の謀叛によって紀伊国に移った旨を伝え、自身のために尽力するよう命じ、三月には伊予国河野通直《みちなお》に、やはり信長の横暴により京都を退き紀伊国にいること、武田勝頼《かつより》の、美濃国明智城を攻略するなどの活動に呼応して戦い、上洛するつもりであること、それに対し尽力することを命じている。さらに同じ三月、徳川家康に武田氏との和睦を勧告し、天下の平和のため尽力するよう求めていることが注目される。

四月になると、すでに二月に越前で一向一揆が蜂起し、織田方の前波長俊《ながとし》を滅して越前国を制圧したため本願寺が大坂で蜂起する。義昭はこれに呼応して相当の軍事行動に出ることを、側近の一色藤長に伝えている。同じ四月、遠く薩摩の島津義久にも上洛作戦中であることを伝え、忠節を尽くすよう命じている。

さらに注目すべきは翌天正三年、丸島和洋氏により明らかにされたように、義昭が武田勝頼と上杉謙信とを和睦させたことである。『謙信公御書集』天正三年条に収められた、十月十八日付の謙信に宛てた勝頼の、自ら誓紙を認めたことを告げる書状は、この間の消息を伝えるものであろうか。織田信長と友好関係にあった謙信が宿敵武田氏と和睦したことは、越前・加賀の情勢の変化などを考慮しても、並々ならぬ義昭の政治力をうかがわせる。

ついでにいえば、天正二年から三年にかけてのこの時期、義昭は甲斐・越後に加え本願寺と和睦するよう勧告しており、さらに甲斐・越後と相模国北条氏との和睦を勧告していた。結末を知る現代人には空疎な権威主義と映るかもしれないが、流浪の身として和睦を勧告したのは今回が初めてではない。奈良を脱出し、流浪の身となったときも同じであり、このときはそれこそが上洛のステップとなったのである。当時の社会が将軍の威光を尊重する限り可能性はなくならない。義昭は却って己の強みを十分自覚していたのかもしれない。

天正四年（一五七六）年二月、義昭は毛利領内の備後国鞆《とも》（広島県福山市）に拠点を移した。前回あれほど義昭を敬遠した毛利氏だが、今度は受け入れた。織田信長との外交関係が、浦上宗景と宇喜多直家との絶縁により、破綻をきたしたからである。毛利氏のもとから義昭は、先にみたように上杉・北条・武田の「三和」を勧告し、信長に対して互いに手を組もうとする機運が生まれた。さらに六月、加賀にいる本願寺家臣七里三河頼周にも義昭は御内書を送り、越後の上杉謙信と和睦して、義昭のために尽力するよう命じており、事実この年、長年敵対していた本願寺と謙信とは和睦した。七月、こうした政治的連携が結ばれる中、毛利軍は、信長の水軍を撃破し、包囲されていた大坂本願寺に兵粮を搬入する。

翌五年には紀伊国畠山貞政《さだまさ》が雑賀衆及び根来の衆徒と謀って蜂起する。閏七月には上杉謙信が能登七尾に出陣し、余勢をかった謙信の軍勢は手取川《てどりがわ》で織田軍を撃破する。確かに義昭の政治工作は一定の成果をあげたのである。なぜこうしたことが可能だったのか、当時の大名らにとって将軍の威光ははたして意味があったのか。この点を九州の島津氏についてみてみよう。

天正四年四月、義昭は島津氏に毛利領に移動したことを伝え、武田、北条、上杉らが結束したことを告げ、島津もまた忠義を尽くすよう促した。これに対して伊集院忠棟《いじゅういんただむね》以下島津氏の家老たちは、「遠国であろうと、馳走させていただきます」と回答している。

しかし天正八年に至り、織田信長は本願寺を降伏させて五畿内を平定し、八月、島津義久に対して豊後大友氏との和睦を促した。状況の変化を判断したのであろうか、島津義久は、「上様」つまり信長よりの朱印状を拝領したことをありがたがり、信長の提案した豊後との和睦を受け入れる旨を表明し、信長の中国出兵に協力する旨を述べている。ここでは義久は信長を、少なくとも和睦を勧告する天下人として遇していることがうかがえる。

ところが天正十年、織田信長は本能寺の変に斃れた。これを知った島津義久はさっそく義昭に通じたらしい。十一月、義昭は義久からの音信に礼を述べた上、信長は天命により自滅したこと、残る者らが帰洛を勧めるので、入洛を遂げたい、ついては馳走するようにとの御内書を発している。義久は明らかに義昭と信長との両者を天秤にかけていた、言い換えれば、義昭と信長とをそれぞれ代替可能な天下人と見なしていたといえよう。

義昭を尊重していたのは何も島津義久だけではなかったようだ。本能寺の変が起こると直ちに義昭は帰京を望み、毛利氏を通じて羽柴（豊臣）秀吉の武将黒田孝高《よしたか》、蜂須賀《はちすか》正勝《まさかつ》に、秀吉への取次を働きかけた。それを秀吉は承諾したのである。一方、本能寺の変後に起こった織田家中の争いで秀吉と対立した柴田勝家もまた、義昭の帰京を承諾し、また織田信長と同盟していた徳川家康も、義昭からの働きかけに、大勢に従っていつでも義昭を迎える旨、回答している。さらに柴田勝家は、秀吉とのいわゆる賤ヶ岳の合戦中、毛利氏と結んで、義昭を担ぎ出すことを画策している。織田家重臣らや大名にとっても義昭は十分利用価値があったのである。柴田勝家の呼びかけを受けた毛利家中では、ともかく豊臣秀吉と勝家のどちらが勝利するかを静観しようとした。

要するに、将軍家に生まれた足利義昭は、流浪の身ながら、社会がその血筋を尊重する限りは、将軍として行動することをやめず、一方大名らもまた、利用価値のある限り利用しようとしたのである。生まれながらに備わった威光は、利用価値のある限り見逃されるはずもなく、自ら否定することもできなかった。

将軍の名は有名無実

しかし、豊臣秀吉が関白となり、天下人としての地位を確立していくにつれ、義昭の威光もまた衰えていった。本能寺の変後約六年が経ち、義昭は帰京が叶ったらしい。そして帰京後、天正十六年正月に出家し昌山《しょうざん》と名乗り、准三后《じゅさんごう》が宣下された。この折豊臣秀吉と一緒に参内している。閏五月、天正四年以来在国中の奉公を尽くした毛利輝元、小早川隆景に感謝の御内書を送り「忠節を忘れることはない」と記した。

文禄元年（一五九二）三月、朝鮮侵攻のため、豊臣秀吉の肥前名護屋出陣に従っている。そして翌年八月の秀吉の大坂帰陣の頃、義昭も帰京したと考えられている。この戦役に従軍した小早川隆景、吉川広家《ひろいえ》に宛てた見舞状が残っているが、おそらく忠義の臣下に対する礼儀を果たそうとしたのであろう。そういえば、秀吉が島津義久を討伐しに九州に出向く直前の天正十四年、義久に対して、秀吉との間の仲介を申し出ているが、これもまた、本人なりに自らの地位にふさわしくみえる行動を選んだためかもしれない。

豊臣秀吉から一万石の「進上」を得て大坂で過ごしていたが、慶長二年（一五九七）八月二十八日、大坂で腫物のため死去した。醍醐寺三宝院義演《ぎえん》は、「近年は将軍の名も蔑まれ、有名無実となった」と記している。義昭はすでにその役割を終えていた。

（神田千里）

【主要参考文献】

天野忠幸「織田信長の上洛と三好氏の動向」（『日本歴史』八一五号、二〇一六年）
小川　雄「信長は、秀吉をどのように重用したか」（日本史史料研究会編『信長研究の最前線』洋泉社、二〇一四年）
奥野高広『足利義昭』（吉川弘文館、一九六〇年、一九九〇年新装版）
金子　拓『織田信長〈天下人〉の実像』（講談社、二〇一四年）
神田千里『織田信長』（筑摩書房、二〇一四年）
久野雅司編著『足利義昭』（戎光祥出版、二〇一五年）
久野雅司「足利義昭政権論」（前掲久野編著『足利義昭』、初出二〇〇九年）
久保尚文「和田惟政関係文書について」（前掲久野編著『足利義昭』、初出一九八四年）
黒嶋　敏『琉球王国と戦国大名』（吉川弘文館、二〇一六年）
桑田忠親「第十五代　足利義昭」（同編『足利将軍列伝』秋田書店、一九七五年）
柴　裕之「足利義昭政権と武田信玄」（『日本歴史』八一七号、二〇一六年）
柴　裕之「永禄政変の一様相」（『戦国史研究』七二号、二〇一六年）
丸島和洋「武田・毛利同盟の成立事情と足利義昭の「甲相越三和」調停」（『武田氏研究』五三号、二〇一六年）
村井祐樹「幻の信長上洛作戦」（『古文書研究』七八号、二〇一四年）

室町幕府将軍列伝　付録

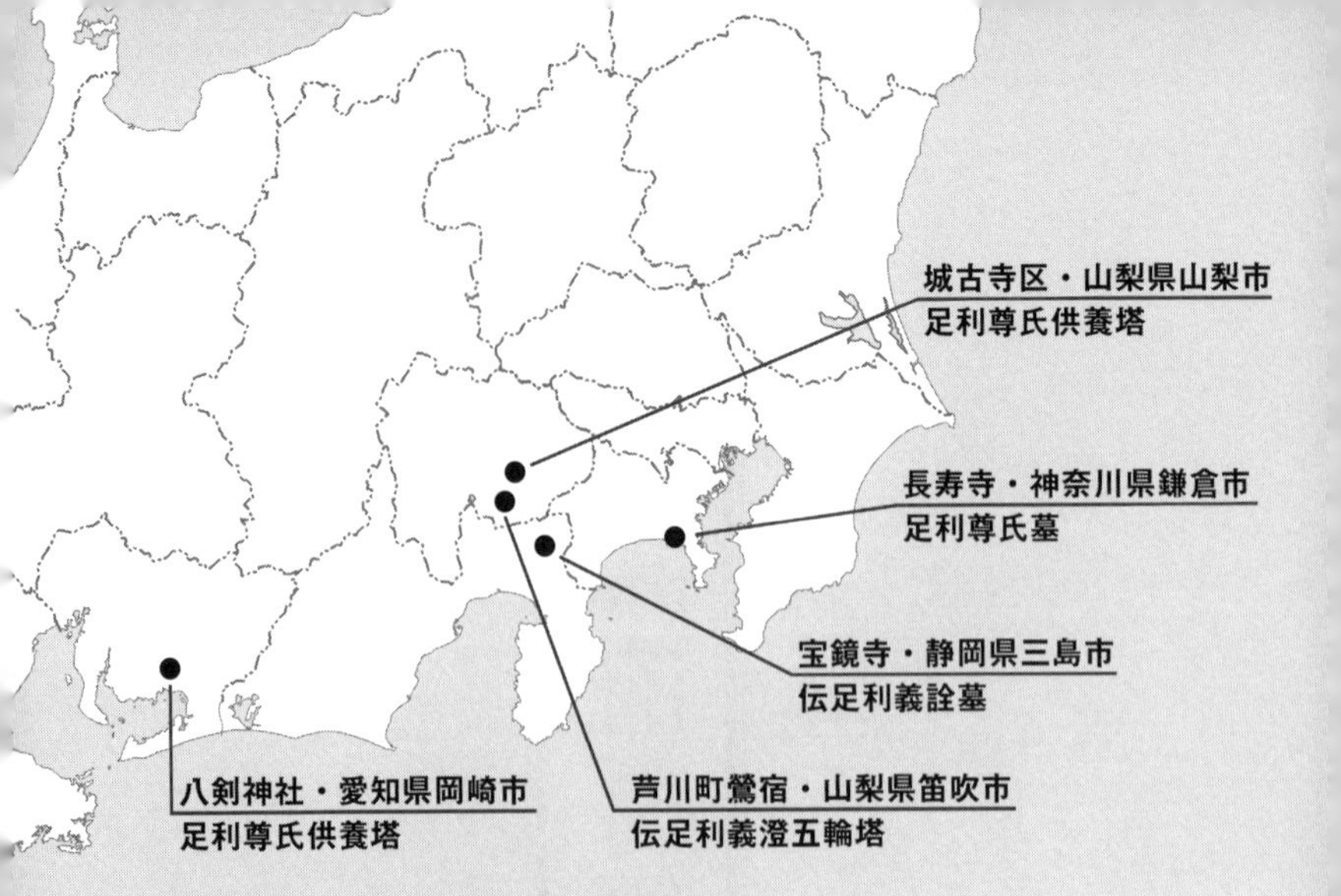
城古寺区・山梨県山梨市
足利尊氏供養塔
長寿寺・神奈川県鎌倉市
足利尊氏墓
宝鏡寺・静岡県三島市
伝足利義詮墓
八剣神社・愛知県岡崎市
足利尊氏供養塔
芦川町鶯宿・山梨県笛吹市
伝足利義澄五輪塔

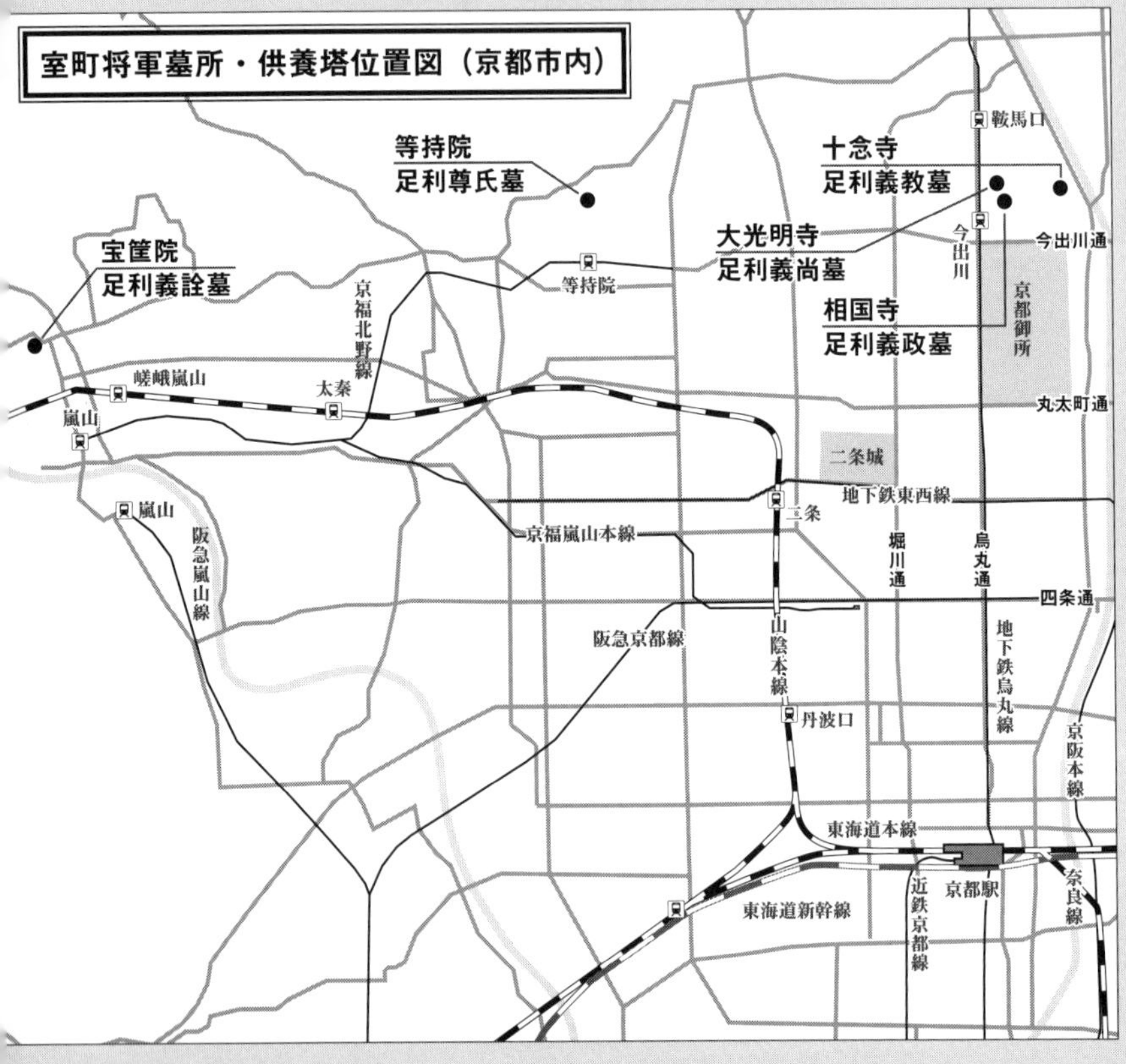
室町将軍墓所・供養塔位置図（京都市内）
等持院
足利尊氏墓
十念寺
足利義教墓
鞍馬口
大光明寺
足利義尚墓
今出川
今出川通
宝筐院
足利義詮墓
等持院
京福北野線
相国寺
足利義政墓
京都御所
嵯峨嵐山
太秦
嵐山
丸太町通
二条城
地下鉄東西線
二条
嵐山
阪急嵐山線
京福嵐山本線
堀川通
烏丸通
四条通
阪急京都線
山陰本線
地下鉄烏丸線
丹波口
京阪本線
東海道本線
京都駅
近鉄京都線
東海道新幹線
奈良線

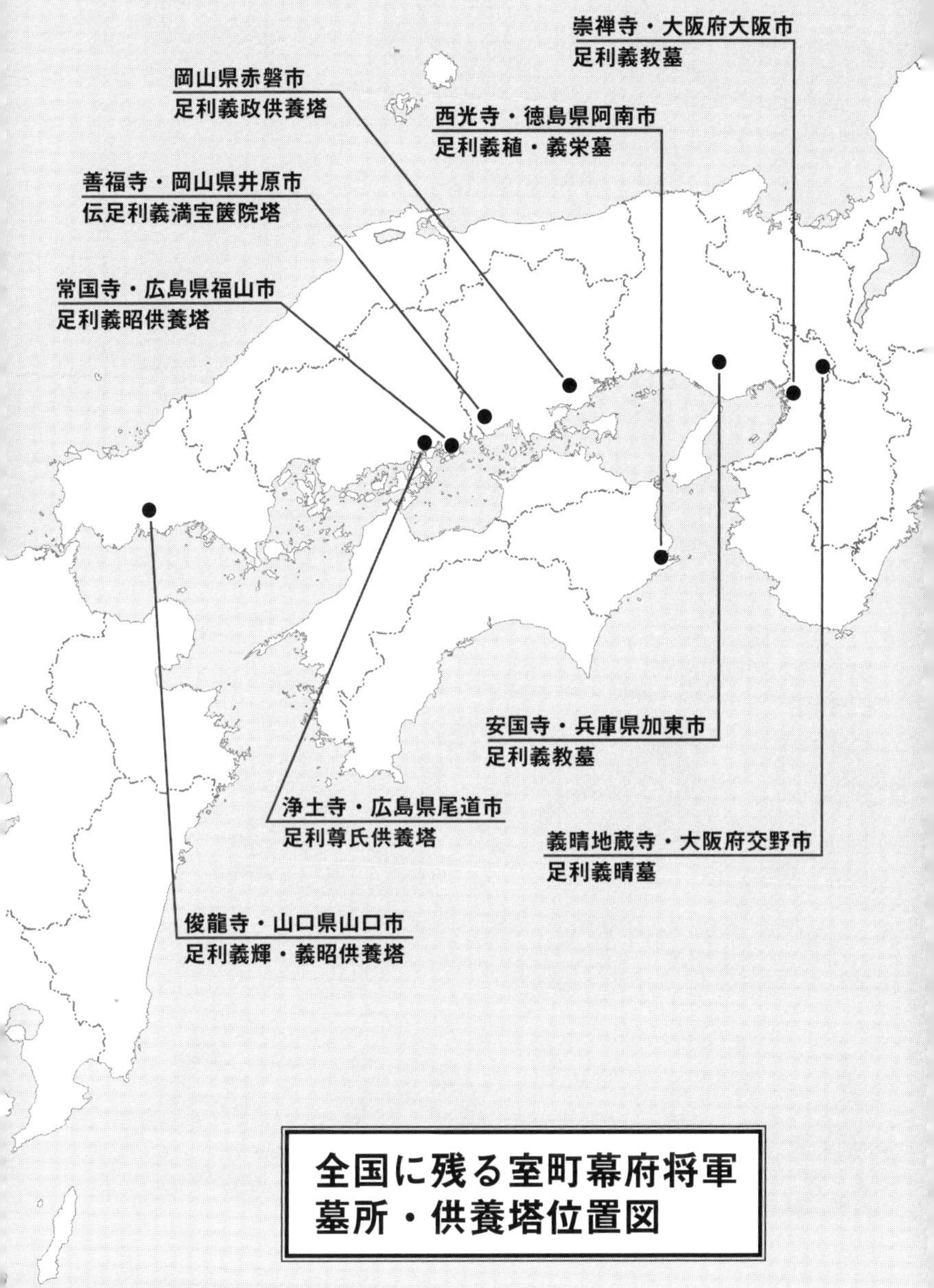

全国に残る室町幕府将軍
墓所・供養塔位置図

室町幕府将軍花押一覧

※代表的なもののみ掲載した。

初代　尊氏花押

二代　義詮花押

三代　義満花押
（武家様）

三代　義満花押
（公家様）

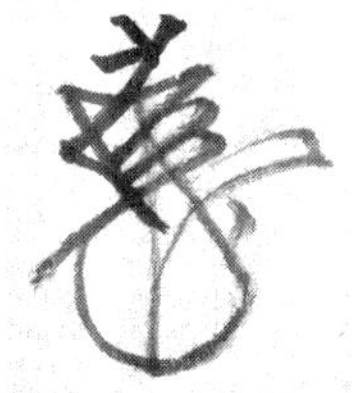
四代　義持花押

六代　義教花押
（武家様）

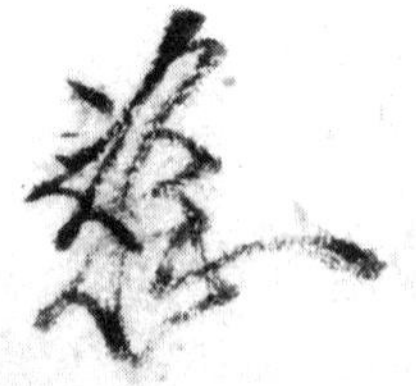
六代　義教花押
（公家様）

八代　義政花押
（公家様）

九代　義尚花押

十代　義稙花押

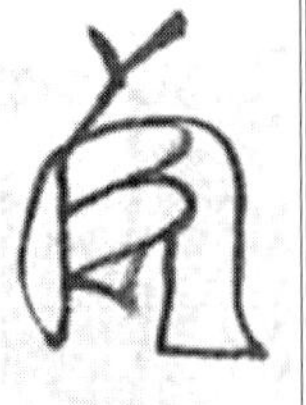
十一代　義澄花押

十二代　義晴花押

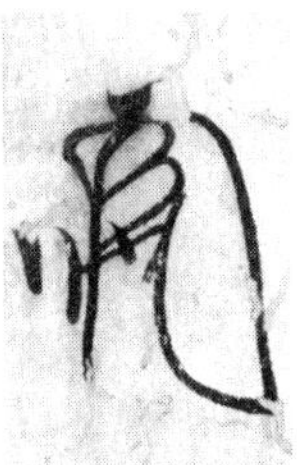
十三代　義輝花押

十五代　義昭花押

【執筆者一覧】（五十音順）

清水克行　別掲。

榎原雅治　別掲。

天野忠幸
一九七六年生まれ。現在、天理大学文学部准教授。
〔主要業績〕
『増補版　戦国期三好政権の研究』（清文堂出版、二〇一五年）、『三好長慶　諸人之を仰ぐこと北斗泰山』（ミネルヴァ書房、二〇一四年）、『三好一族と織田信長　「天下」をめぐる覇権戦争』（戎光祥出版、二〇一六年）

石原比伊呂
一九七六年生まれ。現在、聖心女子大学文学部准教授。
〔主要業績〕
『室町時代の将軍家と天皇家』（勉誠出版、二〇一五年）、「足利義満の笙と西園寺実兼の琵琶―十四世紀における公家社会の変容を考えるための一視角―」（中島圭一編『十四世紀の歴史学―新たな時代への起点―』高志書院、二〇一六年）、「史料を読み解く　皇位簒奪計画説　立論の根拠を再検証する　『北山殿行幸記』」（『週刊　新発見！日本歴史二三　室町時代２』朝日新聞出版、二〇一三年）

大田壮一郎
一九七六年生まれ。現在、立命館大学文学部教授。
〔主要業績〕
『室町幕府の政治と宗教』（塙書房、二〇一四年）、「宗論の史的考察」（天野文雄監修『禅からみた日本中世の文化と社会』ぺりかん社、二〇一六年）、「大覚寺門跡領の形成と展開」（永村眞編『中世の門跡と公武権力』戎光祥出版、二〇一七年）

神田千里

一九四九年生まれ。現在、東洋大学名誉教授。

〔主要業績〕

『一向一揆と戦国社会』(吉川弘文館、一九八八年)、『戦国と宗教』(岩波書店、二〇一六年)、『宣教師と『太平記』』〈シリーズ〈本と日本史〉④〉(集英社、二〇一七年)

木下　聡

一九七六年生まれ。現在、東洋大学文学部准教授。

〔主要業績〕

『中世武家官位の研究』(吉川弘文館、二〇一一年)、『美濃斎藤氏』(編著。岩田書院、二〇一四年)、『管領斯波氏』(編著。戎光祥出版、二〇一五年)

木下昌規

一九七八年生まれ。現在、大正大学文学部准教授。

〔主要業績〕

『戦国期足利将軍家の権力構造』(岩田書院、二〇一四年)、『足利義晴と畿内動乱』(戎光祥出版、二〇二〇年)、『足利義輝と三好一族』(戎光祥出版、二〇二一年)

西島太郎

一九七〇年生まれ。現在、松江歴史館学芸係主幹(学芸員)。

〔主要業績〕

『戦国期室町幕府と在地領主』(八木書店、二〇〇六年)、「足利義晴期の政治構造」(『日本史研究』四五三号、二〇〇〇年)、「室町幕府奉公方と将軍家」(『日本史研究』五八三号、二〇一一年)

浜口誠至

一九八二年生まれ。現在、産業能率大学兼任教員。

〔主要業績〕

『在京大名細川京兆家の政治史的研究』(思文閣出版、二〇一四年)、「中御門宣胤と武家」(戦国史研究会編『論集 戦国大名今川氏』岩田書院、二〇二〇年)

丸山裕之

一九八二年生まれ。現在、戎光祥出版株式会社編集長。

〔主要業績〕

『図説 室町幕府』(戎光祥出版、二〇一八年)、「中世後期の主水司領経営」(『年報中世史研究』三七号、二〇一二年)、「中世後期の隼人司領」(『日本歴史』七七五号、二〇一二年)

桃崎有一郎

一九七八年生まれ。現在、武蔵大学人文学部教授。

〔主要業績〕

『平安京はいらなかった　古代の夢を喰らう中世』（吉川弘文館、二〇一六年）、桃崎有一郎・山田邦和編『室町政権の首府構想と京都　室町・北山・東山』（文理閣、二〇一六年）、『中世京都の空間構造と礼節体系』（思文閣出版、二〇一〇年）

山田　徹

一九八〇年生まれ。現在、同志社大学文学部准教授。

〔主要業績〕

「室町領主社会の形成と武家勢力」（『ヒストリア』二二三号、二〇一〇年）、「土岐頼康と応安の政変」（『日本歴史』六七九号、二〇一二年）、「室町時代の支配体制と列島諸地域」（『日本史研究』六三五号、二〇一六年）

山田康弘

一九六六年生まれ。現在、小山工業高等専門学校非常勤講師。

〔主要業績〕

『戦国期室町幕府と将軍』（吉川弘文館、二〇〇〇年）、『戦国時代の足利将軍』（吉川弘文館、二〇一一年）、『足利義稙　戦国に生きた不屈の大将軍』（戎光祥出版、二〇一六年）

吉田賢司

一九七四年生まれ。現在、龍谷大学文学部教授。

〔主要業績〕

『室町幕府軍制の構造と展開』（吉川弘文館、二〇一〇年）、「室町幕府論」（『岩波講座　日本歴史8巻　中世3』岩波書店、二〇一四年）、「武家編制の転換と南北朝内乱」（『日本史研究』六〇六号、二〇一三年）

【編者略歴】
榎原雅治（えばら・まさはる）
1957年生まれ。現在、東京大学史料編纂所教授。
主な業績に、『日本中世地域社会の構造』（校倉書房、2000年）、『中世の東海道をゆく』（中央公論新社、2008年）、『室町幕府と地方の社会』（岩波書店、2016年）、『地図で考える中世』（吉川弘文館、2021年）、『日本の時代史 一揆の時代』（編著、吉川弘文館、2003年）、『展望日本歴史11　室町の社会』（共編、東京堂出版、2006年）などがある。

清水克行（しみず・かつゆき）
1971年生まれ。現在、明治大学商学部教授。
主な業績に、『室町社会の騒擾と秩序』（吉川弘文館、2004年）、『喧嘩両成敗の誕生』（講談社、2006年）、『大飢饉、室町社会を襲う！』（吉川弘文館、2008年）、『日本神判史』（中央公論新社、2010年）、『足利尊氏と関東』（吉川弘文館、2013年）、『戦国大名と分国法』（岩波書店、2018年）、『耳鼻削ぎの日本史』（文藝春秋社、2019年）、『室町社会史論』（岩波書店、2021年）などがある。

室町《むろまち》幕府《ばくふ》将軍《しょうぐん》列伝《れつでん》 新装版《しんそうばん》

2022年1月6日初版初刷発行

編　者　榎原雅治　清水克行
発行者　伊藤光祥
発行所　戎光祥出版株式会社
〒102-0083 東京都千代田区麹町1-7 相互半蔵門ビル8F
TEL：03-5275-3361（代表）　FAX：03-5275-3365
https://www.ebisukosyo.co.jp
印刷・製本　モリモト印刷株式会社
装　丁　　堀 立明

ISBN：978-4-86403-412-8

中世武士選書 45 巻　足利義輝と三好一族
——崩壊間際の室町幕府

著者：木下昌規

室町幕府13代将軍・足利義輝と、室町～戦国期にかけて畿内に一大勢力を形成した三好家との相克を徹底検証。〝将軍殺害〟という未曾有の大事件となった永禄の変にいたる三好氏との対立、協調、決裂の過程をていねいに整理し、足利義輝の激動の生涯のみならず、末期室町幕府の内実も活写する。

四六判／並製／ 324 頁／ 3,080 円（税込）

中世武士選書 44 巻　足利義晴と畿内動乱
——分裂した将軍家

著者：木下昌規

将軍の座をめぐる兄弟・義維との激闘、細川高国など大名家に翻弄される幕府。三好長慶ら新興勢力の台頭に、めまぐるしく変わる畿内情勢。没落と上洛を繰り返す苦難の日々の中で、愛息・義輝に託した想いとは！？最新の研究成果をもとに、足利義晴の激動の生涯を活写する。あわせて戦国期の将軍家や堺政権の実態にも迫る。

四六判／並製／ 312 頁／ 3,080 円（税込）